VOYAGES
HISTORIQUES ET LITTÉRAIRES
EN ITALIE.

TOME V.

A. PARIS,
DE L'IMPRIMERIE DE CRAPELET,
RUE DE VAUGIRARD, n° 9.

VOYAGES
HISTORIQUES ET LITTÉRAIRES
EN ITALIE,

PENDANT LES ANNÉES 1826, 1827 ET 1828;

OU

L'INDICATEUR ITALIEN;

PAR M. VALERY,

BIBLIOTHÉCAIRE DU ROI AUX PALAIS DE VERSAILLES
ET DE TRIANON.

TOME CINQUIÈME.

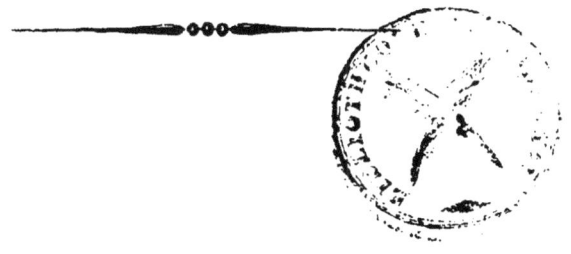

A PARIS,

CHEZ V.ᵛᵉ LENORMANT, LIBRAIRE,
RUE DE SEINE SAINT-GERMAIN, N° 8.

1833.

VOYAGES EN ITALIE.

LIVRE DIX-HUITIÈME.

ROUTE DE FLORENCE A GÊNES. — *PRATO.* — *PISTOIE.* — *LUCQUES.* — *MASSA.* — *SARZANE.*

CHAPITRE PREMIER.

Campi. — Prato. — Cathédrale. — Chaire de Donatello. — — Peintures de Lippi. — Mausolée de Charles de Médicis. — *Carceri.* — Palais *Pretorio.* — Collége Cicognini. — *Montemurlo.*

A six milles de Florence Campi, baigné par le Bisenzio, offre un pittoresque château souvent pris et ravagé dans les guerres du moyen âge, et une église, fondation pieuse des mêmes temps.

La petite ville de Prato est remarquable par sa propreté, le développement de son industrie [1], et par les ouvrages d'art de quelques uns de ses monumens.

La cathédrale et sa tour élégante, du milieu du xve siècle, sont encore gothiques. Le bas-relief de la

---

[1] Les frères Giachetti, imprimeurs intelligens, publient actuellement avec succès de bonnes éditions italiennes in-8° des OEuvres de *Winckelmann* et de *d'Agincourt*, auxquelles fait suite leur deuxième édition de l'*Histoire de la Sculpture*, du comte Cicognara, intéressante collection qui donne en quelque sorte l'histoire de l'art depuis Phidias jusqu'à Canova.

Vierge, entre S. Étienne et S. Laurent, au-dessus de la porte principale, est de Luc de la Robbia. Les petits enfans dansant qui décorent la chaire sur la place d'où la miraculeuse *cintola* (ceinture de la Vierge) se montre au peuple, passent pour des plus charmans des enfans, toujours si gracieux, de Donatello. On vante le *Crucifix* en bronze de Tacca. Les peintures du chœur par Philippe Lippi l'ancien, peut-être son meilleur ouvrage, ont été louées justement pour le dessin, la couleur, les draperies et l'expression; dans le *Festin d'Hérode* l'auteur s'est représenté parmi les spectateurs sous les traits d'un prélat vêtu de noir, et il a placé dans la *Vie de S. Etienne*, son élève, frère Diamant, parmi ceux qui ensevelissent et pleurent si pathétiquement le saint. On distingue encore aux diverses chapelles un *S. Laurent*, de Balassi, qui sans doute aura échappé aux fatals changemens que cet artiste florentin du xviie siècle avait dans sa vieillesse la manie d'opérer sur ses premiers ouvrages; la *Vierge donnant sa ceinture à S. Thomas*, de Rodolphe Ghirlandajo; l'*Ange gardien*, de Carlo Dolci, et surtout le *S. Bernard* dans la bière, au milieu de ses religieux attristés, autre belle production de Lippi. La balustrade de la chapelle de la Madone *della cintola* est un travail assez élégant de Simon, frère de Donatello. La chaire de marbre, avec des bas-reliefs représentant des sujets pris de l'histoire de la Vierge, par Mino de Fiesole, est si parfaitement travaillée, qu'elle semble d'une seule pièce. La *Vierge*, du mausolée de Charles de Médicis, par Vincent Danti, quoique d'un style large et de belles formes, a quelque froideur; l'enfant Jésus est estimé par son air ingénu et le vif sentiment du ciseau. Ce Charles de Médicis, bâtard, fruit des tendres erreurs de la jeunesse du père de la patrie, quoique chanoine de Florence, et archi-prêtre (*proposto*) de Prato, vécut paisiblement à Rome, occupé d'art et de littérature. Côme et ses frères le chargèrent de l'acquisition de médailles et de manuscrits, et par là il parut encore digne du sang des Médicis.

L'élégante église de la Madone *delle Carceri* (ainsi appelée de l'image miraculeuse placée au-dessus d'une fenêtre des anciennes prisons) est de l'architecture de Julien San-Gallo. Son frère Antoine, un des quatre grands architectes de cette famille, a exécuté le riche maître-autel. Un *Dieu le Père faisant couronner la Vierge par la main de quelques anges,* dont plusieurs jouent de divers instrumens, est du florentin Soggi, peintre exact et soigneux, mais sans génie, préféré pour cet ouvrage à André del Sarto par le chanoine de Prato, Baldo Magini, ami de Léon X, qui l'a commandé. Le personnage à genoux devant S. Ubald, évêque, représente Baldo.

Le palais *Pretorio,* aujourd'hui tribunal, ancienne demeure ou forteresse des Guazzaliotri, famille guelfe de Prato, qui, après avoir aspiré à la souveraineté, finit par l'exil et la confiscation de ses biens, est empreint des souvenirs de l'orageuse liberté de cette petite république, qui fut le plus souvent tirée à la remorque de Florence.

Le collége fondé généreusement par un citoyen de Prato, François Cicognini, et confié d'abord aux jésuites, est un beau bâtiment qui a une salle de spectacle, et dans lequel descend le grand-duc lorsqu'il vient à Prato : palais, cour et théâtre pendant quelque temps, on ne dit point que cette sorte de frivolité ait influé sur le régime de l'établissement et la solidité des études.

S.-Dominique fut probablement élevé d'après l'impulsion du célèbre cardinal Nicolas de Prato, un des grands hommes de l'enseignement et de la politique du XIIIe siècle, qui avait suivi à Paris les cours de S. Thomas, qui fut légat du S. Siége en Toscane, en Romagne, dans la province de Trévise, et dont la juridiction s'étendit jusque sur l'état de Gênes et les îles de Corse et de Sardaigne. A son passage par Florence Nicolas avait tenté de concilier les différends survenus entre les nobles et le peuple, mais également suspect aux blancs et aux noirs, il fut contraint de quitter la ville, qu'il frappa d'anathême pour en finir. A sa mort il laissa une somme considérable pour l'augmentation du couvent et de l'église S.-Dominique, monumens remarquables pour l'histoire de l'art, quoique *modernisés* dans quelques parties, et de Jean de Pise. Deux tableaux pleins de naturel sont de l'ancien Lippi.

Sur la route de Prato à Pistoie, à cinq milles de cette dernière ville, est le château de Montemurlo, position défavorable au pied de l'Apennin, où furent défaits et pris, le 1er août 1537, les émigrés florentins, derniers et impuissans vengeurs de la liberté de leur patrie. On montre encore la chambre qui fut la prison de l'illustre Philippe Strozzi, le Caton de Florence [1], prisonnier d'Alexandre Vitelli, moins guerrier que brigand, regardé jusqu'ici comme l'unique vainqueur de cette journée, tandis qu'il doit en partager le triste honneur avec Bombaglino d'Arezzo, chef moins célèbre, que Côme Ier, à la manière des tyrans, finit lui-même, sous de légers prétextes, par faire enfermer. [2]

[1] *V*. liv. IX, chap. VI.
[2] *V*. les détails sur la *Rotta di Montemurlo*, extraits des manuscrits inédits du marquis Louis Tempi, publiés récemment, t. XLIII, p. 105, de l'*Antologia*.

CHAPITRE II.

Pistoie. — Accent. — Dôme. — Urne. — Autel. — Mausolée du cardinal Forteguerri; — de Cino. — Baptistère. — Clocher. — S.-Jean.

Pistoie, avec de larges rues bien alignées et de beaux édifices, semble abandonnée; sa population ne s'élève point au-dessus de 10,000 âmes. Son accent passe, avec celui de Sienne, pour le plus pur de la Toscane.

L'antique cathédrale de Pistoie abonde d'objets d'art de la plus grande magnificence et du plus haut intérêt. Fondée au commencement du XIIe siècle par la comtesse Mathilde, elle fut depuis en partie restaurée par Nicolas de Pise. Au-dessus de la porte principale, le bas-relief de la *Vierge des anges et des séraphins*, ainsi que les fleurs et les fruits de la croisée supérieure, sont de Luc et d'Augustin de la Robbia. Une urne antique, à la garde-robe, avec un bas-relief du meilleur style, renferma pendant environ sept siècles les os de S. Félix, prêtre de Pistoie. Le tombeau de l'évêque Léon Strozzi fut commandé par lui et exécuté à Carrare de son vivant. A la chapelle S.-Jacques l'autel d'argent, rival du riche et brillant autel du Baptistère de Florence [1], curieux monument d'orfévrerie et de sculpture de tout le XIVe siècle, couvert de sujets pris à la *Vie du saint*, ou à l'*Histoire de l'Ancien et du Nouveau Testament*, est dû aux plus habiles artistes

[1] *V.* liv. IX, chap. IX.

et ouvriers de l'époque, tels que Léonard de Ser Giovanni, qui n'en est point l'unique auteur, comme l'ont dit Vasari et d'autres écrivains, Pier, orfévre florentin, André-Jacques Ognabene, orfévre de Pistoie, Pierre-Henri, allemand fixé dans la même ville. Deux des *Prophètes*, aux extrémités, sont du grand Brunellesco et dignes de lui. Une *Résurrection* de la tribune, le plus grand tableau du troisième Bronzino, est restée imparfaite par l'inapplication et les bizarreries de l'artiste, qui aurait dû exécuter aussi l'*Ascension* et la *Descente du S.-Esprit*, confiées aux peintres florentins Veli et Grégoire Pagani. Deux petits tableaux de Vasari, autrefois près du tabernacle, sont très bons. Le *Père éternel au milieu des anges*, et les autres fresques de la voûte, sont de Passignano, et faites avant son voyage à Rome. A la chapelle du S.-Sacrement, la *Vierge*, l'*Enfant Jésus* et *deux saints*, tableau justement célèbre de Credi, a été attribué à Léonard de Vinci, dont l'auteur imitait habilement la manière. Le portrait en marbre de l'évêque Donato Medici, élégant bas-relief d'auteur inconnu, est peut-être de Bernard Rossellini. L'autel de la Madone *delle porrine* ou *pustule*, conserve l'image antique et vénérée qui guérissait jadis cette maladie de la peau ; fresque antérieure environ d'un siècle et demi à la renaissance de la peinture à Florence. Le tableau des *Saints Batontus et Didier*, à l'autel Buonfanti, est du Calabrese. Le *S. Barthélemi*, médiocre de dessin, de l'autel de la Sapienza, fut peint à quatre-vingts ans par Bonechi, artiste florentin du dernier siècle. Le tombeau du cardinal Nicolas Forteguerri (Carteromaco), illustre prélat du xve siècle, ancêtre du joyeux auteur de Richardet, aussi de Pistoie, fut commencé en 1474 par Verrochio, et terminé par Lorenzetto, l'auteur du beau *Jonas* de

Ste.-Marie-du-Peuple [1]. La *Foi*, l'*Espérance*, *Dieu le Père au milieu des anges*, sont encore de Verrochio, mais inachevés, à cause de son départ pour Venise, où l'attendait la commande du monument Colleoni, que son irritable amour-propre devait lui rendre si funeste.

Le mausolée de Cino da Pistoja n'est point d'André de Pise, ainsi qu'il a été fréquemment répété, mais d'un artiste siennois ignoré, peut-être Goro di Gregorio. Cino, l'honneur de Pistoie, grand jurisconsulte, professeur de droit romain et poète gracieux, fut à la fois le maître de Bartole et de Pétrarque, qui l'a si tendrement pleuré [3], et l'ami du Dante et de Boccace. Les deux bas-reliefs le représentent gravement dans la chaire, qu'il avait noblement préférée à la dignité de gonfalonnier de Pistoie. On remarque dans chacun de ces bas-reliefs une femme debout, sans doute la *Selvaggia* de Cino, l'objet de sa poétique flamme

Che viva e morta gli dovea tor pace, [4]

et la compagne moins illustre de Laure et de Béatrix. L'élégant Baptistère et ses belles sculptures sont d'André Ferrucci de Fiesole. Le clocher, antique tour, peut-être résidence des podestats du peuple, dont les armes s'y voient encore, doit sa forme actuelle à Jean de Pise.

S.-Jean *Rotondo*, octogone, et surmonté d'un toit de plomb pyramidal, paraît du commencement du XIVe siècle. Incrusté au-dehors de marbre blanc et noir, il serait, selon la conjecture de M. le professeur Ciampi, comme tous les édifices pareils, un monument de la

---

[1] *V.* liv. XIV, chap. XIV.
[2] *V.* liv. VI, chap. XVIII.
[3] *V.* le beau sonnet :
    Piangete, donne, e con voi pianga Amore.
[4] Qui, vivante et morte, devait lui ôter le repos.

réconciliation des blancs et des noirs, factions qui avaient pris naissance à Pistoie [1]. Les petites statues et les bas-reliefs au-dessus de la porte, sont de Ninus et de Thomas de Pise, fils et élèves d'André, s'ils ne sont pas plus anciens.

CHAPITRE III.

S.-Esprit. — Orgue. — *S.-Sacrement.* — *S.-Pierre.* — *Vierge,* de R. Ghirlandajo. — *Ste.-Marie del letto.* — *Carmine.*

L'ÉGLISE du S.-Esprit semble l'œuvre coupable de la coalition des premiers maîtres de la décadence : le plan est du jésuite Ramignani, digne élève du P. Pozzi [2]; la tête du *S. Xavier parmi les infidèles* est de ce dernier, qui pourrait bien lui-même avoir fait tout le tableau ; plusieurs autels sont du Borromini ; le riche maître-autel est du Bernin, et notre *Seigneur apparaissant à S. Ignace,* de Pierre de Cortone. Les quatre belles colonnes de vert antique du maître-autel proviennent de la villa du pape Jules III, et ont été enlevées du chef-d'œuvre de Vignole pour être jetées au milieu de toutes ces horreurs. L'orgue, composé par le jésuite flamand Joseph Hermann, aussi l'auteur du fameux orgue de Trente, est vanté pour sa douceur, sa variété, son harmonie, comme une des merveilles de Pistoie.

La voûte de l'église du S.-Sacrement a été peinte par Maure Tesi. Une *Résurrection,* tableau de Lanfranc, passe pour des meilleurs de la ville.

---
[1] *Vita di Cino.* Car. 154.
[2] *V.* liv. v, chap. xxii.

L'antique église de S.-Pierre-Majeur, jadis des religieuses de S.-Benoît, dont l'abbesse, dans le moyen âge, épousait solennellement l'évêque lorsque celui-ci prenait possession de son siége, cette église, aujourd'hui des religieuses de S.-François, remonte au VIIIe siècle. Refaite dans le XIIIe, l'architrave au-dessus de la grande porte, avec le *Christ*, la *Vierge* et les *Apôtres* en différentes niches, à peu près de la même époque, sont des ouvrages remarquables pour la composition et les draperies. La lourde architecture actuelle est du P. Ramignani. Une bonne *Vierge avec S. Pierre et S. Paul*, de 1509, est de Gerini Gerino, de Pistoie, et n'est point passée à la galerie de Florence, comme l'a cru Lanzi. Une *Vierge sur son trône avec S. Sébastien, S. Grégoire et deux autres saints*, de Rodolphe Ghirlandajo, *Raphaelesque*, est le plus beau des tableaux de Pistoie. On regarde l'orgue récent comme le meilleur qu'ait exécuté M. Tronci, habile facteur de Pistoie, ville renommée pour ce genre d'instrument.

L'église supprimée de S.-Didier offre encore l'élégante et grandiose fresque du *Martyre des dix mille crucifiés*, par Sébastien Vini, peintre véronais du XVIe siècle, fixé à Pistoie. On doit la conservation de cette fresque au patriotisme d'art de M. le Cav. Jules Amati, acquéreur du local, et digne de son ancêtre Dominique, qui avait commandé la fresque.

L'Annonciade a quelques bonnes peintures : la *Présentation au temple*, le chef-d'œuvre de Vini; le tableau du chœur, du frère Paolino del Signoraccio, dominicain, élève, ami et héritier de Fra-Bartolommeo, ou du second Léonard Malatesta, autre bon peintre de Pistoie; une *Nativité de la Vierge*, de Cigoli, ouvrage de premier ordre pour la force du coloris, la hardiesse du pinceau et l'habile disposition de la lumière; les six lunettes et les cinq portraits de cardinaux, au cloître, de Poccetti.

L'antique église S.-Barthélemi *in Pantano* offre quelques vieux monumens de l'art et plusieurs tableaux : la sculpture de l'architrave, le *Christ envoyant prêcher les Apôtres*, de 1167, d'auteur incertain; une chaire, de 1250, posant sur trois colonnes, avec une *Nativité du Christ*, de Guido da Como, un des premiers imitateurs de Nicolas de Pise; un *Crucifix* de bois avec des lettres grecques, antérieur à 1187; la *Vierge, S. Benoît et d'autres Saints*, de Butteri; le *S. Sébastien*, de Matthieu Rosselli; le *S. Pierre igné recevant le chapeau de cardinal*, du petit nombre des ouvrages de Cipriani, peintre de Pistoie, élève d'Hugford, mort à Londres en 1790, et dont les gravures de Bartolozzi feront vivre les dessins; à la sacristie *S. Jean-Baptiste, S. Jacques, S. Sébastien*, de Rossermini, cru élève du Pérugin.

S.-Laurent a : une *Déposition de croix*, de Fontebuoni, de Pistoie, mort jeune; un *Repos en Égypte*, de Veracini.

A Ste.-Marie *del letto*, ainsi appelée d'un lit de l'ancien hôpital qui s'y conserve, et où fut guéri un malade par l'intercession de la Vierge, sont : le *Martyre de Ste. Catherine*, de Naldini; la *Vierge avec Ste. Catherine, S. Jérôme et d'autres Saints*, du frère Paolino del Signoraccio; un *Couronnement de la Vierge*, qui mérita long-temps d'être compté parmi les plus beaux ouvrages de Daniel de Volterre, et que l'on a depuis reconnu de son habile élève Benoît Orsi; la *Vierge sur un trône et divers Saints*, de Credi, citée par Vasari comme des meilleures peintures de Pistoie; une *Vierge au milieu de Saints*, de Vini, faible de coloris, bonne de dessin et de draperies, et qui offre plusieurs portraits contemporains : on prétend que le visage de femme de Satan est celui d'une noble fille de Pistoie, dite la *Bella Cecchina*, qui s'était moquée du peintre; le *Christ avec la Vierge, S. Jacques et d'autres Saints*, tableau mal retouché du Poppi, élève et imitateur de Vasari.

L'hôpital dit le *Ceppo* offre au-dehors sept compartimens qui représentent différentes œuvres de miséricorde, ouvrages excellens des frères Jean-Luc et Jérôme de la Robbia : les figures en robe blanche avec scapulaire noir, portent le costume des frères qui alors assistaient les malades.

La jolie église *del Carmine* a une *Vierge sur un trône, S. Nicolas et d'autres Saints*, du second Léonard Malatesta, et la *Chute de la manne dans le désert*, de Cigoli, beau tableau offert par lui au chanoine Baldinotti, qui l'avait tiré de l'hôpital, et dans lequel l'artiste, trop reconnaissant, passe pour avoir donné au Moïse la figure du chanoine.

CHAPITRE IV.

S.-Philippe. — Bibliothéque *Fabroniana*. — *L'Humilité*. — *S.-Jean-l'Évangéliste*. — Chaire. — *S.-Dominique*. — Mausolée de Lazzari, de Rossellini. — *S.-Jean-Baptiste*. — Évêché. — Ricci. — *S.-François*. — *S.-André*.

La coupole de S.-Philippe de Neri, par Feretti, peintre animé et pittoresque du XVIIe siècle, est estimée et passe pour de ses meilleures fresques. Une belle *Flagellation* est de Lanfranc. Le portrait vénéré du

Saint, d'auteur inconnu, fut, dit-on, l'ouvrage furtif d'un de ses disciples, peintre.

L'ancienne bibliothéque des Philippins, présent du cardinal Charles-Augustin Fabroni, et principalement composée de livres et manuscrits ecclésiastiques, est aujourd'hui administrée par les chanoines de la cathédrale. Le local est superbe. Quelques sculptures sont des maîtres de la décadence : Cornacchini, qui était de Pistoie, a fait les deux groupes du vestibule, et l'Algardi un *Crucifix* de bronze.

Le magnifique temple de Ste.-Marie de l'Humilité, dont la coupole est une des plus belles de l'Italie, auquel il ne manque que la façade, honore les talens d'un architecte de Pistoie, Ventura Vitoni, élève distingué du Bramante, dénigré par Vasari, qui, chargé de continuer son bel et original édifice, l'a gâté en l'exhaussant d'œils-de-bœuf et d'une lanterne. Plusieurs peintures sont remarquables : Un *S. Jacques*, d'antique manière, passe pour de Gerino; un *Repos en Égypte* est des meilleurs ouvrages de Lazare Baldi, un des élèves distingués de Pierre de Cortone; une *Adoration des Mages*, de François Vanni, et de ses plus excellens ouvrages, mais mal restaurée; une *Assomption*, du Poppi; une bonne *Annonciation*, de Fei, élève de Ghirlandajo. En haut d'un des autels, parmi de nombreux *ex voto* d'argent, on voit la couronne de laurier que reçut au Capitole la célèbre Madeleine Morelli Fernandez, simple paysanne des environs de Pistoie, devenue célèbre sous le nom arcadique de Corilla Olimpica, et qu'elle a consacrée à l'image de la Madone.

L'architrave de S.-Jean-l'Évangéliste a ce distique gothique au-dessous d'une Cène :

> *Cenans discipulis Christus dat verba salutis;*
> *Cena novam tribuit legem, veterem quoque finit.*

La chaire de cette église, environ de la fin du xiiie siècle, dont plusieurs têtes sont pleines de vie et d'énergie, paraît d'un des meilleurs élèves et imitateurs de Nicolas de Pise. Le bas-relief de la *Visitation de la Vierge et de Ste. Élisabeth*, est des frères de la Robbia; la *Vision de S. Jean*, de Conca; l'*Annonciation*, de Vini, de ses bons ouvrages; le beau groupe des *Vertus théologales* qui sert à soutenir le bénitier, de Jean de Pise.

La porte de l'église S.-Paul est peut-être de Jean de Pise, ainsi que la petite statue placée sur la cime triangulaire de la façade. Le *Christ dans une gloire et S. Gaëtan* est un ouvrage vanté du peintre napolitain De'Matteis. Le frère Paolino del Signoraccio a imité quelques têtes de son illustre maître Fra-Bartolommeo[1], dans sa *Vierge sur un trône au milieu des Saints,* parmi lesquels il a, dit-on, placé le portrait de leur fameux confrère dominicain Savonarole.

L'église S.-Dominique a quelques ouvrages des premiers maîtres de la peinture et de la sculpture : La *Vierge* et l'*Enfant Jésus entre ses bras*, fresque de Fra-Bartolommeo; *S. Charles Borromée ressuscitant un Enfant*, de l'Empoli, qui offre les portraits de la famille Rospigliosi; les tombeaux du père et de la mère de Clément IX, du Bernin; un *Crucifix avec la Vierge, S. Jean et S. Thomas d'Aquin*, qui serre la croix avec amour; l'*Adoration des Mages*, du frère Paolino, qui s'est placé dans le dernier tableau; *S. Dominique recevant le rosaire de la Vierge*, du troisième Bronzino, que l'on y voit dans le fond, s'agitant et disputant sur le prix du tableau avec le frère sacristain du couvent au visage tout-à-fait impassible; l'élégant

---

[1] *V.* le chapitre précédent.

tombeau du professeur de droit Lazzari, par Bernard Rossellini, dont le bas-relief représentant la classe est si expressif et si bien composé; une *Assomption*, de Matthieu-Rosselli; un *S. Michel*, de François Romanelli; à la sacristie, la *Vierge, Ste. Catherine de Sienne, Madeleine et S. Dominique*, du frère Paolino; *S. Sébastien, S. Jérôme et un évêque* de l'ordre des *Gesuati* [1], du Ghirlandajo.

L'église S.-Jean-Baptiste est une autre belle construction du grand architecte de Pistoie Vitoni. On remarque parmi les tableaux : une *Vierge sur un trône*, du frère Paolino, à laquelle un méchant peintre de Pistoie du dernier siècle, Luc Guerci, a malencontreusement ajouté un *S. Antoine*; une *Visitation de Ste. Élisabeth*, et la *Danse d'Hérodiade*, de Melissi, bon peintre florentin, du xviie siècle.

L'évêché, palais somptueux, commode, bâti en 1787, par le fameux Scipion Ricci, ne paraît guère l'habitation d'un réformateur, et sa magnificence contraste singulièrement avec les sévères doctrines de Port-Royal, que Ricci avait tenté de transplanter au-delà des Alpes.

Le séminaire, d'un aspect beaucoup plus modeste, fut aussi bâti par Ricci. Une ancienne église, du dessin de Vitoni, sert de chapelle.

Au maître-autel de Ste.-Marie-des-Anges est une *Annonciation*, de Luti, excellent ouvrage échappé à Lanzi, et que l'on a cru du Guide.

L'Arc grandiose de S. François, d'un architecte allemand, quoique de 1294, n'est déjà plus en ogive. L'église et le couvent ont quelques bonnes et curieuses peintures : l'*Annonciation*, de Baldi, où le peintre

---

[1] Ordre fondé en 1367 par Saint-Jean Colombini de Sienne, et supprimé en 1668 par Clément IX.

érudit a mis la Vierge debout, manière de prier des Hébreux; une *Nativité*, d'auteur incertain, digne par sa grâce et sa douceur d'André del Sarto; une *Purification*, du Poppi, agréable d'expression et de coloris; à l'antique chapelle S.-Louis de la sacristie, les fresques étonnamment conservées de Puccio Capanna, élève de Giotto, dont presque toutes les peintures ont péri; un *S. François* sur or, de Lippo Memmi, du dessin de Simon; la *Résurrection de Lazare*, du second Bronzino, qui a représenté le donataire Sozzifanti, sous les traits du *Frate*; les *Noces de Cana*, de Pagani, terminées par son élève Matthieu Rosselli; une *Vierge*, d'après le Guide, de son élève chérie et infortunée Élisabeth Sirani[1]; belle copie frappée de la foudre, et qui semble en harmonie avec la destinée de l'artiste; les fresques de la salle du chapitre des Religieux, au premier cloître, exécutées en 1386, par Capanna.

L'antique église S.-André, refaite intérieurement en 1619, mais dont la façade est de 1166, a sur l'architrave, au-dessus de la grande porte, un monument curieux de la même époque, l'*Adoration des Mages*, bas-relief de Gruamonte; au-dessous, un autre sculpteur, Henri de Pistoie, élève de Jean de Pise, a représenté la *Visite de Ste. Élisabeth* et une *Annonciation* : la Vierge de cette dernière a sur sa poitrine un embryon, afin d'exprimer l'effet subit et l'efficacité du miracle. Un buste paraît le portrait de Gruamonte; la petite statue de *S. André*, au dehors, est de Jean de Pise. Sa célèbre chaire n'est qu'une imitation inférieure de celle de S.-Jean-l'Évangéliste. Le *S. François de Paule*, du troisième Bronzino, appartient à sa jeunesse.

[1] *V.* liv. vii, chap. xxiii.

CHAPITRE V.

Palais *Pretorio*; — *della Communità*. — Collége *Forteguerri*. — Bibliothéque. — Académie. — Maisons.

Le palais *Pretorio*, aujourd'hui tribunal, fut élevé en 1368 sur les maisons des Taviani et des Bracciolani. Pittoresque au-dehors, son antique escalier est d'une architecture remarquable.

Le palais *della Communità*, autrefois *degli Anziani*, est de la fin du XIII° siècle. La tête de marbre noir, près de la fenêtre du milieu, est celle d'un traître à sa patrie, Philippe Tedici, tyran de Pistoie, qui avait épousé Dialta, la fille de Castruccio Castracani; plusieurs autres têtes pareilles, et sans le buste, se voient ailleurs comme signe d'ignominie, et c'est à tort qu'on a pris pour celle-ci la tête du glorieux Grandonio, un des capitaines qui aidèrent les Pisans à la conquête des îles Baléares. La masse de fer passe pour avoir appartenu à ce valeureux Pistoyen, dont la figure gigantesque, peinte en clair-obscur, est à l'une des salles, avec un barbare quatrain en son honneur. En haut de l'escalier est un vieux portrait en clair-obscur, de Cino. Ainsi le palais *della Communità* rassemble les souvenirs politiques, guerriers et poétiques de Pistoie.

La *Sapienza* réunit les écoles publiques. Ce collége doit son autre nom de *Forteguerri* au cardinal Nicolas l'ancien, qui donna, en 1473, une somme considérable pour l'enseignement de la jeunesse. La bibliothéque, assez belle, possède les manuscrits du fameux chanoine de Pistoie Sozomène, le compagnon de Bruni l'Arétin et de Poggio dans les fouilles érudites du monastère de S.-Gall, d'où il exhuma et où il transcrivit le Commentaire d'Asconius Pedianus sur quelques harangues de Cicéron; copie qui se trouve parmi ces mêmes manuscrits. La première édition de la *Croce racquistata*, du poète de Pistoie, François Bracciolini, porte ses corrections autographes, qui servirent pour la seconde.

Une des salles de l'Académie des Sciences, Lettres et Arts de Pistoie, offre un beau tableau de Beccafumi, la *Vierge sur un trône avec divers Saints*, et une *Annonciation* remarquable, en deux tableaux, de Santi Titi.

Plusieurs des maisons de Pistoie, demeures d'hommes distingués, rappellent des noms et des souvenirs littéraires, et offrent de bonnes collections de tableaux et de livres.

M. le baron Bracciolini possède par héritage une répétition du *Germanicus mourant* du Poussin [1], véritablement de la main de l'illustre peintre, envoyée par lui de Rome en présent à un Puccini dont il avait reçu des soins lorsqu'il était tombé malade à son passage par Pistoie.

A la chapelle du palais du prince Joseph Rospigliosi, la fresque de l'*Histoire de Ste. Catherine*, d'un bon coloris, de Jean de San-Giovanni, réunit les portraits de toute cette famille.

La maison Bracciolini possède la belle *Annonciation*, de Philippe Lippi l'Ancien, louée par Vasari, et commandée à l'artiste par Messer Jacques Bellucci, qu'il y a peint très naturellement sous les traits de l'ecclésiastique lisant derrière l'ange.

La gothique maison des Cancellieri, famille italienne

[1] *V*. liv. xiv, chap. xxxiii.

historique, maintenant éteinte, a au-dehors un porc en relief dû au gracieux ciseau de Donatello.

La maison Tolomei, ancien couvent des religieuses de S.-Michel, a une galerie peinte en détrempe par notre Boguet, un de ces artistes que Rome et l'Italie ont si bien inspirés; cinq grandes fresques de Desmarais, autre Français, mort il y a peu d'années, président de l'Académie des Beaux-Arts de Lucques, ainsi qu'une bibliothéque de livres anciens et modernes bien choisie, et tenue au courant par M. le cavalier Tolomei, l'exact annotateur des monumens de l'art dans sa patrie.

La maison du cavalier Bracciolini *dal Api*, qui doit ce dernier surnom à la permission d'ajouter dans ses armoiries les abeilles des Barberini au poëme en VINGT-TROIS chants, que François Bracciolini composa en l'honneur de l'*Élection d'Urbain VIII*, cette maison, dite *Castello Traetto*, a dans le jardin un assez beau buste de l'Algardi, représentant Bracciolini, espèce d'émule lointain du Tasse et de Tassoni par ses poëmes de la *Croce racquistata* et du *Scherno degli Dei*.

La maison Forteguerri, qui a quelques tableaux, fut le berceau des deux hommes qui ont le plus illustré Pistoie, le cardinal Nicolas l'Ancien, et l'auteur de *Richardet*, fils lui-même d'un Jacques Forteguerri, peintre élégant et excellent citoyen de Pistoie.

CHAPITRE VI.

Monte-Catini. — *Pescia.* — Lucques. — Cathédrale. — Mausolée de Pierre da Noceto, de Civitali. — Archives. — *S.-Alexandre.* — *S.-Romain.* — *S.-Michel.* — Clercs de la Mère de Dieu.

Les bains anciens de Monte-Catini, déjà recommandés par Cesalpin, jouissent d'une réputation méritée. Le bâtiment à arcades, élégante construction, mais qui ne convient guère à ce genre de bains, est dû à Léopold. On doit surtout regretter que les diverses sources ainsi que leurs conduits, n'aient point été couverts, afin de conserver la chaleur de l'eau, qui est de 26 degrés de Réaumur. Redi regardait les bains de Monte-Catini comme principalement efficaces contre les dysenteries, et il pensait qu'il était bien rare qu'on mourût à Florence de cette maladie. Si jamais le choléra éclate en Italie, ces eaux, qui se transportent sans s'altérer, pourront devenir très utiles.

Pescia, industrieuse et peuplée, a une belle cathédrale remarquable par quelques unes de ses peintures et de ses sculptures. A l'autel principal élevé par le musicien Grossi, est une immense *Assomption*, dans le style de Lanfranc, regardée comme le chef-d'œuvre du peintre de Pistoie, Louis Garzi. Une excellente *Déposition de Croix*, de Passignano, a été mal habilement vernissée. Le mausolée de Balthazar Turini, le créateur délicat de la villa Lante [1], passe pour le meilleur ouvrage de Raphaël da Montelupo, qui a heureusement imité le style de Michel-Ange son maître.

[1] *V.* liv. xiv, chap. xxxvii.

Lucques est comme le chef-lieu de cette espèce de préfecture donnée par l'Europe à un petit-fils de Louis XIV. Sa situation dans une plaine à peu près entourée de montagnes, près des bords du Serchio et du canal de l'Ozzori, est charmante. Plusieurs de ses églises et de ses palais sont fort intéressans sous le rapport de l'art.

La vaste cathédrale S.-Martin remonte à l'année 1060, et la façade extérieure à trois étages, du sculpteur Guidetto, est de 1204. Une lunette, au-dessus de la petite porte, a une *Déposition de Croix*, de Nicolas de Pise, expressive, bien composée, et l'architrave une *Adoration des Mages*, de son fils Jean, assez estimée. L'intérieur de l'église est principalement ornée des chefs-d'œuvre du grand sculpteur lucquois, Matthieu Civitali, dont les ouvrages ne se trouvent guère qu'à Lucques et à Gênes, et qui semble comme la transition de l'art vrai du xive siècle à l'idéal du xve. On lui doit la chaire, remarquable par le bon goût des ornemens; le noble et élégant mausolée de Pierre da Noceto, lucquois, secrétaire du pape Nicolas V, le Bembo de ce Léon X prématuré; le portrait en marbre de son Mécène et ami le comte Dominique Bertini, petit ouvrage exquis; deux anges gracieux et pieux à genoux devant le tabernacle de la chapelle du S.-Sacrement; les bas-reliefs de l'autel de S. Regulus, évêque de Lucques, que l'on y voit assis en habits pontificaux entre deux anges qui lui tiennent chacun un volume ouvert; un petit temple octogone qui a précédé de dix-sept ans celui du Bramante à S.-Pierre *in Montorio* [1]; enfin l'idéale statue de *S. Sébastien*, imitée par le Pérugin, et que l'on a regardée comme le chef-d'œuvre de Civitali. Le tombeau d'Illaria del Caretto, femme de Paul

---

[1] *V.* liv. xiv, chap. xxviii.

Guinigi, de Jacques della Quercia, est à la fois d'une simple et élégante composition. Un sarcophage de marbre, travail grec, représente *Bacchus* sur un char tiré par des Centaures, conduit par l'Amour, et escorté de Faunes et de Bacchantes. L'autel de la *Liberté* fut consacré au Christ en 1369 par les Lucquois, que l'empereur Charles IV, excité par leur or seul, avait délivrés du joug des Pisans; les trois grandioses statues, plus fortes que nature, du *Christ ressuscité* et de *S. Pierre* et de *S. Paul*, par Jean Bologne, ne sont pas sans quelque recherche, soit dans l'attitude, soit dans les draperies. On remarque parmi les tableaux : une *Cène*, du Tintoret, qui, malgré quelque défaut de perspective, a dans le haut des anges parfaits; un *Crucifiement*, de Passignano; le *S. Pierre et le S. Paul*, à la sacristie, du Ghirlandajo; la *Vierge, deux Saints*, et un délicieux petit *Ange* jouant du luth, de Fra-Bartolommeo; une tendre *Visitation*, de Jacques Ligozzi; la *Présentation au temple*, du second Bronzino, et la fresque du *Volto santo*, antique image très vénérée à Lucques, de Côme Rosselli.

Les deux archives du chapitre et de l'archevêché sont au premier rang des trésors historiques que possède l'Italie. Le premier compte plus de 4,000 diplômes en parchemin, dont le plus ancien remonte à l'année 774 : la bibliothèque, léguée en 1503 par l'évêque Felino Sandei, a de précieux manuscrits et de rares éditions du xve siècle. L'archive de l'archevêché possède environ 10,000 diplômes, dont plus de 300 du vIII^e siècle, et deux du vII^e : l'un de l'année 686, l'autre de 685; ce dernier peut-être le plus ancien de l'Italie.

S.-Jean et son vaste baptistère paraissent du temps des Lombards; la *Vierge et les douze Apôtres*, de l'architrave, au-dessus de la grande porte, sculpture de la fin du xiie siècle, quoique grossière encore, indique par le relief une sorte de commencement de renaissance : l'inscription latine de cet architrave paraît complétement inintelligible. Un *Christ en croix* et la Vierge à ses pieds avec S. François et une religieuse, est un bon tableau de François Vanni.

S.-Alexandre est remarquable par la simplicité de sa façade lombarde; l'intérieur de l'église a des colonnes et chapiteaux antiques qui semblent provenir de quelque édifice romain.

S.-Romain, ancienne église de Dominicains, refaite dans le xviie siècle, a deux chefs-d'œuvre de Fra-Bartolommeo : la *Vierge implorant le Christ pour le peuple de Lucques*, et le *Père éternel, Ste. Marie-Madeleine et Ste. Catherine de Sienne*; les deux saintes soulevées de terre et comme en extase, compositions admirables de dessin, de coloris, de grandiose, de grâce et d'harmonie.

L'église du S.-Crucifix *de' bianchi*, ainsi appelée de l'image sacrée laissée à cette église en 1377 par des pénitens blancs qui venaient d'Espagne, a : une énergique *Assomption*, de l'Espagnolet, et un *S. Barthélemi*, de Batoni, dont la tête vaut mieux que l'attitude assez forcée.

L'église dédiée à S. Paulin, le premier évêque de Lucques, martyrisé sous Néron, est du dessin de Baccio da Montelupo, habile artiste florentin du xvie siècle, long-temps établi dans cette ville. Une *Vierge et divers Saints*, est de Vanni; un *Martyre de S. Théodore*, expressif, de Testa, dit le *Lucchesino*, ami du Poussin, artiste dédaigneux et infortuné, qui, d'accident ou de désespoir, périt noyé dans le Tibre. Un ancien tableau, à la sacristie, le *Couronnement de la Vierge avec divers Saints, la ville de Lucques au milieu, et sur le devant un évêque à genoux et un guerrier ayant une orange à ses pieds*, est peut-être celui qui fut commandé à Giotto par Castruccio Castracani, quoique les détails ne s'accordent pas précisément avec la description donnée par Vasari, qui, à la vérité, n'y regarde pas toujours de si près.

La place de S.-Michel, quoique marché, est assez imposante.

L'église est remarquable par l'intérieur intact de l'architecture romaine-bâtarde des Lombards; cette nation ayant choisi pour patron le belliqueux archange. La façade, à quadruple colonnade, est toutefois très postérieure. Quatre figures du jeune Lippi, à la chapelle du Crucifix, sont naturelles et gracieuses.

A l'architrave de la porte latérale de l'ancienne église S.-Sauveur est un *Miracle de S. Nicolas* prêtre, sculpture encore grossière, mais dont la forme et le relief annoncent une sorte de progrès : elle est du Biduino, un de ces artistes lombards qui précédèrent de peu le grand Nicolas de Pise. L'*Ascension*, du vieux Zacchia, bon peintre de Lucques du xvie siècle, n'est pas de ses meilleurs ouvrages, l'artiste ayant cherché une manière plus large qu'il n'avait coutume et qu'il ne lui appartenait.

Ste.-Marie *in corte Landini* a une *Nativité de la Vierge*, de Vanni; la *Naissance de S. Jean-Baptiste*, de Pierre Paolini, lucquois, heureux imitateur de Paul Véronèse; un *Christ en croix et deux Saints* en bas, du Guide, qui réunit ses deux manières; sa gracieuse *Madone della neve*; une *Assomption*, de Luc Giordano. L'église et son couvent appartiennent aux clercs réguliers de la Mère de Dieu, congrégation enseignante créée vers la fin du xvie siècle, par Jean Leonardi, de Diecimo, village du pays de Lucques, qui a fourni des hommes instruits, et particulièrement d'excellens latinistes, tels que le célèbre P. Barthélemi Beverini, le Tite-Live de Lucques, précoce érudit, qui, dès quinze ans, avait déjà commenté les principaux écrivains du siècle d'Auguste. Cette congrégation mérita d'être exceptée de la suppression des couvens par l'administration française. Elle possède une bibliothéque d'environ 20,000 volumes, léguée en partie par le docte P. Jean-Dominique Mansi, depuis archevêque de Lucques, et dans laquelle se voit son portrait, bon ouvrage de Batoni, qui était aussi de Lucques.

L'architecture actuelle de S.-Augustin est de 1324. La *Vierge avec divers Saints*, de Paolini, offre une nouvelle et habile imitation de Paul Véronèse. L'*Annonciation*, du vieux Zacchia, a quelques petites figures en clair-obscur dignes de Polidore de Caravage. L'*Épiphanie*, de François Gessi, est gracieuse et bien dessinée.

CHAPITRE VII.

S.-Fredian. — *S.-François.* — Castruccio Castracani. — Castruccio Buoamici.

S.-FREDIAN, ancienne basilique des Lombards, est un des monumens les plus caractéristiques de l'Italie, puisque l'intérieur, toujours simple, toujours du style romain-bâtard en usage chez ce peuple, n'a point été altéré comme l'intérieur des églises de Monza et de Pavie. La façade, très postérieure, et qui n'est que du XIIe siècle, offre le *Christ* dans une gloire, adoré par deux anges, belle mosaïque de la même époque ; et en bas les *douze Apôtres*, qui sont bien loin d'un style aussi large. Les onze colonnes de la nef du milieu, antiques, ainsi que leurs bases et chapiteaux, et dont quelques unes même sont grecques, doivent provenir de quelque édifice romain : elles sont singulièrement grêles, et il est prodigieux que, depuis plus de onze siècles, elles soutiennent un mur et des arcs aussi élevés. La cuve de marbre qui servait pour le baptême d'immersion, et sur laquelle sont sculptés divers sujets de l'Ancien Testament, est un curieux travail de la fin du xii° siècle. L'élégant baptistère actuel, de Nicolas Civitali, annonce un digne neveu de Matthieu. La *Vierge couronnée par le Père éternel*, et en bas quatre saints, de François Francia, est remarquable par les têtes, la couleur et les draperies. Les figures en demi-relief de Jacques della Quercia, à la chapelle du S.-Sacrement, quoiqu'il ait eu quelquefois un style plus large, sont encore belles; la sculpture de ses deux pierres sépulcrales de la famille Trenta est très bonne. On regrette de voir aussi dégradées les fresques excellentes de la chapelle S.-Augustin, d'Ami Aspertini, compatriote et habile élève de Francia.[1]

La façade élégante de l'antique église S.-Pierre *Somaldi* est de 1203, et le bas-relief de l'architrave probablement de Guidetto. Deux tableaux sont remarquables : *S. Antoine abbé et d'autres Saints*, du vieux Palma, énergique d'expression, de coloris; et une *Assomption*, du vieux Zacchia.

Deux tombeaux de l'église S.-François attestent la gloire poétique et guerrière de Lucques. Le premier est celui de Jean Guidiccioni, son meilleur poète, ami d'Annibal Caro, harmonieux imitateur de Pétrarque, et qui,

[1] *V.* liv. vii, chap. xxii.

avec l'amour platonique obligé, sut comme lui trouver de nobles chants sur les malheurs et l'oppression de l'Italie; le second tombeau, indiqué trop simplement par une brève inscription contre le mur, est celui du grand Castruccio Castracani degli Antelminelli, souverain de Lucques et de Pise, mort à quarante-sept ans, l'admiration et la terreur de l'Italie au xiv° siècle, une des plus fortes natures d'homme qui aient été créées, après lequel l'existence de sa patrie, un moment si brillante, semble même disparaître, et dont Machiavel, qui a romanesquement et incomplétement écrit son histoire, a dit qu'il eût surpassé Philippe en Macédoine et Scipion à Rome.

La Trinité a deux chefs-d'œuvre divers de deux artistes lucquois: la *Vierge allaitant l'Enfant Jésus*, sculpture de Matthieu Civitali, et le tableau du maître-autel, de Paolini, qui prouve, malgré Baldinucci, que la grâce n'est point étrangère à cet artiste.

La belle et ancienne église de Ste.-Marie *forisportam*, refaite vers 1515, a conservé sa façade du xiii° siècle. Deux tableaux sont du Guerchin: *Ste. Lucie* et la *Vierge, S. François et S. Alexandre*. La *Mort de la Vierge* est d'un habile peintre lucquois du xiv° siècle, Ange Puccinelli, et porte la date de 1386.

Ste.-Marie *de' Servi* a trois bons tableaux de Matthieu Rosselli: une agréable *Présentation au Temple*, la *Madone des douleurs*, fort endommagée, et une *Nativité*.

A l'autel principal de S.-Vincent et de S.-Anastase est une *Circoncision*, de Jacques Ligozzi, dont le coloris et la composition rappellent Paul Véronèse et le Titien. Un illustre Lucquois est enterré dans cette église, le comte Castruccio Buonamici, l'auteur des livres *De Bello Italico* et du commentaire *De Rebus ad Velitras Gestis*, historien pur, grave, éloquent, et auquel il n'a manqué qu'un plus grand sujet.

Le *Carmine* a une *Conception*, de Vasari, qui veut être dans le style de Michel-Ange; et au chœur, un bon tableau du Pérugin, maltraité par une restauration.

La façade de S.-Christophe est importante pour l'histoire de l'art, puisqu'elle indique le passage de la première manière gothique à la seconde, ainsi qu'on peut en juger par la porte et la fenêtre ronde du milieu, ouvrages ingénieux et bizarres, et par les sculptures des petites arcades. Le grand Matthieu Civitali est enterré dans cette église, et il mériterait un plus noble monument que la plaque de marbre qui couvre ses os.

CHAPITRE VIII.

Palais Ducal. — Tableaux. — Bibliothéque. — Palais *Pretorio*. — Théâtre romain. — Lycée. — Académie royale. — Tableau d'Annibal Carrache. — Collége. — Bibliothéque publique. — Amphithéâtre. — Archive public. — Boulevards. — Acquéducs. — Culture. — Population. — Lucquois.

La place du palais, qui aurait dû être établie de l'autre côté, donna lieu à une de ces malencontreuses démolitions communes de notre temps, et entraîna la destruction de la belle église de la *Madonna grande*, de l'architecte lucquois Ghérard Penetesi, et du xvie siècle.

Le palais, commencé par Ammanato, quoique seulement à demi terminé, est un des plus vastes palais de prince, même en Italie. Le grand et royal escalier de marbre de Carrare fut construit par M. Laurent Nottolini, architecte lucquois, qui a dirigé les divers travaux du palais. Le riche mobilier a été fabriqué dans le duché de Lucques; il prouve que le mouvement industriel imprimé par l'administration française a été depuis continué et encouragé. Les deux pièces destinées à la galerie offrent des chefs-d'œuvre des premiers maîtres; tels sont : de Raphaël, sa célèbre *Madone des Candélabres*, de sa grande manière; de Francia, une *Vierge, Ste. Anne, deux Saints et le petit S. Jean*, de son meilleur style, avec ces mots modestes : *Francia, aurifex Boloniensis p. (peint par Francia, orfèvre bolonais)*; un *Christ mort, avec la Vierge et deux Anges*, supérieur à celle-ci, et presque raphaëlesque; de Léonard de Vinci, une petite *Vierge et l'Enfant Jésus;* du Corrége, un *S. Jean avec son agneau*, petite demi-figure grandiose; de Michel-Ange, un *Christ en croix, avec la Vierge et S. Jean*, petit et expressif tableau; du Guide, une *Ste. Cécile*, demi-figure de sa manière forte; le *Martyre de Ste. Apolline*, de sa manière douce; du Poussin, le *Massacre des Innocens*, remarquable de composition, de dessin, d'expression; de Sasso-Ferrato, une petite tête de *Vierge*, de ses plus gracieuses Vierges; du Dominiquin, *trois Saints* en bas, et une bonne *Gloire* dans laquelle est transportée la *santa Casa* de Lorette; de Baroccio, un *Noli me tangere*, bien colorié; de Gherardo *dalle Notti*, un *Christ devant Pilate*, d'un merveilleux effet de lumière, et l'un des tableaux les plus remarquables de ce genre; des trois Carraches, un *Christ rendant la vue à un Aveugle*, de Louis, dont l'Aveugle est parfait; le *Christ ressuscitant le fils de la veuve*, ouvrage plein d'âme, et des plus élevés d'Augustin; le *Christ et la Cananéenne*, d'Annibal, précieux par la facilité du dessin et la hardiesse du pinceau.

La bibliothéque, récente, compte déjà 25,000 volumes et plusieurs raretés, le duc étant assez amateur de livres. Un *Évangéliaire* grec, qui paraît du xe siècle, a des miniatures d'un bon style, étonnantes pour cette époque. Une barbare version latine des *Psaumes*, sur le texte hébreu, d'un traducteur inconnu, est du xiie siècle. Un manuscrit autographe du Tasse contient des vers latins adressés à quelques personnes de son temps. Le *Libro di Locuzioni*, autre manuscrit autographe et inédit du savant lettré du xvie siècle Vincent Borghini, un des députés et des censeurs romains correcteurs du *Décaméron*[1], passe comme important sous le rapport grammatical. Deux éditions du xve siècle sont curieuses: les *Trionfi*, de Pétrarque, petit volume, le premier livre imprimé à Lucques, et par un Lucquois (Barthélemi Civitali, 1477), et une *Grammaire latine* de Jean-Pierre da Lavenza, maître d'école à Lucques, qui devra sa réputation à l'auteur érudit de l'Histoire littéraire du duché de Lucques, M. le marquis César Lucchesini.[2]

L'ancien et grave palais *Pretorio*, aujourd'hui tribunal, de la fin du xve siècle et du commencement du xvie, participe du genre gothique et du style de la renaissance.

Quelques restes d'un théâtre romain annoncent un édifice peu considérable, mais du meilleur temps; ce théâtre s'appelle encore aujourd'hui *Aringo* et *Parlascio*, ce qui semble indiquer que, dans le moyen âge, les citoyens de Lucques s'y assemblaient aussi pour parler.

Le lycée, organisé en 1819, réunit les diverses

---

[1] *V*. Liv. ix, chap. v.
[2] Mort à 75 ans, le 16 mai 1832.

branches de l'enseignement public, et compte jusqu'à vingt-six chaires. L'académie royale, dite jadis des *Oscuri*, composée de trente-six membres, et dont le duc est président perpétuel, y tient chaque mois ses séances, dans lesquelles chacun de ces membres doit lire alternativement quelque pièce de sa façon. Cette académie publie depuis 1817 des Mémoires (*Atti*) dont il a déjà paru 7 volumes in-8°. J'admirai dans une salle du lycée un grand tableau d'Annibal Carrache, qui mériterait seul le voyage de Lucques. Autrefois, à S.-Giovanetto, il fut, m'a-t-on dit, emporté et caché par une religieuse lors de la suppression du couvent : cédé récemment à la ville pour 5,000 francs, il vaut dix fois davantage.

Le collége *Carlo Lodovico*, autre bonne fondation commencée en 1807 et achevée en 1819, peut recevoir quatre-vingts élèves. L'établissement est à demi ecclésiastique et à demi laïque, puisque les professeurs, le recteur, le vice-recteur, sont prêtres; et le directeur, leur chef, père de famille.

La bibliothéque publique, confiée aux soins éclairés de M. Lazare Papi, traducteur d'Épictète, occupe un spacieux local; on peut y contempler aujourd'hui les restes de l'immense tableau de Paolini, *S. Grégoire donnant à dîner aux pauvres pélerins*, parmi lesquels se trouve le Christ, composition riche, harmonieuse, variée comme Paul Véronèse, qui excita jadis l'enthousiasme d'une multitude de poètes, et qui suffirait à la gloire de cet artiste, le meilleur peintre de Lucques.

Le grandiose amphithéâtre, encombré au-dedans, mais assez bien conservé au-dehors, paraît du temps des premiers Césars; il doit, comme le théâtre, avoir été aussi un lieu d'assemblée politique, car il était, ainsi que lui, appelé *il Parlascio*.

Le palais des marquis Bernardini, sur la place S.-Benoît, non loin du lieu où Castruccio avait sa tour et son palais, est de la simple et forte architecture de Matthieu Civitali. L'ancien palais des Guidiccioni, de son neveu Nicolas, célèbre aussi comme architecte militaire, palais devenu en 1822 l'archive public, est l'un des plus remarquables de Lucques, et il ne se ressent guère de la corruption du goût à l'époque où il fut bâti.

Les boulevards de Lucques, anciennes fortifications dont la dépense, pour un si petit État, s'était élevée à 955,162 écus (5,510,550 francs), garnies jadis de beaux et innocens canons qui n'avaient jamais tiré que de joyeuses salves, et que les Français emmenèrent en 1799, ces boulevards forment une longue et charmante promenade bien plantée, carrossable, infiniment préférable à la plupart des tristes *corso* de l'Italie, et d'où la vue des montagnes qui environnent Lucques présente le plus frais et le plus agréable amphithéâtre.

L'acquéduc décrété par l'administration française, et achevé en 1823, si utile à Lucques, qui n'avait jusque-là que l'eau insalubre des puits, est une belle construction à cintre plein de 459 arcades, et qui fait honneur de nouveau aux talens de M. Nottolini.

Il est difficile de traverser le duché de Lucques sans être frappé de la variété, de l'agrément des sites, de la richesse des collines couvertes de vignes, d'oliviers, de châtaigniers, et sans admirer surtout l'intelligence laborieuse des Lucquois, gens madrés, subtils, bons cultivateurs, et qu'on pourrait surnommer les Normands de l'Italie. Cette étonnante prospérité agricole, cette population, qui, d'après la superficie du sol, est peut-être la plus nombreuse de la terre [1], prouve

[1] M. Adrien Balbi dans sa *Balance politique du Globe* pour 1828,

l'avantage de la petite propriété, car presque tout le monde, et les montagnards même, y possèdent; chaque année, pendant les mois d'hiver que la culture des terres reste suspendue, la cent cinquantième partie de cette population émigre, et va se livrer à de rudes et lucratifs travaux dans les maremmes de la Toscane ou dans les îles de Corse et de Sardaigne, d'où elle rapporte de nouveaux capitaux qui ajoutent à l'aisance des familles. Un certain perfectionnement social et philosophique semble depuis long-temps s'être répandu dans ce petit État; jamais il n'eut de jésuites. L'Encyclopédie y fut réimprimée en 28 volumes in-folio (1758-71); les instituts philanthropiques, tels que maison de fous, dépôt de mendicité, malgré leur exiguité, y sont nombreux et bien entendus; et Lucques, la première ville de l'Italie du sud, a introduit publiquement la vaccine.

CHAPITRE IX.

Pietra-Santa. — Massa. — *Carrare.* — *Luni.* — *Sarzane.* — *Sarzanello.* — Vue.

PIETRA-SANTA, beau bourg, a une église principale, S.-Martin, qui pourrait passer pour une cathédrale. L'architecture, de la moitié du xive siècle, est de bon goût, et sur la façade sont assez bien sculptés divers sujets de l'histoire du saint. Quatre colonnes des nefs,

place seulement avant Lucques, pour la population, Hambourg, Brême, Francfort, Lubeck, dont le territoire est en très grande partie formé par la ville. La population de Lucques monte à 456 individus par mille carré.

à demi de brèche couleur de pêche, sont d'une rare beauté ; l'ancien baptistère octogone, de marbre blanc, est orné d'élégans bas-reliefs.

Massa, près de la mer, entouré de montagnes, m'a paru le soir d'un effet charmant; je ne puis oublier surtout sa place publique, beau quinconce d'orangers en pleine terre, et alors chargés de leurs fruits mûrs et dorés.

J'ai visité dans la montagne les fameuses carrières de Carrare; le marbre que l'on est habitué à rencontrer au milieu des merveilles de l'art ou de la nature cultivée et parée se retrouve ici au sein de la nature sauvage. Des eaux limpides courent et se précipitent parmi tous ces blocs et ces nombreux débris d'une blancheur éblouissante [1]; car le noble minéral, comme certains caractères, a déjà tout son éclat dans la mine, et il n'a pas besoin, comme l'or, d'être épuré et poli pour briller. La vue de cette montagne de marbre, qui porte le beau nom de *Monte Sacro*, et que la clarté de la lune rendait encore plus resplendissante, me causait une impression singulière. Je me rappelais tous ces bustes, toutes ces statues d'empereurs des musées et des palais de Rome; je trouvais peu de dignité à l'art de consacrer ainsi indifféremment l'image de tant de monstres. En contemplant l'énorme bloc que j'avais sous les yeux, je préférais sa brute et primitive innocence à cette splendide prostitution de la statuaire, et je souhaitais qu'il restât enfoui à jamais, plutôt que de servir un jour à perpétuer les traits et la mémoire des méchans.

Cette course romantique et nocturne à Carrare ne

---

[1] Il semble que tous ces morceaux perdus qui jonchent et embarrassent la route, pourraient être broyés, et former quelque stuc non moins solide, non moins élégant que le marbre même.

m'a guère permis de visiter son académie, école perpétuelle et populaire de sculpture où les enfans sont instruits gratis dès l'âge le plus tendre¹, ni d'observer certains phénomènes géologiques des carrières fort curieux, tels que celui remarqué pour la première fois en 1819, de cette espèce de gelée transparente et molle, et qui à l'air devient tout à coup opaque, dure, et pareille à une calcédoine ou à quelque belle porcelaine. Je regrette surtout de n'avoir pu pénétrer jusqu'au labyrinthe souterrain de la grotte *del Tanone*, si bien décrite par Spallanzani, dont la longueur est de plus d'un mille, et qui surpasse en étendue et en magnificence la grotte même d'Antiparos, ainsi qu'à celle de la *Salla Mattana*, moins connue, moins accessible, mais encore plus vaste, dit-on, et plus intéressante.

C'est à tort qu'on a prétendu, en annonçant l'exploitation des mines de marbre blanc de la Corse, qu'elles suppléeraient à propos aux marbres de Carrare et de la Toscane, devenus rares. Un travail commencé par Michel-Ange à Carrare, et terminé alors en 1827, venait précisément d'ouvrir de nouvelles carrières; jamais il n'y eut une telle abondance de marbre; l'exportation s'élève annuellement à environ 70,000 palmes cubes (un peu plus de 15,639 mètres), et il ne manque plus aux artistes que du génie et des grands hommes.

Lorsque Michel-Ange tirait de Carrare le marbre destiné au vaste mausolée de Jules II, il eut l'idée de tailler en colosse une des sommités de ces montagnes, et d'en faire une sorte de phare pour les navigateurs.

---

[1] Il n'est point surprenant que Carrare ait produit un aussi grand nombre de sculpteurs, parmi lesquels on distingue Danese Cattaneo, Pierre et Ferdinand Tacca, Ghirlanda. La noblesse même et le clergé y ont pratiqué la sculpture : la maison du comte Baratta était un séminaire d'artistes ; et l'on cite à Carrare et dans les environs plusieurs statues et groupes du chanoine primicier Cibei.

On doit regretter qu'une des péripéties du mausolée ait empêché l'exécution de ce projet. Un tel monument serait aujourd'hui très curieux, et il formerait un contraste sauvage avec la brillante coupole de Saint-Pierre, chef-d'œuvre de l'art et de l'imitation antique.

Il ne reste de la célèbre Luni que les ruines de deux tours, d'un vaste amphithéâtre, et la trace d'une église dite de S.-Pierre. Les opinions varient sur la destruction de cette ancienne capitale de la Lunigiane; quelques historiens l'attribuent à Alaric, qui voulut venger le viol d'une jeune fille de sa nation par un des principaux habitans de Luni. Le Dante, à sa manière, prétend qu'elle périt par les discordes civiles [1]; il est plus probable, d'après Villani, qu'elle aura fini par être abandonnée comme insalubre.

Sarzane a une belle cathédrale, où l'on remarque les *Saints Eutychianus, Philippe* et *Genesius*, de Solimène, et deux bonnes lunettes dans le goût du Guide, de son excellent peintre Fiasella, dit le Sarzane.

Sarzane, la patrie du sage, savant et grand pape Nicolas V, long-temps appelé Nicolas de Sarzane, fut au commencement du XVIIe siècle la résidence de Louis-Marie-Fortuné Buonaparte, passé en Corse l'année 1612, au temps de la guerre contre les Génois, fixé à Ajaccio, et le chef de la famille de Napoléon. Lui-même est convenu de son origine italienne et florentine [2], illustrée par deux compositions littéraires d'un genre bien différent, le récit du sac de Rome en 1527, de Jacques Buonaparte, et la gracieuse comédie de la *Vedova*, de Nicolas. [3]

---

[1] *Parad.*, can. XVI, 73.

[2] Missirini. *Della Vita di Ant. Canova*, p. 256. *V.* aussi liv. IX, chap. XII.

[3] Une curieuse dissertation généalogique du jeune Napoléon-

Au-dessus de Sarzane, l'ancien château dit Sarzanello, élevé, selon Machiavel, par Castruccio Castracani, lorsqu'il attaquait la place, et aujourd'hui quartier de vétérans, offre une vue variée, immense, qui embrasse à la fois des vallées, des collines, le cours de la Magra, les ruines de Luni, le fort de Lavenza, la plage de Viareggio, la ville de Pise, le port de Livourne et les îles de Capraia et de la Gorgone.

La nouvelle route de Sarzane à Gênes, si variée, si pittoresque et si douce, rappelle à chaque pas la remarque de Plutarque, moraliste qui aime à prendre ses images à la navigation, que les voyages de terre les plus plaisans étaient ceux qui se faisaient le long de la mer, et lorsqu'on s'embarque à Lerici, que les voyages de mer les plus plaisans à leur tour étaient ceux qui se faisaient le long de la terre.

On doit à la tardive arrivée de la felouque de Lerici une des belles et des plus romaines tragédies d'Alfieri, sa *Virginie*, que la lecture fortuite du Tite-Live d'un prêtre, frère du maître de poste de Sarzane, lui inspira, et avec une telle ardeur, que, sans l'impatience causée par l'attente de la maudite felouque, il eût achevé la pièce tout d'une haleine. [1]

Louis Buonaparte, neveu de Napoléon, mort à Forli au mois d'avril 1831, mise en tête de sa traduction, publiée à Florence en 1830, du Sac de Rome, attribué à Jacques Buonaparte, fait remonter la famille Buonaparte à Jean, illustre citoyen de Trévise, chargé en 1178 d'une importante mission politique près du gouvernement de Padoue. L'émigration des Buonaparte en Toscane pourrait être de la fin du xive siècle (*V.* liv. ix, chap. xii). Chose singulière! on trouvait dans les armes de cette famille les fleurs de lis et les trois couleurs, emblèmes de l'ancienne et nouvelle gloire de la France.

[1] *E l'avrei*, dit-il, *stesa d'un fiato. Vit. Ep. IV^a, cap. IV.*

CHAPITRE X.

La Spezia. — Golfe. — Fontaine. — *Sestri.* — Golfe de Rapallo. — CHIAVARI. — *Rapallo.* — *N.-D. de Monte-Allegro.* — *Recco.* — *Nervi.* — M. Corvetto.

LA Spezia, patrie de l'élégant lettré et historien du xve siècle, Barthélemi Fazio, de l'Académie napolitaine, est une petite ville florissante et peuplée. Son admirable golfe, l'un des plus étendus et des plus sûrs de l'Europe, était appelé, sous l'administration française, à de hautes destinées. Mais le vaste établissement militaire et maritime, mais cet Anvers de la Méditerranée projeté par Napoléon, ne pouvait être créé à la Spezia même, la profondeur des eaux qui baignent son rivage étant fort diminuée successivement par les alluvions. Une position superbe serait le plateau qui domine les anses de Castagno, de Porto-Venere, de Varignano et des *Grazie.* [1]

Je me suis fait conduire sur la côte de Marsola, à 65 pieds de la terre, à la fontaine sous-marine d'eau douce, dont l'eau bouillonnante, mais mêlée à l'eau de la mer à la superficie, m'a paru salée, quoiqu'elle soit douce et légère lorsqu'on la goûte plus avant avec un tube; Aréthuse inconnue, parce qu'elle n'a été observée que par la science, et que les poètes ne l'ont point chantée.

Sestri di Levante, lieu charmant, dont la cire, les

---

[1] *V.* le petit et excellent *Mémoire sur le golfe de la Spezia,* par M. le comte de Chabrol. T. II, p. 478 de la *Statistique de l'ancien département de Montenotte.* Un premier projet, dont la dépense s'élevait à plus de vingt millions, fut réduit à cinq.

pâtes et les coquillages ont de la réputation, offre à sa paroisse un tombeau récent de Marie Brignole Balbi, avec un bas-relief expressif de l'*Amitié* pleurant sur ses cendres, par M. Gaggini, bon sculpteur génois, et une inscription touchante de l'habile latiniste ragusain Gagliuffi. C'est de Sestri peut-être, que le golfe de Rapallo ; mêlé de rochers, formé d'un côté par la montagne de Portofino, véritable promontoire, et bordé de pins, d'oliviers, de cyprès, de châtaigniers, paraît le plus magnifique. Ce superbe golfe de Rapallo semble à son voisin le golfe de Gênes, ce que celui de Salerne est au golfe de Naples, c'est-à-dire encore supérieur, quoique moins célèbre, parce qu'il n'a pas de grande cité pour le faire valoir.

Chiavari est peuplée, bien bâtie, industrieuse, commerçante. Ses toiles ont un grand débit, et ses solides et légères chaises *volantes* arrivent jusque dans les salons de Paris, et s'exportent jusqu'en Amérique. On croit sentir dans cette jolie ville comme un reflet de la civilisation de la Toscane; elle a des écoles publiques, une bibliothèque de 6,500 volumes, une maison de travail pour les pauvres; sa société d'encouragement pour les manufactures est un établissement secourable et très bien conçu, et les hauts peupliers de sa promenade sur les bords de l'Entella, dans une plaine, rappellent presque les Cascines.

Le bourg pittoresque de Rapallo, avec son torrent, son pont, ses jardins, est situé sur le flanc escarpé d'une montagne à triple cime. Entre la seconde et la troisième cime, le sanctuaire de Notre-Dame de *Monte-Allegro* devient chaque année, le 2 juillet, pendant trois jours, le joyeux théâtre d'une fête populaire, et une illumination générale brille sur la montagne et jusque sur la mer.

Le monastère de la Cervara, fondé en 1364 par l'archevêque de Gênes Guido, l'ami d'enfance de Pétrarque, qui en a fait un portrait charmant dans une lettre à Boccace [1], devint la prison de François Ier lorsqu'il fut embarqué pour l'Espagne; quelques trapistes persécutés, obscurs successeurs de l'illustre vaincu de Pavie, y furent relégués sous l'Empire; depuis il a été abandonné, quoique le monde n'ait point manqué de nouvelles et grandes victimes des jeux de la fortune.

A Ruta, d'où l'on jouit d'une admirable vue de Gênes, de son phare et de ses collines, est dans l'église un *Christ entre les deux Larrons, et à ses pieds la Vierge et Madelaine,* tableau plein d'expression et de vérité, dont les habitans sont fiers à juste titre, mais qui a été faussement attribué à Vandyck.

L'église du bourg de Recco a l'un des meilleurs tableaux de Valerio Castelli, très habile peintre de l'école génoise.

Dans l'église de Nervi est le tombeau de M. Corvetto; une longue et élégante inscription de M. Gagliuffi donne jusqu'au portrait détaillé, et rappelle l'honorable carrière de cet avocat génois, devenu ministre de France, homme adroit, ingénieux, spirituel, discerné par Napoléon, goûté par Louis XVIII, et qui, malgré la difficulté des temps, rendit des services à notre patrie, et développa de nouveau l'ancien génie financier des Italiens.

---

[1] *Vellem Guidonem saltem meum Januensem archiepiscopum, et in illo pariter me vidisses, qui summa concordia voluntatum rerumque omnium ab infantia secum (cum illo) vixi, vidisses, mihi crede, hominem corpore licet invalidum animo sic valentem, ut vivacius nil vidisse te diceres, inque fragili et caduca domo, magnum hospitem habitare posse fatereris. Quid multis agam? vidisses quem quærimus, virum bonum nulla ni fallor, crebrum sed nulla ætate bonum rarius quam nostra.* Sen. Lib. v, ep. 1.

FIN DU LIVRE DIX-HUITIÈME.

LIVRE DIX-NEUVIÈME.

GÊNES. — ROUTE DE NICE.

CHAPITRE PREMIER.

Aspect. — Port. — Matelots. — Port Franc. — Bergamasques. — Douane. — Banque S.-George. — Table de bronze. — Fiesque. — Vieux Môle. — Loge *de' Banchi*. — Arsenal. — *Rostrum*.

L'ASPECT de Gênes, avec son port, ses palais, ses terrasses, ses balcons de marbre blanc plantés d'orangers, véritables jardins suspendus, les remparts qui couronnent son vaste amphithéâtre, est vraiment superbe. Cette ville n'a que trois rues, et elle est une des plus belles du monde. C'est bien *la reale, la nobil città*, chantée poétiquement par le Tasse, satiriquement par Alfieri[1], et que madame de Staël disait bâtie pour un congrès de rois.

Il règne dans le port de Gênes une activité extraordinaire, et tandis que Venise se dépeuple et périt, son ancienne rivale, résidence de la cour pendant une moi-

---

[1] *V.* le sonnet du Tasse : *Reale città, ch' appogi il nobil tergo*. *Rime*, part. II*, 68, et le sonnet LXXVI d'Alfieri : *Nobil città, che delle Liguri onde*, qui se termine ainsi :

> *Tue ricchezze non spese, eppur corrotte,*
> *Fan d'ignoranza un denso velo agli uni,*
> *Superstizion tien gli altri; a tutti è notte,*

vers énergiques qui ressemblent fort peu, quoiqu'exprimant à peu près les mêmes idées, aux *Adieux de Gênes* de Montesquieu, boutade d'un homme de génie, tout-à-fait digne de Cotin.

tié de l'année, paraît florissante. On y bâtit de nouvelles maisons, et la population, qui était en 1812 de 124,000 âmes, s'élève maintenant à près de 130,000. L'ardeur, l'habileté, le courage des matelots du golfe de Gênes, *assuetumque malo Ligurem,* dont la population s'élève à plus de 30,000, sont extrêmes; leurs tartanes, petites embarcations grandes comme une chambre, sur lesquelles ils se lancent, pénètrent jusque dans les ports de l'Océan; et l'on annonça au mois d'octobre 1822 le retour à Gênes d'un équipage génois arrivé du Pérou en 93 jours. Cette hardie et laborieuse population, intéressante par ses mœurs, sa frugalité, son aisance, contraste d'une manière frappante avec celle de la plupart des autres contrées de l'Italie, et elle semble avoir conservé quelque chose de l'instinct navigateur des Italiens du xve siècle. [1]

Le service du Port-Franc, espèce de petite ville de mer, était toujours exclusivement réservé aux portefaix bergamasques, et les autres simples portefaix en étaient sévèrement exclus. Bizarre aristocratie, singulière hérédité que l'on ne s'attend guère à trouver là! Ces Bergamasques se recrutent dans les communes de Piazza et de Zugno, dans la vallée de Brembana, ainsi appelée du torrent de la Brembana, à l'ouest de la ville de Bergame, et dans les hameaux qui en dépendent; ils doivent par conséquent leur nom de Bergamasques à la province, et non à la ville de Bergame. La *compagnie* des portefaix bergamasques, connue sous le nom arabe de *caravana*, remonte à l'année 1340, et fut instituée par la Banque S.-George; elle ne comptait alors que douze portefaix : le nombre s'en est par la suite fort accru; il s'est élevé jusqu'à celui de 220, réduit à 200 par un réglement du 20 mai 1832, et avant l'interdic-

---

[1] *V.* liv. vii, chap. vi.

tion portée par les patentes royales du 10 novembre
1823, les caravanas vendaient leurs charges à leurs
compatriotes à des prix très élevés. Les Bergamasques
semblent d'ailleurs dignes de leur privilége par une réputation d'adresse et de probité qui, depuis près de
cinq siècles, ne s'est point démentie.

La grande salle S.-George, au-dessus de la douane,
d'une heureuse proportion et avec un comble en bois
de sapin à la manière du pays, est ornée des statues
poudreuses et négligées de ses fondateurs. Plusieurs des
inscriptions peignent le patriotisme des patriciens génois; je lus au-dessous de la statue d'un J. Grillo, qu'il
avait fait un legs pour soulager le peuple de la moitié
de l'impôt sur le blé. La Banque S.-George, véritable
institution à la fois politique, fiscale et commerçante,
qui posséda l'île de Corse, Sarzane et quelques autres
villes de la rivière de Levant et de Ponent, fut comme
la Compagnie des Indes du moyen âge; administrée
en grande partie par les principaux du peuple, elle était,
selon la remarque de Montesquieu, une voie indirecte
pour le faire sortir de son anéantissement. L'histoire
de cette banque fameuse, définitivement détruite en
1815, semble presque l'histoire de Gênes, et elle vient
de trouver un annaliste consciencieux et exact [1]. Un
ancien groupe de marbre montre l'orgueilleuse puissance des Génois; il représente un griffon tenant dans
ses serres un aigle, emblême de l'empereur Frédéric,
et un renard, armes des Pisans, avec cette inscription :

Gryphus ut has angit
Sic hostes Genua frangit.

A l'une des salles de la Douane est un grand tableau

---

[1] *V.* les *Memorie storiche della banca di Giorgio, compilate dall'
archivista Antonio Lobero.* Gênes, Ponthenier, 1832, 1 vol. in-8°.

de la *Vierge*, de *S. Jean-Baptiste et de S. George*, de Dominique Piola, mort jeune, le dernier et digne rejeton d'une famille de peintres génois, distinguée par ses talens pendant près de deux siècles.

Au-dessus de la porte principale de la Douane, on voit suspendus quelques morceaux de la chaîne de fer qui fermait le port de Pise, conquis et emportés triomphalement par les Génois en 1290.

A l'ancien palais des Pères du Commun, aujourd'hui tribunal du commerce, est, au-dessus d'une porte, la table de bronze, avec une inscription de 46 lignes très lisible, trouvée en 1506, par un paysan de la Polcevera, près de Gênes, vendue par lui à un chaudronnier, et heureusement rachetée par le sénat. L'inscription concerne une sentence rendue, l'an 637 de la fondation de Rome, par deux jurisconsultes romains, au sujet de quelques différends entre les habitans de Gênes et ceux de Langasco de Voltaggio et de Polcevera, et elle prouve l'ancienne suprématie des Génois sur les pays limitrophes. Ce monument, l'un des mieux conservés de l'Italie, savamment illustré par M. Jérôme Serra, serait plus à sa place dans un cabinet de médailles que dans l'endroit incommode où l'on a bien de la peine à l'examiner. Un plan topographique de Gênes en 1164 montre les murailles, les tours occupées, soit par les Guelfes, soit par les Gibelins, au milieu de ces guerres civiles et domestiques du moyen âge.

L'enceinte, maintenant desséchée, et qui sert de bagne à environ 700 galériens, était l'ancien arsenal de la république, où furent construites et d'où furent lancées ces fameuses galères qui firent sa gloire. Près de là est la Darse, dans laquelle périt, englouti par le poids de son armure, le brillant Fiesque, justifié ingénieusement, et loué presque sans réserve par Bandello ¹, et dont l'entreprise aventureuse devait charmer la jeune imagination de Retz, qui l'a racontée avec le même génie qu'il eût mis à la conduire. Lorsqu'on lit la *Conjuration de Fiesque*, par le cardinal de Retz (ouvrage prodigieux si l'on songe que l'auteur n'avait que dix-sept ans lorsqu'il l'écrivit), on sent plus encore l'émule du héros que son historien. ²

La porte du vieux môle, imposante et solide fortification de Galéas Alessi, qui a enrichi Gênes de ses meilleurs travaux, a du côté de la mer la belle inscription de Bonfadio :

> *Aucta ex S. C. Mole*
> *Extructaq. porta*
> *Propugnaculo munita*
> *Urbem cingebant mœnibus*
> *Quacumq. alluitur mari*
> *Anno MDLIII.*

La Loge des Banquiers (*de' Banchi*) est une savante et économique construction de Galéas Alessi, que la hardiesse du comble, formé de simples mâts de navires, a fait appeler par les Génois *un bel azardo*, comme si ces hasards-là n'appartenaient point ordinairement qu'aux habiles.

L'ancien couvent du S.-Esprit, devenu un vaste arsenal, conserve une proue antique (*rostrum*). Le pilotage des anciens est trop inférieur à la gloire maritime des modernes pour donner quelque intérêt à ce débris ; il serait toutefois respectable s'il provenait, comme on l'a dit, d'un de ces navires liguriens qui combattirent Magon, frère d'Annibal ¹, et succombèrent en défendant

---
¹ *Nov. Part. II^a, xxxviij.*
² Le récit de la conspiration de Fiesque, liv. iv des *Annales de Gênes*, de Bonfadio, est aussi un très beau morceau historique.
³ Tit. Liv. *Lib. XXVIII, XLVI.*

leur pays. Un canon de cuir et de bois, pris sur les Vénitiens au siége de Chiozza en 1379, lorsque Gênes, par une de ces haines de républiques, plus implacables que l'inimitié des rois, crut témérairement pouvoir anéantir sa rivale, est donné comme le premier qui ait été fabriqué après l'invention de la poudre. L'incertitude qui règne sur le premier usage du canon peut rendre cette tradition assez suspecte : mais ce canon est toujours très ancien ; car les premiers dont on s'est servi étaient dans cette forme et cerclés de fer[1]. Je n'ai retrouvé qu'une seule des 32 cuirasses de femmes, portées en 1301 par de nobles croisées génoises ; les autres avaient été, en 1815, vendues dans la rue, par les Anglais, comme de la vieille ferraille. L'unique cuirasse échappée à ce honteux encan ne me parut point offrir un contour très sensible.

CHAPITRE II.

Palais Ducal; — Royal. — Madeleine, de Paul Véronèse. — Buste de Vitellius. — Palais *Balbi* (*Povera*); — *Philippe Durazzo; — Brignole* (*Rosso*); — *Tursi-Doria; — Serra.* Salon. — Palais *Spinola* (Ferdinand); — *Carega; — Lercari; — Cataneo; — Negroni; — Spinola* (Maximilien). — M. le marquis J.-C. di Negro. — Palais *Pallavicini; — Spinola* (Jean-Baptiste).

Le Palais Ducal, le plus vaste de Gênes, l'ancienne résidence des doges, aujourd'hui occupé par le sénat de

---

[1] *V*. l'*Histoire du Corps du Génie*, par M. Allent, Remarques 1-6 et 2-7 ; et son *Précis des Institutions militaires en France*. Le cav. Venturi (*Storia dell' Origine, e de' primi progressi delle moderne artiglierie*. Milan, 1816.) fait remonter jusque vers 1330 l'emploi du canon, dont Pétrarque parle comme déjà commun.

GÊNES. 47

la ville et diverses administrations, est d'une disposition grandiose, et son habile reconstruction en 1778 montre le talent de l'architecte génois, Simon Cantone, auquel il avait été prescrit, par excès de précaution contre un nouvel incendie, de ne point employer de bois. Le système de construction de la voûte n'est pas moins ingénieux que celui de la loge *de' Banchi* : le premier est un modèle de solidité, le second de légèreté. Les statues de l'immense salle consacrées aux hommes qui avaient bien mérité de la république, dont la dernière était celle érigée par le sénat au duc de Richelieu, et si agréablement célébrée par Voltaire [1], ces patriotiques statues furent brisées par les démagogues de 1797; elles ont été remplacées par des statues provisoires encore debout, représentant les Sciences et les Vertus, statues de paille, couvertes de percale, improvisées pour le bal offert par la Ville à Napoléon, lors des fêtes pompeuses qui accompagnèrent la perte de la liberté génoise. Il est fâcheux que dans cette circonstance les Italiens n'aient point conservé leur usage de prendre des personnages vivans pour suppléer aux statues, ainsi qu'il se pratiqua lors des cérémonies du couronnement de Léon X, où l'on vit une nymphe débiter de sa niche une pièce en son honneur [2]. Les grandes peintures de cette salle

[1]
Je la verrai cette statue
Que Gêne élève justement
Au héros qui l'a défendue.
Vers écrits de Lunéville. — 1748.

[2] *V.* la *Chronique de ces Cérémonies*, par le médecin florentin Dominique Penni, t. v, p. 192, de la traduction italienne *De la Vie et du Pontificat de Léon X*. Il était d'usage à Rome, à cette époque, de placer dans les églises de pareilles figures au lieu de statues, lors de certaines solennités, et particulièrement aux canonisations de saints. Ces figures devaient assez ressembler aux tableaux vivans, dont la mode, venue d'Allemagne, se soutint un hiver, il y a quelques années, dans les salons de Paris, et qui furent exécutés par les plus jolies femmes.

et de la salle attenante, vantées à Gênes, sont médiocres, sans célébrité, et n'en méritent point.

Le magnifique palais Marcel Durazzo, aujourd'hui le palais du Roi, dont les deux grands escaliers de marbre blanc, à droite et à gauche du vestibule, sont de Charles Fontana; ce palais est le seul de Gênes dans lequel les voitures peuvent entrer et tourner avec facilité, car on ne se servait autrefois, dans cette capitale, que de chaises à porteur. Les premiers chefs-d'œuvre de la peinture le décorent, ainsi que plusieurs autres palais de Gênes, riche et commerçante cité, place de guerre redoutable, et qui n'est peut-être pas assez appréciée sous le rapport de l'art. On distingue au Palais Royal, de Paul Véronèse : l'*Olinde et Sophronie*, tableau brillant de coloris, plein de mouvement et d'intérêt; l'admirable *Madeleine aux pieds du Christ*, peut-être le chef-d'œuvre de ce grand maître; de Vandyck : un portrait habillé à l'espagnole, d'une belle couleur; un bon portrait de *Catherine Durazzo*; une *Ste. Famille*; du Cappucino : un *portrait d'évêque*, demi-figure dont la tête et les mains sont remarquables; de Dominique Parodi, habile peintre génois du XVIIe siècle : les peintures et dorures en clair-obscur de la galerie, imitant des bas-reliefs, composition philosophique expliquée par un quatrain latin, représentant la chute des grands empires de l'antiquité, des Assyriens, des Perses, des Grecs et des Romains, avec les portraits de Darius, de Sardanapale, de Ptolémée et d'Augustule soutenus par des Sirènes; d'Albert Durer : la *Confirmation donnée devant un roi de France*, tableau rare; d'Holbein : un portrait excellent d'Anne Boleyn; de Michel-Ange de Caravage : *S. Pierre reniant Jésus-Christ*; le *Christ mort*, très vigoureux d'effet et d'exécution; de Carlo

Dolci : une tête de la *Vierge*, une autre du *Sauveur*, ouvrages d'un extrême fini, de ce Vanderwerf italien, fort ordinaires de dessin ; d'Ange Rossi, peintre, Génois facétieux, élève de Dominique Parodi : un *Satyre suçant une grappe de raisin*; de Rubens : *Junon attachant les yeux d'Argus aux queues de ses paons*, excellent ouvrage; du Titien : une belle *Nativité*; et à la chapelle, un *Christ portant sa Croix*; du vieux Palma : la *Vierge, S. Jean-Baptiste et Ste. Marie Madeleine*, tableau charmant de couleur et de naïveté. Le buste antique de *Vitellius*, en granit, est, après la Madeleine, la seconde merveille de ce palais, et Jules Romain n'a pu trouver de meilleur modèle que cette tête d'empereur, pour peindre le Satyre de sa Bacchanale.

Le palais Balbi (Povera) se distingue par la proportion de ses portiques, la richesse de sa nymphée, qui aboutit à un jardin de grands orangers en pleine terre, d'un effet ravissant.

Le monumental palais Philippe Durazzo, du dessin de Barthélemi Bianco Lombard, fut augmenté par l'architecte génois Tagliafico, auquel on doit le riche escalier de marbre blanc, mais assez mal placé. Les tableaux les plus remarquables sont : une *Madeleine* du Titien donnée, quoique la chose soit assez difficile à prouver, comme l'original de celle du palais Barbarigo [1]; une *Charité romaine*; *S. Eustache*; une gracieuse *Cléopâtre*, très habilement peinte; un *Enfant dormant*, tableau ovale, plein de charme, quoique le sujet pût comporter plus de naïveté, du Guide; *Agar, Samuel* et l'*Ange*, du Grechetto, peintre génois, du XVIIe siècle, qui dut à la propriété et à l'agrément de sa couleur son élégant surnom; le *Ma-*

[1] *V.* liv. VI, chap. IX.

riage de Ste. Catherine, de Paul Véronèse; un *Portrait d'Hippolyte Durazzo*, empâté avec grâce et parfait, de Rigaud; le *Parnasse*, bonne fresque au plafond de Jérôme Piola; le *Christ apparaissant à la Vierge*; la *Mort d'Adonis*, tableau en petites figures, d'une excellente composition; un *S. Sébastien*, du Dominiquin; le jeune *Tobie*; un *Enfant habillé de blanc*; *Deux Garçons et une petite Fille*, portraits de la famille Durazzo, habillés à l'espagnole, d'une belle exécution et d'une grande finesse de ton, de Vandyck; un très beau, un vivant *Portrait de Philippe IV*, roi d'Espagne, de Rubens; un *Philosophe pleurant*, vrai, mais sans élévation, et d'un dessin ordinaire; *Héraclite et Démocrite*, tableaux *caravagesches*, de l'Espagnolet.

Le palais Brignole (*Rosso*) a de grands portiques d'une belle proportion. La galerie est une des premières de Gênes. On distingue, du Titien : une *demi-figure d'Homme à barbe blanche et à manches fourrées*; un *Portrait de jeune Homme avec habit fourré*; de Pâris Bordone : une *demi-figure d'Homme à barbe noire et à manches rouges*; un *Buste* tenant un papier à la main, d'une grande finesse de ton; la *Vierge, S. Joseph, S. Jérôme, Ste. Catherine et plusieurs Anges*, d'une très belle couleur; un *Portrait de jeune Homme avec pelisse*; une *demi-figure d'Homme à barbe et à pelisse blanches*; une *Femme avec habillement brodé*; de Vandyck : deux demi-figures, le *Père et le Fils*; le grand *Portrait équestre du marquis Antoine Jules Brignole*, fils d'un doge, ambassadeur près de Philippe IV, depuis prêtre, écrivain satirique et comique, jésuite et prédicateur; le *Rendez à César ce qui est à César et à Dieu ce qui est à Dieu*, dont la figure du Christ montre un mélange de dignité et de malice qui semble condamner les abus futurs de la puissance sacerdotale; le *Portrait de madame Sale-Brignole*; un *Portrait d'Homme debout, habillé à l'espagnole*; d'Albert Durer: une *Tête* avec inscription, très bien dessinée; du Guerchin : le *Christ chassant les vendeurs du Temple*; un *Caton qui se tue*, sans noblesse; la *Vierge sur un trône, et S. Jean-Baptiste, S. Jean, et S. Barthélemi*; de Michel-Ange de Caravage : la *Résurrection de Lazare*, d'un bel effet; du Guide : un *S. Sébastien*, demi-figure; du Cappuccino : un *S. Thomas*, dont le coloris naturel, énergique, harmonieux, abat, dit Ianzi, le coloris quoique très bon des autres tableaux de sa pièce; de Louis Carrache : l'*Annonciation*; du vieux Palma : une *Adoration des Mages*, pleine de grâce et de naïveté; de Paul Véronèse : la *Judith*, dont l'expression de modestie et de fermeté fait oublier le costume vénitien, tableau d'une vigueur d'effet remarquable chez ce maître; une *Femme*, dite la *Nourrice de Vandyck*, assise sur une chaise, tout de son long, et tenant comme avec effort un bouquet, figure très naturelle et très gaie; de l'Espagnolet: un *Philosophe avec un papier à la main*; de Pellegro Piola, peintre génois d'une haute espérance, assassiné à vingt-trois ans dans un guet-apens, par des rivaux jaloux du succès populaire qu'obtenait sa *Madone* de la rue des Orfévres, nouvelle victime de ces violentes inimitiés d'artistes dont il a été parlé [1] : *Ste. Ursule*; une gracieuse *Ste. Famille*; d'Holbein : une *Femme avec une fleur à la main*; de Léonard-de-Vinci : une demi-figure ovale de *S. Jean-Baptiste*; de Rubens : un *Portrait d'Homme*, en noir; son portrait avec sa femme, très beau tableau; du Dominiquin : *S. Roch priant pour la cessation de la peste*, vrai,

[1] *V*. liv. xii, chap. vii.

pathétique, bien composé; du Corrège : l'*Assomption;* de Carlo Dolci : le *Christ au jardin des Olives*, qui a les qualités et les défauts ordinaires de ce peintre. Plusieurs portraits agréables sont de Rigaud et de Largillière, mais ils pâlissent à côté des portraits du Titien, de Paul Véronèse, de Rubens, de Vandyck, de Pâris Bordone, qui enrichissent cette admirable galerie.

L'ancien palais Tursi-Doria, maintenant propriété royale, le plus bel ornement de la rue Neuve, présente une disposition remarquable, un rare caractère de solidité, et il doit être regardé comme l'un des édifices les plus grandioses et les mieux assis de l'Italie, mais on pourrait souhaiter, comme dans la plupart des palais de Gênes, plus de pureté dans les détails.

Le palais Serra, médiocre sous le rapport de l'art, et mauvais de construction, est célèbre par son salon du premier étage, si vanté pendant le dernier siècle, et surnommé par M. le président Dupaty, le *Palais du Soleil*, mais dont la décoration, dans laquelle il y a véritablement abus de glaces comme ornement, se distingue plutôt par la richesse que par le goût. On dit qu'un million a été consacré à ce brillant colifichet, monument de faste et de luxe bien plus que de vraie magnificence.

L'ancien palais Grimaldi, aujourd'hui Spinola (Ferdinand), un de ces beaux palais de la rue Neuve, bâtie presque entièrement par Galeas Alessi, rappelle par son caractère de grandeur et de simplicité, les meilleurs palais de Rome. Le vestibule est vaste; la galerie donnant entrée à la cour ainsi qu'à l'escalier, magnifique, et la nymphée qui termine le fond de la cour, ainsi que la cour du premier étage, sont du plus bel effet. La galerie a de bons tableaux, tels sont : un *Portrait équestre;* une *Tête*, de Vandyck; une *Vénus*, crue du Titien; une *Vierge avec l'Enfant Jésus*, très jolie, de Jean Bellino; *Trois Enfans*, dans le style du Parmesan.

Le palais Carega, du dessin de Galéas Alessi, bâti sur un étroit espace, ne le cède ni en richesse, ni en beauté aux plus considérables de Gênes. Les fresques de la voûte du vestibule, de Castello le Bergamasque, forment une brillante décoration. Deux chefs-d'œuvre, l'*Adoration des Mages*, de Paul Véronèse; une demi-figure d'Hérodiade *portant la tête de S. Jean-Baptiste*, mélange horrible de grâce et de crime, du Titien, ont toutes les qualités de ces grands maîtres.

Le palais Lercari-Imperiale, maintenant au marquis Coccapani de Modène, passe pour l'un des ouvrages les plus élégans, les plus harmonieux et les plus pittoresques de Galéas Alessi. L'original et sévère soubassement forme un agréable contraste avec l'élégante galerie à colonnes ioniques du premier étage. De charmans arabesques ornent la voûte de l'escalier, et furent exécutés sous la direction de Galéas Alessi par Thadée Carlone, excellent peintre à fresque génois, du XVIIe siècle.

Le palais Grillo-Cataneo a de nombreuses peintures des meilleurs maîtres : un *Portrait de femme assise*, demi-figure, de Rubens; un grand tableau du *Christ chassant les vendeurs du Temple*, très vanté, un de ces éternels chefs-d'œuvre de Salvator Rosa, des galeries d'Italie, chefs-d'œuvre qui ne sont le plus souvent, comme celui-ci, que des ouvrages fort ordinaires; une *Ste. Agnès*, d'André del Sarto; un petit *Portrait d'Esclavon*, de Jean Bellini; *S. Joseph et le petit S. Jean adorant le Sauveur*, dit de Raphaël; *Luther et sa maîtresse*, de Pâris Bordone, tableau d'une belle couleur et d'une expression singulière : Luther serre la main de sa Dorothée, qui porte un collier d'or, des bagues et toute la lourde parure du temps, et il pose l'autre main sur son épaule, en lui lançant un regard plutôt sérieux que passionné, et qui est moins un regard d'amant que de théologien.

Le palais Negroni, bien disposé, et dont la nymphée au fond de la cour est d'un effet charmant, a peut-être la salle la mieux peinte de Gênes, composition singulièrement poétique, consacrée à célébrer les vertus et la gloire de la famille Negroni, et le meilleur ouvrage de Dominique Parodi.

Le palais Spinola (Maximilien) se distingue par l'heureuse proportion des portiques de la cour, l'originalité de ses voûtes en arcs de cloître et la salle du premier étage, peinte à dix-huit ans par Luc Cambiaso, habile et précoce artiste génois du xvie siècle, d'un talent hardi et fécond, qui travaillait avec deux pinceaux, mais dont le bon temps n'a duré qu'une douzaine d'années.

J'ai visité l'asile charmant et pittoresque de M. le marquis Jean Charles di Negro, véritable modèle de cette obligeance, de cette bonne grâce italienne envers les étrangers, qui jamais ne seront assez louées. Le jardin visité par le pape, l'empereur d'Autriche et les rois de Sardaigne et de Naples, était digne de ces honneurs moins par sa merveilleuse situation, sa bibliothèque, ses plantes exotiques, que par les talens et le caractère de son aimable possesseur, amant passionné des beaux-arts, improvisateur distingué et auteur d'un *Petit Carême* en terzines (*Sacri Sermoni*, in-4°.) très estimé.

Parmi les nombreux tableaux de la galerie du riche palais Pallavicini, on remarque : un grand *Mucius Scævola*, du Guerchin ; un *Coriolan*, de Vandyck, d'une riche couleur, mais dont le style ne convient pas au sujet; la *Vierge alla colonna*, de Raphaël, qui n'est point, comme on l'a dit, une imitation de sa *Madonna della grotta*, car toutes les têtes de Vierges de Raphaël ont pour l'observateur attentif une physionomie particulière qui tient le plus souvent à une nuance très délicate.

Le palais Spinola (Jean-Baptiste) offre parmi plusieurs ouvrages de peintres célèbres: une *Femme allaitant un enfant, une autre couchée et deux hommes,* d'Annibal Carrache, et l'un de ces beaux, mais monotones *S. Sébastien* du Guide, sujet à la mode de son temps, car il n'est guère de galerie un peu distinguée qui ne puisse se vanter de posséder le sien.

CHAPITRE III.

Palais d'André Doria. — Peintures de Perino del Vaga. — Treille. — Rœdan. — Grotte. — Phare. — *Scoglietto.* — Palais *Pallavicini (delle Peschiere)*; — Sauli.

Le royal palais d'André Doria, de l'architecture du frère Montorsoli, appelé par lui à Rome, a sous l'entablement des croisées une longue et caractéristique inscription d'une seule ligne, qui rappelle comment son illustre fondateur fut amiral du pape, de Charles-Quint, de François Ier et de sa patrie [1], homme ex-

---

[1] *Divino munere Andreas Doria Cevæ F. S. R. ecclesiæ, Caroli imperatoris catholici maximi et invinctissimi, Francisci primi Francorum regis, et patriæ classis triremium. IIII. Præfectus ut maximo labore jam fesso corpore honesto otio quiesceret Ædes sibi et successoribus instauravit M DXXVIIII.*

traordinaire dont l'alliance était recherchée par les plus grands princes, qui avait défait les Maures et les Turcs avec ses propres galères, et qui est à lui seul comme une puissance. La médiocre statue du vieil amiral, en Neptune, se voit au milieu des jardins qui bordent le rivage; mais sa moustache romantique du xv° siècle contraste bizarrement avec la nudité et les attributs classiques du dieu des mers. La porte est du dessin de Perino del Vaga, élève de Raphaël, qui, échappé sans ressources du sac de Rome, fut généreusement accueilli par Doria, et dont les plus beaux ouvrages décorent le palais. Tels sont les stucs, les grotesques du vestibule qui rappellent les loges du Vatican, auxquelles Perino del Vaga avait travaillé; *des petits Enfans*, l'*Horatius Coclès*, le *Scœvola* et trois autres sujets de l'histoire romaine, dignes de Raphaël pour l'invention et la composition, et le plafond de la *Guerre des Géans*, comparable presque aux fresques de la Farnesine. La treille, vis-à-vis et au-dessus du palais, devait jadis former à la fois la plus charmante et la plus magnifique des terrasses italiennes. Elle est maintenant négligée comme le reste de cette superbe demeure. Le mausolée de Rœdan, le chien donné par Charles-Quint à André Doria, est à peu près enfoui. Il avait été mis au pied de la statue colossale de Jupiter, afin que le grand Rœdan, comme le dit sa bizarre épitaphe, ne cessât point, même après sa mort, de garder un prince. Doria revint toujours triomphant dans sa patrie, et son chien, si magnifiquement enterré, ne peut avoir le mérite de celui d'Ulysse qu'un poète français, malgré l'étiquette de notre scène, a su y peindre heureusement en quatre mots.[1].

[1]   Ai-je encor des amis. . . . .
   Un seul m'était resté, NON PARMI LES HUMAINS.
      Ulysse, tragédie de M. Lebrun.

A peu de distance du Jupiter est la Grotte, du dessin de Galéas Alessi, brillante construction de marbre blanc, formant terrasse qui complète si bien le jardin et domine la mer.

Le *Scoglietto*, villa d'une architecture ordinaire, est singulièrement agréable par ses terrasses, ses grottes, ses cascades, ses bosquets d'orangers, de citronniers, de grenadiers, son bois de pins, et surtout sa situation au-dessus de la mer. Au sommet du jardin je trouvai, dans un joli pavillon, une collection encadrée des portraits gravés des membres de l'Assemblée Constituante, singulière décoration de ce paisible et riant asile.

Il est curieux de monter au phare, appelé à Gênes la Lanterne; pittoresque construction jetée sur un rocher élevé qui lui sert de base, et d'où l'on découvre le plus magnifique horizon.

Le palais Pallavicini, dit des *Peschiere*, à cause de la quantité de ses fontaines, est d'une sage et élégante architecture de Galéas Alessi, et sa position, la charmante grotte du jardin, le rendent un des plus remarquables de Gênes. On a prétendu qu'il avait été habité par Cromwell, mais rien de plus incertain que cette tradition.

Le palais Sauli, chef-d'œuvre de Galéas Alessi, jadis l'un des plus nobles, l'un des plus riches, non seulement de Gênes, mais de l'Italie entière, dont toutes les colonnes sont de marbre blanc et d'un seul morceau, est maintenant abandonné et presque en ruine.

CHAPITRE IV.

Albaro. — Villa *Giustiniani*. — Palais *Imperiale*. — *Paradiso*. — Promenades. — Remparts. — Aquéduc.

De superbes villa couvrent la riante colline d'Albaro. La villa Giustiniani, de Galéas Alessi, mais qui ne paraît point du dessin de son maître Michel-Ange, ainsi qu'on l'a prétendu, dont l'anti-salle en manière de *loggia* passe pour la plus exquise production d'Alessi, a quelques antiques, parmi lesquelles une statue d'*Isis* de granit oriental, très rare.

Le palais *Imperiale* offre un *Enlèvement des Sabines*, noble et vive composition, une des meilleures de Luc Cambiaso. Un membre de cette famille, Michel Imperiale, se fit remarquer dans le dernier siècle par la bizarrerie, par la folie de sa conduite et de ses opinions. C'est ainsi qu'après avoir combattu par des argumens théologiques la damnation de Judas, il légua quelques sommes afin de faire dire des messes pour le salut de son âme.

Le palais Saluzzi, dit le *Paradiso*, a de bonnes fresques de Tavarone, peintre génois du XVIe siècle, compagnon de voyage et de travaux de Luc Cambiaso, dont il parvint presque à posséder la manière. Ce palais fut habité par lord Byron; c'est de là qu'il partit pour la Grèce, qu'il y revint un moment après avoir été, faute de vent, retenu tout un jour à la vue de Gênes, et qu'il éprouva le pressentiment de sa prochaine et glorieuse fin. [1]

---

[1] Ayant témoigné le désir de revoir son palais, il s'y rendit ac-

Si les deux ou trois promenades publiques de Gênes, telles que l'*Acqua verde* et l'*Acqua sola*, sont médiocres; le tour des grandes fortifications est une des plus belles promenades de toute l'Italie. Cette superbe côte de Gênes n'a point à la vérité les souvenirs poétiques et littéraires du golfe de Naples, mais elle intéresse par les souvenirs et les exploits français qu'elle rappelle : Boufflers, Richelieu, Masséna, y apparaissent comme les représentans de l'ancienne et de la nouvelle gloire militaire de la France. Parmi les divers objets que l'on rencontre est un long bout de l'aquéduc qui, de six lieues, amène l'eau dans les différentes parties de la ville et jusque dans chaque maison; un de ces étonnans et utiles travaux du moyen âge commencé en 1278 et terminé en 1335.

CHAPITRE V.

Université. — Bibliothéque. — Bibliothéque *Berio*.

Le palais de l'Université, avec ses portiques, ses colonnes, ses escaliers de marbre d'une blancheur éclatante, a plutôt l'air d'un palais de l'Orient que d'un collége. Il est impossible de n'être point frappé des magiques effets produits par l'heureuse répartition et la vivacité de la lumière. Les salles des divers cours

---

compagné du seul comte Gamba. « Sa conversation, dit ce dernier,
« prit un tour mélancolique ; il parla beaucoup de sa vie passée et
« de l'incertitude de l'avenir. Où serons-nous, disait-il, dans un
« an ? C'était, ajoute son ami, comme une triste prophétie; car le
« même jour du même mois, l'année d'après, il était descendu dans
« la tombe de ses ancêtres. » *Mém*. T. v, chap. xiii.

sont ornées de tableaux, dont plusieurs appartiennent aux meilleurs maîtres génois. A la grande salle, peinte à fresque par André Carlone, est une *Circoncision*, du Sarzane; les statues de la *Foi*, de l'*Espérance*, de la *Charité*, de la *Justice* et de deux autres Vertus, sont de Jean Bologne. Les études de l'Université, malencontreusement réorganisée en 1816, ces études autrefois excellentes, et qui avaient repris leur ancien lustre sous l'administration française, ne paraissaient guère répondre à tant de luxe, malgré le mérite de quelques professeurs, parmi lesquels on distinguait M. Viviani, professeur de botanique, célèbre en Europe par ses ouvrages, et particulièrement par sa *Flore de la Libye et de la Cyrénaïque*, et le professeur de chimie M. Joseph Mojon, dont la modestie égale les talens, et qui a véritablement découvert le premier l'électro-magnétisme. Le nombre des écoliers ne s'élève qu'à environ 400, et il doit paraître peu considérable pour une ville aussi peuplée que Gênes.

La bibliothéque, formée principalement de l'ancien fonds de la bibliothéque des Jésuites et des Carmes, et dans laquelle la théologie domine un peu trop, compte 45,000 volumes. Parmi les manuscrits, qui sont en petit nombre, est un *Quinte-Curce* du xve siècle, traduit en français par *honnourable et noble homme Vasque de Lucène, portugallois*, beau manuscrit peu rare, dédié à Charles-le-Hardi, duc de Bourgogne, avec des miniatures représentant les actions d'Alexandre. Il y a aussi quelques manuscrits chinois, et en caractères africains et arabes.

La bibliothéque Berio, présent d'un particulier à la ville, compte 15,000 vol. et 1500 manuscrits; ces derniers relatifs principalement à l'histoire de Gênes. Une *Cité de Dieu*, en italien, de 1472, a été transcrite à merveille par une sœur Véronique, du couvent du S.-Esprit de Vérone. Une *Histoire de Venise*, non imprimée, de 1480, est indiquée par Tiraboschi. Un *Missel* du cardinal de Médicis, de 1533, a une inscription de sa main. Le bibliothécaire, le P. Valentin Manfredi, carme déchaussé, ancien missionnaire à la côte de Malabar, semble vivre dans sa bibliothéque, ouverte l'hiver quelques heures du soir, et qui me parut à cette heure assez fréquentée.

CHAPITRE VI.

Théâtres *del Falcone;* — *S. Augustin;* — *Carlo Felice.*

Parmi plusieurs autres pièces, je vis représenter au théâtre *del Falcone*, qui tient au palais du Roi, et dont S. M. Charles-Félix était le spectateur le plus assidu, une des *Hircana* de Goldoni, bien jouée par Mme Polvaro-Caroletta. Malgré le succès qu'obtint dans le temps cette trilogie, et tout le bien qu'en dit Goldoni dans ses *Mémoires*, la pièce me parut fausse, froide, ennuyeuse, comme la plupart des sujets persans mis au théâtre.

On jouait au théâtre S.-Augustin le *Polynice* d'Alfieri, tragédie si antique, si terrible. Les acteurs, quoique assez médiocres, furent très applaudis, et ils ne se montrèrent pas moins touchés des bontés du public que dans les autres salles d'Italie [1]. C'était quelque chose de plaisant que de voir ces frères ennemis s'apaiser à propos pour faire leurs révérences de remercîment, ou

[1] *V.* liv. III, chap. XVII.

Reliure serrée

bien, après être sortis pleins de fureur, reparaître tout à coup sur la scène d'un air calme et solennel, afin de saluer respectueusement le parterre. Toute cette reconnaissance, toutes ces politesses semblaient encore plus ridicules avec l'absence du chant et de la musique.

Le théâtre *Carlo Felice*, exécuté de 1826 à 1828, est, après la Scala et S.-Charles, le plus vaste de l'Italie. Les colonnes, les escaliers principaux, sont en marbre blanc de Carrare. Malgré sa grande disposition et la richesse des matériaux, l'architecture ne semble ni très noble ni très pure, et elle n'a point cette sorte de légèreté et d'élégance qui convient à une salle d'opéra.

CHAPITRE VII.

S.-Laurent. — *Sacro Catino.* — Bonfadio. — *S.-Syr.* — Annonciade. — *S.-Ambroise.* — *L'Assomption de Carignan.* — Statues du Puget. — Pont. — Tombeau d'André Doria. — Des *Vierges* du Guide. — *Ste. Marie de la Consolation.*

L'ÉGLISE S.-Laurent, une des belles cathédrales de l'Italie, fut judicieusement restaurée par Galeas Alessi, auquel on doit la reconstruction du chœur, l'hémicycle et la coupole. Les fresques de la voûte du chœur, et particulièrement le *Martyre du Saint*, passent pour le meilleur ouvrage public de Tavarone. La riche chapelle S.-Jean-Baptiste a six statues de Matthieu Civitali, parmi lesquelles l'*Abraham*, remarquable par le vêtement et une sorte de grandiose; la *Vierge* et le *S. Précurseur* sont de Contucci da Sansavino ; l'autel, commencé par Jacques della Porta, fut admirablement terminé par son habile neveu Guillaume.

Le fameux *Sacro Catino* est retourné à la cathédrale. Il était à raccommoder chez un ouvrier où je l'ai vu, car il fut cassé, et un morceau même s'est perdu dans le trajet de Turin à Gênes. Quoique privé de ses honneurs, de ses gardes, de son mystère [1], le *Sacro Catino* m'a inspiré une sorte de respect, et j'ai trouvé bien froids les lazzis philosophiques dont le poursuit lady Morgan. Eh qu'importe qu'au lieu d'être d'émeraude, le *Sacro Catino* ne soit plus que de verre de couleur! qu'il n'ait jamais été donné à Salomon par la reine de Saba, ou qu'il n'ait point servi à notre Seigneur pour la cêne! Ce plat de verre ne rappelle pas moins la foi et la bravoure de ces Génois, vainqueurs de Césa-

---

[1] Le *Sacro Catino* était autrefois gardé dans une armoire de fer de la sacristie, dont le doyen seul avait la clef; on ne l'exposait aux regards qu'une fois l'an; il était alors placé dans un endroit élevé, un Prélat le tenait dans ses mains par un cordon; autour étaient rangés les chevaliers *Clavigeri*, auxquels la garde en était confiée. Une loi de 1476 punissait même de mort, dans certains cas, ceux qui toucheraient le *Sacro Catino* avec de l'or, de l'argent, des pierres, du corail, ou quelque autre matière : « Afin, disait cette loi, « d'empêcher les curieux et les incrédules de faire un examen pen- « dant lequel le *Catino* eût pu souffrir quelque atteinte ou même « être cassé, ce qui serait une perte irréparable pour la république « de Gênes. » M. de La Condamine, emporté à la fois par sa curiosité naturelle, si indiscrète comme on sait, et par sa curiosité de savant, avait caché un diamant sous la manche de son habit, lorsqu'il examina le *Sacro Catino*, afin de le rayer et d'éprouver sa dureté; mais le moine qui le lui montrait s'en aperçut, et releva à temps le *Sacro Catino*, heureusement pour lui, qui se serait fort mal tiré d'affaire, et pour M. de La Condamine, qui probablement avait oublié la loi de 1476. Il paraît toutefois que, malgré les observations de M. de La Condamine, qui avait remarqué dans le *Sacro Catino* des bulles telles qu'on en voit dans le verre fondu, il conserva assez long-temps sa réputation d'émeraude, puisque des Juifs avancèrent, m'a-t-on dit, plusieurs millions sur ce gage lors du dernier siége; créance bizarre qui sans doute aura été liquidée à la façon de la République.

rée, qui en firent la conquête, de ces républicains chrétiens du moyen âge, qui, après avoir reçu la communion, escaladèrent les remparts de la ville avec les seules échelles de leurs galères, sans attendre les machines de siége [1]; il me semblait entendre cet évêque de Pise, Daimbert, guerrier et prophète, haranguant les Croisés la veille de la bataille, et leur promettant la victoire au nom de J.-C.; je croyais voir ce consul génois arrivé le premier sur la brèche, et s'y défendant seul l'épée à la main comme un autre Alexandre. Ces souvenirs de gloire, de religion, de liberté, suffisaient à mon âme, et je n'en demandais point d'autres.

Bonfadio, dont la condamnation injuste ou méritée paraît encore un mystère [2], voulut être enterré à S.-Laurent, ainsi qu'on le voit par la lettre courte, poétique et touchante adressée au moment de mourir à l'un de ses impuissans protecteurs, et qui mieux que toutes les dissertations semble prouver son innocence. [3]

L'ancienne église S.-Syr, primitive cathédrale de Gênes, et la plus riche en marbre de la ville, offre un bel ensemble. La hauteur de la nef n'est pas toutefois en proportion avec sa largeur. Les voûtes sont ornées de stuc et de peintures de l'habile Thadée Carlone. Le

[1] *Histoire des Républiques du moyen âge*, par M. Sismondi, t. I, p. 348.
[2] Ginguené, article Bonfadio de la *Biographie*, n'hésite point, d'après Tiraboschi, à le regarder comme coupable du vice pour lequel il fut brûlé, après avoir obtenu par grâce d'être décapité auparavant, tandis qu'il combat avec d'assez bonnes raisons l'opinion de Tiraboschi dans l'*Histoire littéraire d'Italie*, t. VIII, p. 328 et suiv.
[3] *Mi pesa il morir, perchè non mi pare di meritar tanto : e pur m' acqueto del voler d' Iddio ; e mi pesa ancora, perchè moro ingrato, non potendo render segno a tanti onorati Gentiluomini, che per me hanno sudato, ed angustiato, e massimamente V. S. del grato animo mio.... Seppelliranno il corpo mio in S. Lorenzo ; e se da quel mondo di là, si potrà dar qualche amico segno senza spavento, lo farò. Restate tutti felici.* Lett. à Jean-Baptiste Grimaldi.

grand autel a des figures d'anges et d'enfans, du Puget;
le *S. André d'Avellino*, une *Assomption*, sont du
Sarzane.

L'*Annonciade*, du dessin de Dominique Scorticone
et de Jacques Porta, la plus grande église de Gênes
après la cathédrale, remarquable par son ordonnance,
la proportion de ses dix belles colonnes de marbre
blanc incrusté de rouge, et l'éclat, la variété, l'harmonie des peintures de ses voûtes des frères Carloni, doit
toute cette magnificence à une simple famille génoise,
les Lomellini, souverains, jusque vers le milieu du
xviie siècle, de l'île Tabarca dans la Méditerranée. Une
Céne est de Procaccini; un *Martyre de S. Clément*,
horrible, de Jean-Baptiste Carlone. A la chapelle S.-
Louis, *le Saint adorant la Croix* fut commandé
d'abord à Bernard Carbone, mais n'ayant point convenu, deux autres tableaux furent successivement commandés à Paris, et occupèrent tour à tour l'autel, sur
lequel fut à la fin justement replacé le premier tableau.
Ses deux rivaux parisiens ont été mis à côté, comme
pour attester le triomphe de l'artiste génois, aussi très
habile peintre de portraits, dont les ouvrages ont mérité souvent d'être pris pour des Vandyck. Malgré
diverses indications, j'ai regretté de ne point trouver
dans cette chapelle un noble tombeau français, celui
que le Sénat avait élevé au duc de Boufflers, mort en
1747, gouverneur de Gênes, qu'il avait vaillamment
défendue. L'Annonciade, ainsi que l'église du Rédempteur à Venise, est desservie par des capucins; la
richesse de ces temples contraste étrangement avec la
pauvreté, la mendicité des moines qui les possèdent.

La vaste église S.-Ambroise a plusieurs tableaux de
maîtres célèbres, qui ne sont pas tous, il est vrai, de
leurs chefs-d'œuvre; tel est particulièrement une *Cir-*

concision de Rubens : son *Saint jésuite ressuscitant une possédée* vaut mieux. Une *Assomption* est un des ouvrages les plus travaillés du Guide; un beau *Christ en croix*, de notre Vouet.

L'Assomption de Carignan, de Galeas Alessi, offre en petit le plan de S.-Pierre, selon le projet de Michel-Ange. Sa façade est d'une agréable proportion, quoique l'excessive élévation des clochers nuise à l'effet de la coupole. Cette église, sans être au nombre des plus grandes, est un morceau des plus complets, des plus achevés, et d'une parfaite unité dans tous ses rapports. Le *S. Sébastien* et le *B. Alexandre Sauli*, chefs-d'œuvre du Puget, ne sont point assez vantés; si la première statue l'emporte sur la seconde, c'est que le sujet en était plus approprié au talent de l'artiste, moins habile dans l'exécution des draperies que dans celle du nu, qu'il a su rendre ici avec une vérité si animée, si vive, si souffrante. Un *S. François recevant les stigmates* n'est pas des meilleurs ouvrages du Guerchin. On reconnaît quelques traces de l'imitation de ce maître dans le *S. Pierre et le S. Jean guérissant un paralytique*, de Dominique Piola; une bonne *Vierge avec S. Dominique et S. Ignace*, du fils de ce dernier, Jérôme, montre son habituelle imitation des Carraches. Les autres tableaux des divers artistes génois n'ont rien de bien remarquable. Cette peinture italienne du nord est en quelque sorte comme la langue; plus on approche des Alpes, plus l'accent devient rude et âpre. Du haut de la coupole, citée pour sa solidité, et que l'on peut facilement parcourir dans tous les sens, on jouit d'un merveilleux panorama qui s'étend, lorsque le ciel est sans nuages, jusqu'à la Corse.

Le pont de Carignan, hardie construction qui joint deux collines, et sous lequel il y a des maisons de sept étages, est dû à la famille Sauli, tant les anciens patriciens de Gênes paraissent dévoués au bien et à l'utilité publique.

A S.-Étienne, le *Saint lapidé et contemplant le ciel ouvert*, célèbre tableau donné à cette église par Léon X et le cardinal Jules de Médicis, est un des chefs-d'œuvre les plus beaux, les plus singuliers de l'Italie; la partie inférieure est de Jules Romain, et peut être regardée comme son meilleur ouvrage à l'huile; la partie supérieure est de Raphaël, et la tête du saint fut refaite à Paris par Girodet, et non par David, comme on l'a répété. Le *S. Benoît ressuscitant un mort*, de Saltarello, peintre génois, mort jeune, est expressif et de bon sens; la *Ste. Françoise faisant parler une muette*, de Cappellino, naturelle et d'un agréable coloris.

Le *S. Sébastien* de l'église de ce nom est un bon tableau de Jean-Baptiste Castello, remarquable par sa composition riche et soignée, et qui mérita de servir de modèle à la statue du Puget. Le *Martyre de S. Clément et de S. Agatagnolo* ne manque ni de grâce ni de correction; il est de Bernard Castello, peintre génois, l'ami, le correspondant du Cav. Marin, chanté par lui et par la plupart des poètes de son temps, par Léonard Spinola, Ange Grillo, Ceva, Chiabrera, et même par le Tasse, pour lequel il fit les dessins de la *Jérusalem*, gravés en partie par Augustin Carrache.

A S.-Luc, la belle *Nativité*, du Grechetto, est un des tableaux les plus renommés de la ville.

L'église S.-Matthieu fut refaite intérieurement, et ornée par l'habile frère Montorsoli. On lui doit les statues des *Évangélistes* au chœur, et celles de la *Vierge*, de *S. Jean-Baptiste*, de *S. André*, de *David* et de *Jérémie*, regardées comme de ses meilleurs ouvrages. La *Ste. Anne*, de Bernard Castello, doit être distinguée parmi les nombreuses productions dont il a comme encombré Gênes. Dans une chapelle souterraine est le tombeau d'André Doria; l'inscription grattée sottement par les démagogues de 1797 n'était point encore rétablie. On dit que l'épée envoyée par le pape Paul III à Doria se conserve à la sacristie; cette glorieuse épée serait mieux sur le tombeau.

L'église Ste.-Marie-des-Écoles-Pies a recouvré ses neuf bas-reliefs de beau marbre, de François Schiaffino, génois, élève du Bernin, et de Cacciatore, élève de Schiaffino, bas-reliefs transportés à Paris, et plus dignes du voyage par la matière que par le goût. Une tête de la *Vierge* du Guide, au lieu d'être comme les vierges de Raphaël, la représentation pure, noble et naïve d'un modèle conçu par l'imagination de l'artiste, semble, ainsi que la plupart des autres vierges du Guide, un portrait d'actrice ou de jolie femme habillée en vierge.

La petite église S.-George a le *Martyre du saint*, qui, par la beauté du principal personnage, par l'expression des spectateurs, la variété de la composition, la force du clair-obscur, passe pour le meilleur ouvrage de Luc Cambiaso.

A Ste.-Marie de Castello sont: une *Annonciation*, et divers *Saints* de Brea, peintre de Nice de la fin du xve siècle, dont les têtes, malgré la sécheresse du dessin, ont de la beauté et une vivacité remarquable de coloris; la *Vierge avec Ste. Catherine et Ste. Madeleine*, du Grechetto; et dans les ténèbres de la sacristie, un *S. Sébastien*, du Titien.

S.-Sylvestre a une *Conception*, du peintre napolitain De Matteis, estimée, et dont les petits anges sont gracieux.

L'église S.-Donat offre un nouvel exemple de la

barbarie du badigeonnage italien : quatre colonnes de granit oriental, les plus belles qu'il y ait à Gênes, avaient été long-temps cachées, obscurcies par son blanc et sa colle, et ce n'est que depuis quelques années qu'elles ont apparu dans tout leur éclat.

La grande et majestueuse église de Ste.-Marie de la Consolation a quelques peintures et sculptures: *S. Thomas de Villeneuve*, du Sarzane; la statue de *N. D. du Rosaire*, de Santa-Croce; un *Saint qui reçoit l'Enfant Jésus des mains de la Vierge*, de Dominique Piola.

CHAPITRE VIII.

Albergo. — Hôpital des *Pammatone*. — Conservatoire des *Fieschine*; — des *Brignole*. — Institut des Sourds-Muets. — Le P. Assarotti.

L'*Albergo de' poveri*, un des plus vastes hospices de l'Italie, est une fondation de Génois bienfaisans qui remonte à la moitié du xviie siècle. Le nombre des individus qu'il peut recevoir s'élève à 2,200; mais, comme les maisons de cette étendue, il a peut-être le défaut de n'être point assez spécial et de réunir des établissemens qui gagneraient à être séparés. Le luxe des arts se retrouve jusque dans ces asiles de la misère et du travail, et leur donne une autre sorte de dignité; les statues des divers donateurs les représentent assis ou debout, selon la quotité des sommes qu'ils ont versées. L'église a deux morceaux de sculpture excellens : un bas-relief de Michel-Ange, la *Vierge pressant sur son sein le corps du Seigneur mort*, et une grandiose et vive *Assomption*, du Puget, au maître-autel, qui, malgré le danger d'un tel voisinage, soutient noblement l'honneur du ciseau français.

Le superbe escalier, les portiques de la cour de l'hôpital des *Pammatone*, qui contient environ 700 malades, sont de marbre d'une blancheur éclatante : jamais la douleur physique n'eut un plus magnifique séjour, et la souffrance morale n'est pas mieux logée dans les palais. Comme à l'*Albergo*, la charité a son cérémonial et son étiquette : les donateurs de 25,000 fr. ont une inscription ; ceux de 50,000 fr. un buste ; il faut 100,000 fr. pour la statue.

Le conservatoire des *Fieschine*, couvent et maison de travail fondé en 1760 par un Dominique Fiesque, célèbre par ses fleurs artificielles, qui se débitent dans toute l'Europe, présente un piquant contraste : de saintes et pauvres filles parent de leurs guirlandes le monde qu'elles ont quitté, et c'est à travers la double grille d'un parloir et par une Flore en guimpe et en béguin que ces brillantes fleurs, mais fort chères, vous sont offertes.

Le conservatoire des *Brignole* est aussi fabrique et couvent ; il montre, comme les Fieschine, cette singulière alliance de l'esprit industriel, dévot et aristocratique des anciens Génois.

L'institut des sourds-muets, alors dirigé par l'illustre et vénérable P. Assarotti [1], était un des plus remarquables que l'on pût citer. Cet ecclésiastique, ancien professeur des écoles pies, créa sa méthode vers 1801, en s'essayant d'abord, par charité et dans la pieuse obscurité de sa cellule, sur des individus isolés ; cette méthode ne le cède à aucune autre ; et, avec plus de rapidité dans les communications, elle se rapproche beaucoup de celle pratiquée à l'institution de Paris. La maison de

[1] Mort le 29 janvier 1829.

Gênes compte 24 jeunes gens, 14 filles et 25 externes. La variété, l'étendue de l'enseignement, semblent vraiment extraordinaires, puisque les élèves y apprennent le latin, l'italien, le français, l'allemand, l'anglais, l'espagnol, l'histoire universelle ancienne et moderne, les mathématiques, les élémens de l'astronomie, la métaphysique, quelques parties de la philosophie rationnelle, la religion, les arts du dessin, la gravure, et même, dit-on, la danse et la pantomime.

CHAPITRE IX.

Route de Nice. — *S.-Pier-d'Arena.* — Villa *Imperiale.* — *Cornigliano.* — Polypes. — *Sestri.* — *Pegli.* — Mme Clélie Grimaldi. — *Voltri.* — *Cogoleto.* — Colomb. — Savone. — Inscription latine - italienne. — Palais de Jules II. — Appartement de Pie VII.

A S.-Pier d'Arena, peut-être le plus magnifique des faubourgs connus, la belle villa Imperiale, de Galeas Alessi, maintenant au savant médecin génois Scassi, se distingue par un plan disposé avec art, des élévations bien proportionnées, et des jardins dessinés largement et ornés de grottes, de rampes, de pièces d'eau et d'agréables fontaines. Le luxe des villa des environs de Gênes n'est point surprenant, puisqu'elles étaient jadis le théâtre des fêtes les plus splendides que la sévérité des lois somptuaires de la république ne permettait point de donner à la ville; alors c'était à la campagne qu'on portait des diamans.

C'est au pont de Cornigliano qu'après soixante jours de résistance, après avoir épuisé tout ce qu'il peut entrer de force morale et physique dans un cœur d'homme, Masséna signa sa belle capitulation, qu'il intitula glorieusement convention, avec le baron d'Ott et l'amiral Keith. On voyait encore, m'avait-on dit, il n'y a pas long-temps, dans la chapelle située au milieu du pont quelques vieilles baïonnettes françaises brisées ; j'ai regretté de ne les y point trouver. Cette chapelle avait complétement changé d'aspect ; seulement, de chaque côté de la Madone étaient suspendus un fusil de chasse et un stylet : *ex voto* touchans sans doute, mais moins héroïques que les débris guerriers que j'aurais voulu y contempler.

Cornigliano, dans la délicieuse vallée de Polcevera, a le grand palais de M. Jacques-Philippe Durazzo, d'une détestable architecture, célèbre par son musée d'histoire naturelle, qui occupe le principal appartement. Il y a quelque chose de noble dans cette magnifique hospitalité accordée aux productions de la nature, et ce luxe d'un nouveau genre est singulièrement honorable. La collection des polypes, la plus riche que l'on connaisse, m'a rappelé les beaux vers du plus habile élève de Delille :

> Tel on voit le polype, insecte végétal,
> Par la force arraché de son berceau natal,
> Sous les coups répétés du fer qui le mutile
> Reproduisant sa vie en longs rameaux fertile,
> Se rejoindre à lui-même et se multiplier,
> Et dans chaque débris renaître tout entier.[1]

La villa Spinola, à Sestri *di Ponente*, avec ses vases, ses terrasses, ses treilles, ses bassins, ses fontaines, offre un magnifique ensemble. L'église de ce bourg peuplé est remarquable par la largeur de sa nef, et surtout par la construction de sa voûte, soutenue ha-

---

[1] M. Parseval. Poëme de *Philippe-Auguste*.

bilement et économiquement par de simples arceaux en brique qui s'élèvent aplomb des pilastres, dont l'entre-deux est rempli par une maçonnerie légère, et l'intervalle des arceaux au-dessus des fenêtres par des cannes ou roseaux cloués sur un bâtis en bois et recouvert d'enduit. Un *S. Charles* est de Camille Procaccini.

Pegli, lieu charmant, a trois délicieuses villa : la villa Lomellini, avec de grands arbres verts, des cascades, des bosquets, un lac, un théâtre et un ermitage chinois; la villa Grimaldi, qui a de beaux tableaux, et surtout un riche jardin botanique dû à madame Clélie Grimaldi-Durazzo, louée, estimée des premiers savans pour ses rares connaissances en botanique, et digne héritière du goût de sa noble famille pour les sciences naturelles; la villa Doria, dont les orangers, mêlés à des rosiers en fleurs, offraient au mois de décembre un aspect ravissant. La petite île au milieu du lac de cette dernière, ouvrage de Galeas Alessi, et décrite par Vasari, n'a plus, à la vérité, tout le luxe de ses jets d'eau.

Voltri a de la réputation pour les fabriques de papier, qui font sa richesse. A l'église de Ste.-Marie-des-Anges, un *Baptême du Christ* est du Tintoret.

Cogoleto n'a point renoncé à l'honneur d'avoir vu naître Colomb [1]; on prétend même y indiquer sa maison, espèce de cabane sur le bord de la mer, que je trouvai assez convenablement occupée par un garde-côte, et sur laquelle on lit, à la suite d'autres inscriptions pitoyables, ce beau vers improvisé par M. Gagliuffi :

---

[1] Malgré la multitude des recherches et des dissertations Colomb paraît aujourd'hui tout simplement Génois. *V.* son testament, dans lequel il dit : *Que siendo yo nacido en Genova.... como natural d'ella porque de ella sali y en ella naci*, déclaration qui doit trancher la question. Les prétentions de Cogoleto parurent quelque temps fondées, parce qu'un des deux amiraux nommés Colombo avec lesquels il fit voile, et même tous les deux étaient de ce lieu.

Unus erat mundus; duo sint, ait iste; fuére.

Un ancien portrait de Colomb se voit à la maison communale ; mais il ne doit pas ressembler, car cet homme intrépide, éloquent, éclairé, a l'air fort commun.

Savone, ville très ancienne, agréablement située, assez déserte, a le plus beau fort de cette côte, bâti sur un rocher au bord de la mer. A la tour de son petit port est une Madone de quinze palmes, de Philippe Parodi, au-dessous de laquelle se lisent les deux vers saphiques, à la fois latins et italiens, composés par Chiabrera, le prince des lyriques italiens, qui était de Savone, et inscrits en caractères proportionnés à la statue :

> *In mare irato, in subita procella,*
> *Invoco Te, nostra benigna stella.*

Ces jolis vers montrent le génie, l'analogie des deux langues, dont la dernière n'est bien sue que de ceux qui savent la première.

Le palais de Jules II, né à Savone, dont il ne reste que la façade de la partie postérieure, fut commencé par Antoine San-Gallo, et paraît au-dessous de sa réputation : la partie en avant a été rebâtie ; l'escalier qui conduit du sol du vestibule à celui de la cour est d'un bel effet. L'église a le bas-relief de *la Visite de la Vierge à Ste. Élisabeth*, des bons ouvrages du Bernin, et un tableau de *la Présentation de la Vierge au temple*, qui a mérité, quoique sans beaucoup de fondement, d'être attribué au Dominiquin.

Je fus reçu en 1827 par l'évêque de Savone, M. Airenti, prélat affectueux et savant, ancien bibliothécaire de l'université de Gênes, mort en 1831, archevêque de cette grande cité. L'appartement occupé par Pie VII, à l'évêché, a été religieusement conservé tel qu'il l'avait habité. Je l'avoue, je fus moins frappé en contemplant la colossale chaire en bronze de S.-Pierre, suspendue au fond de la brillante basilique; je fus moins touché à l'aspect du trône pontifical, entouré des génuflexions, de l'encens et de toutes les pompes de la chapelle Sixtine, qu'à la vue de ce siége de l'apôtre, de ce trône errant et persécuté, alors que l'on vit bien plus qu'au temps du Dante :

Nel vicario suo Cristo esser catto. [1]

CHAPITRE X.

Suite de la route de Nice. — *Leggine.* — Chiabrera. — *Noli.* Finale. — *Albenga.* — Petit temple. — *Alassio.* — Oneille. — *S. Remo.* — Palmiers. — *Ventimille.* — Monaco. — Tour de la Turbie.

LEGGINE fut la demeure de Chiabrera; il fit mettre sur la porte de son casin solitaire ces mots :

Musarum opibus
Domum hanc nil cupientibus extruxit
Gabriel Chiabrera
Si rebus egenis non asper advenis
Hospes ingredere

Inscription philosophique qui ne s'accorde pas tout-à-fait avec les honneurs et la prospérité dont jouit constamment ce chantre heureux des cours, des fêtes et des héros de son temps. [2]

[1] *Purgat.* XX, 87 : « Le Christ être captif dans son vicaire. »
[2]   *Cetra de' canti amica,*
           Cetra de' balli amante,
           D' altrui musica man dolce fatica,

Le fort de Vado, au-dessus du golfe, est d'un superbe aspect. Les Romains eurent un corps d'armée campé sur ces hauteurs (*Vada sabatia*), qui semblent convenir à une telle domination. L'empereur Pertinax était vraisemblablement de Vado ; son père y vendait des bois de construction et une espèce de bois brûlé dont les Romains se servaient dans leur ménage. On a prétendu qu'il avait dû son nom de Pertinax à l'opiniâtreté avec laquelle il n'avait pas eu honte, sous la pourpre, de continuer ce métier de marchand de bois et de charbonnier.

Berzezzi, hameau près de Noli, a une grotte remarquable. Noli, petite ville pittoresque par ses tours et sa position, resta république depuis le XIIe siècle jusqu'à la réunion de la Ligurie à la France en 1805, et, quoique sous la protection de Gênes, elle avait conservé son indépendance et son antique constitution.

Finale, industrieuse, commerçante, peuplée, au milieu de plantations d'oliviers et d'orangers d'une merveilleuse fécondité (quelques uns de ces derniers portent jusqu'à 8,000 oranges), sur un territoire parfaitement cultivé, fut autrefois un puissant et tyrannique marquisat, dont le dernier prince, Alphonse Carretto, fut chassé par le peuple vers la moitié du XVIe siècle. L'architecture de la cathédrale est peut-être la meilleure de cette côte.

Albenga, vieille ville, noire, insalubre, paraît, avec

Io dalla spiaggia di Parnaso aprica
Movo sull' Arno errante :
E se le membra ho polverose, umile
Pur sulla fronte porto
Edera e lauro attorto,
Vago ristoro di sudor gentile ;
E te fra le mie dita,
Cetra, dagli alti eroi sempre gradita.

Début de la première de ses *Canzoni eroiche*.

ses tours, ses remparts en ruines, son torrent, tout-à-fait digne d'avoir été le théâtre de l'histoire romanesque de la duchesse de Cerifalco, enfermée neuf années dans un souterrain par son barbare époux.[1]

Le Baptistère, petit temple antique, d'une architecture simple et de bon goût, remonte, dit-on, à un empereur Proculus, des derniers temps de l'empire, et originaire d'Albenga. Le *Ponte longo*, en dehors, est attribué à Adrien ou à Constance, général romain. Quoique soumise à Gênes, Albenga forma jusqu'en 1805 une sorte de république; elle élisait ses consuls, qui pouvaient être pris, soit dans la classe des marchands, soit dans celle des ouvriers, qui formaient les deux seuls corps de l'État; elle nommait ses conseillers, ses magistrats, parmi lesquels on distingue un magistrat appelé *des Vertus*, censeur indépendant, chargé de veiller au maintien et à la pureté des mœurs.

En face d'Albenga, la petite île escarpée de la Galinara, qui n'est maintenant habitée que par des lapins, fut célèbre pour avoir servi de retraite à S. Martin de Tours. Au sommet gisent, dans une petite plaine, quelques restes de l'antique monastère des Bénédictins.

Alassio, abrité par de hautes montagnes, a peut-être le plus doux climat de ces beaux rivages. Ses actifs et industrieux habitans brillent dans l'histoire militaire des deux mondes. Ils furent cités à la bataille de Lepante; l'Espagne employa leur courage à la conquête du Pérou, et les Génois dans leurs expéditions en Corse.

Onéille, jolie ville, fut la patrie du grand André Doria; ses ancêtres l'avaient achetée des Génois, qui

---

[1] *V. Adèle et Théodore*, de Mme de Genlis, et ses *Mémoires*, t. III, p. 48 et suiv.

s'en étaient emparés par surprise, et la vendirent, avec l'adhésion du pape.

San-Remo, riche, peuplée, ornée de jardins, de beaux bâtimens, est surtout remarquable par les palmiers de l'ermitage de S.-Romulus, qui couronnent ses hauteurs, et développent leur pompe orientale à côté de cette abondante végétation italienne d'orangers, de citronniers et d'oliviers. La famille Bresca jouit encore du juste privilége qui lui fut accordé par Sixte-Quint, de fournir de palmes les églises de Rome le jour des Rameaux. Voici l'origine de ce privilége, que je rapporte d'après la tradition, et en prévenant que je n'ai pu découvrir aucune trace de l'anecdote dans les historiens contemporains les mieux informés. Lorsque Fontana, à l'aide du mécanisme qu'il avait inventé, se préparait à élever l'obélisque de S.-Pierre, il réclama le plus profond silence afin que ses ordres pussent être distinctement entendus. L'inflexible Sixte publia un édit par lequel il annonçait que le premier spectateur qui proférerait un cri serait sur-le-champ puni de mort, quel que fût son rang ou sa condition. Au moment où les cordes mises en mouvement avaient, comme par magie, soulevé l'énorme masse, et qu'elle était presque établie sur sa base; que le pape, par des signes de tête, encourageait les travailleurs, et que Fontana, parlant seul, commandait une dernière et décisive manœuvre, un homme s'écrie tout à coup d'une voix retentissante : *Acqua alle corde* (de l'eau aux cordes), et sortant de la foule il s'avance, et va se livrer au bourreau et à ses gens, qui se tenaient près de la potence dressée sur la place. Fontana, regardant avec attention les cordes, voit qu'elles sont en effet si tendues qu'elles vont se rompre; il les fait rapidement mouiller; elles se resserrent aussitôt, et l'obélisque est debout aux applaudissemens uni-

VENTIMILLE.

versels. Fontana court au secourable crieur, l'embrasse, le présente à Sixte-Quint, demande et obtient une grâce déjà accordée. Bresca eut en outre une pension considérable et cette fourniture héréditaire des palmes de Rome. Depuis les fêtes de Pâques de l'année 1587, un navire est parti constamment avec sa sainte cargaison; la Providence elle-même a semblé prendre soin de la bénir d'avance, car de ces 245 navires, pas un seul n'a fait naufrage.

Ventimille, sur un rocher, et assez déserte, est ancienne; il en est parlé dans les *Lettres familières* de Cicéron [1], et Tacite rapporte le trait courageux de cette mère ligurienne qui périt dans le pillage de la ville plutôt que de livrer son fils aux soldats d'Othon : mise par eux à la torture pour indiquer sa retraite, elle montra son flanc en disant qu'il était là [2]. L'antique cathédrale fut peut-être un temple de Junon. Latte est le lieu de plaisance, l'Albano des habitans de Ventimille.

Le petit État du prince de Monaco n'est qu'une orangerie, sur un rocher.

La Turbie a ses ruines des trophées d'Auguste, auxquels peut-être elle doit son nom (*Trophæa Augusti*), et qui de loin présentent l'aspect d'une tour. Cette tour est le dernier des merveilleux points de vue d'une route qui en a de si divers et en si grand nombre. La côte de l'Italie de Gênes à Nice me paraît encore supérieure à l'autre partie qui s'étend jusqu'à Livourne. Elle offre une suite de brillans promontoires couverts de bois d'oliviers, dont la pâle verdure contraste avec le vert éclatant des pins, des orangers, des citronniers, des châtaigniers : de grands palais, de jolies maisons peintes en rouge, les coupoles, les clochers des églises, ajou-

[1] Lib. VIII, ep. xv.
[2] *Uterum ostendens, latere respondit.* Hist. II, XIII.

tent à l'effet de cette vaste décoration, mêlée de rochers et de torrens. Quelquefois de belles vallées cultivées s'étendent sur le bord de la mer, et forment de rians et paisibles golfes de verdure à côté de l'azur agité des flots. Les levers, les couchers du soleil sont admirables sur cet horizon, et la nature y développe, y renouvelle à chaque pas ses plus magnifiques scènes.

CHAPITRE XI.

Nice.

Malgré ses antiquités, son amphithéâtre, Nice semble moins une ville d'Italie qu'une de nos anciennes préfectures; les enseignes sont en français, et la garnison savoyarde parlait notre langue. Nice appartint encore à la France comme faisant partie du comté de Provence; Malherbe la regrettait, et il espérait belliqueusement la voir reprendre :

> Guise en ses murailles forcées
> Remettra les bornes passées
> Qu'avoit notre empire marin.[1]

Sur la porte, voisine du port, était une inscription récente, lieu commun municipal, par lequel les habitans disaient ouvrir leur porte et leurs cœurs au roi Charles-Félix (*Opt. regi Carolo Felici Nicæenses portam et corda pandunt*). Le climat est doux plutôt que brillant. La population se compose principalement de cette colonie languissante d'étrangers opulens, victimes la plupart des jouissances factices de la société, détruites avant le temps par cette vie heureuse en appa-

---

[1] *Ode à Marie de Médicis, sur sa bienvenue en France.*

rence, au fond si misérable, et dont l'inquiétude, les regrets, les mécomptes divers, sont l'incurable maladie. La promenade publique inspire une sorte de mélancolie : on y remarquait de jeunes Anglaises, charmantes, blondes, pâles, et près de s'éteindre.

Nice, qui n'offre aucun objet d'art digne d'être cité, ne m'apparaît plus qu'à travers le souvenir de la femme supérieure que je fus assez heureux pour y revoir une dernière fois, et qui devait sitôt y mourir. Mme la duchesse de Duras, l'auteur d'*Édouard* et d'*Ourika*, le peintre délicat et pathétique de la fatalité des inégalités sociales, habitait alors une petite maison à l'extrémité de la ville. Ce n'était plus ce salon de Paris, si animé, si brillant, qui réunissait, ainsi qu'on l'a ingénieusement remarqué, le goût, la grâce, la politesse de l'ancienne société française, et l'instruction, la raison, la solidité de la société nouvelle, où se rencontraient toutes les célébrités honorables de la politique, des lettres, des sciences et des arts ; mais cette maison des champs, ce verger d'orangers était l'hospice, la solitude d'une malade à laquelle une fille aimée, compagne des traverses comme des prospérités de sa vie, prodiguait les soins les plus tendres. La perte de Mme de Duras, si douloureuse à ses amis, qui seuls ont pu connaître tout ce qu'il y avait de vrai, d'actif, de dévoué, de passionné dans son généreux caractère, semble encore une sorte de calamité pour les simples gens du monde : de pareils salons exercent sur l'opinion une heureuse influence ; ils honorent le pays ; ils aident à sa civilisation ; ils excitent, ils développent ses génies divers, et ils le représentent noblement aux yeux de l'étranger.

FIN DU LIVRE DIX-NEUVIÈME.

LIVRE VINGTIÈME.

ROUTE DE GÊNES A TURIN. — *TURIN.* — MONT CÉNIS.

CHAPITRE PREMIER.

Route. — *Novi.* — *Tortone.* — Sarcophage. — *Marengo.* — Colonne. — Abbaye *del Bosco.* — ALEXANDRIE. — Citadelle. — *Asti.* — Alfieri. — Cathédrale.

Le commencement de cette route montre la douceur du climat de la rivière de Gênes, même au mois de décembre, comparée au climat du Piémont. A quelques lieues de la ville, de l'autre côté de la montagne de Jovi, je trouvai les champs gelés : on était déjà précipité dans l'hiver.

Novi, abritée par une montagne, a quelques palais. Dans la plaine périt Joubert, un de ces jeunes et brillans vainqueurs des premières guerres d'Italie, surpris à la pointe du jour par le vieux et impétueux Suvarow.

La cathédrale de Tortone a un curieux bas-relief des premiers temps du christianisme, représentant au milieu la *Chute de Phaéton,* et sur les côtés *Castor et Pollux.* Deux inscriptions grecques, au-dessous de ces derniers, rappellent, la première, que personne n'est immortel; la seconde, que l'audace prouve la noblesse du sang.

J'ai parcouru le champ de Marengo le soir, au clair de lune; quelques lumières éparses brillaient seules, au loin, dans la plaine déserte et silencieuse. Que sont devenus tant d'hommes héroïques? Si, contemplant leurs traits dans le dessin d'un maître habile [1], vous cherchez à le savoir, la mort se chargera de la réponse. La colonne érigée à l'endroit où Desaix fut tué ne se voit plus. Une dame demeurant près de là, et admiratrice de nos armes, l'a fait, dit-on, enterrer au lieu même où elle s'élevait, afin de prévenir sa destruction. Ces honneurs de la sépulture, accordés à un monument de la valeur française, par une femme étrangère, ont quelque chose de touchant. Cette jeune colonne est déjà enfouie comme un vieux monument d'Athènes ou de Rome, et elle ne rappelle pas de moindres hauts faits.

J'ai visité la belle abbaye des Dominicains *del Bosco*, qui a quelques tableaux de Vasari; mais je n'ai pu y découvrir les sculptures de Michel-Ange annoncées par les livrets, quoique le dominicain qui me conduisait fût de Bologne, et eût la prétention de s'entendre aux arts. Pie V, né au Bosco, de parens pauvres, fondateur de l'abbaye, avait voulu y être enterré : on y montre le cercueil vide qu'il s'était destiné, ainsi que le porte l'inscription. Ce pontife souverain, opiniâtre, inexorable, ce Grégoire VII lettré et du xvie siècle, ne put obtenir la sépulture à laquelle il avait aspiré, et son ambition de tombeau fut déçue. Le couvent *del Bosco* a été illustré par un fait contemporain : il fournit à souper à l'état-major des vainqueurs de Marengo. Le premier de ces vainqueurs, M. le général Kellermann, n'avait pas été tellement préoccupé par sa gloire qu'il n'eût songé à tirer d'abondantes provisions du riche monastère [2], incident heureux pour tout le monde, puisqu'il fit boire du bon vin à nos guerriers, et valut

---

[1] *V.* la *Revue de* 1800, par M. Isabey.
[2] *Mémoires de M. de Bourrienne*, t. IV, p. 126.

aux religieux une sauvegarde fort utile parmi tant de héros affamés.

Alexandrie, malgré sa population de 30,000 habitans, son étendue, la beauté de son nom, semble assez vulgaire. Mais la citadelle, autre ville, et sévèrement interdite aux étrangers, est d'un aspect superbe. Le jour que j'y passai, il y avait bal à l'occasion de la Ste.-Barbe, fête des canonniers : la file des carrosses, les légères carretelles traversant les ponts-levis, les toilettes des femmes, formaient un piquant contraste avec les ouvrages redoutables de la forteresse. La fondation d'Alexandrie, en 1168, rappelle une des plus glorieuses époques de l'histoire du moyen âge, alors que la religion et la liberté n'étaient point désunies, et que la ligue lombarde, alliée du pape Alexandre III (le même qui avait réclamé l'affranchissement général des esclaves), jurait de chasser l'empereur Frédéric III de l'Italie, et faisait marcher des troupes pour le combattre. A l'église S.-Ignace, le *Saint*, quoique son portrait ne soit pas ressemblant, est un tableau noble, expressif, bien composé, de Chiappe, peintre de Novi du dernier siècle, mort dans un âge peu avancé.

J'ai visité à Asti la maison dans laquelle était né Alfieri : c'est un grand hôtel bien bâti par le comte Benoît Alfieri Bianco, homme de mérite, le premier architecte du Piémont, qu'Alfieri appelait son oncle, quoiqu'il fût d'une branche collatérale à sa famille, et de Rome. Alfieri, malgré l'indépendance qui respire dans son beau sonnet sur sa naissance [1], s'est félicité,

---

[1] *Oggi ha sei lustri, appiè del colle ameno
Che al Tanaro tardissimo sovrasta,
Dove Pompeo piantò sua nobil asta,
L' aure prime io bevea del dì sereno.*

*Nato e cresciuto a rio servaggio in seno,
Pur dire osai : Servir, l'alma mi guasta;*

dans ses Mémoires, d'appartenir à des parens nobles, riches et honorés; il put ainsi, comme Byron, se mettre en hostilité contre l'ordre social sans être soupçonné d'envie. Mais peut-être cette élévation même produisit-elle une partie de ses chimères, ainsi qu'il semblait l'avouer, lorsqu'il disait plus tard : « Je connaissais les « grands, mais je ne connaissais pas les petits. » Les jugemens d'Alfieri furent d'ailleurs toujours bizarres : philosophe, il abhorrait Frédéric et Catherine; partisan des idées populaires, le *Contrat social* ne lui causait que de l'ennui; amant et peintre éloquent des passions, il ne put achever le premier tome de la *Nouvelle Héloïse*.[1]

La cathédrale d'Asti, d'un beau gothique, a une des répétitions de l'*Adoration des Mages*, du Bassan, et une *Résurrection du Christ*, du Moncalvo, plus vigoureuse qu'il ne lui appartient.

> *Loco, ove solo* UN *contra tutti basta,*
> *Patria non m'è benchè natio terreno.*
>
> *Altre leggi, altro cielo, infra altra gente*
> *Mi dian scarso, ma libero ricetto,*
> *Ov' io pensare e dir possa altamente.*
>
> *Esci dunque, o timore, esci dal petto*
> *Mio, che attristarti già sì lungamente;*
> *Meco albergar non dei sotto umil tetto.*
>   Son. XXXVII.

[1] *Vita.* Ep. IIIe, cap. VII, VIII et IX.

CHAPITRE II.

Turin. — Accroissement. — Palais du Roi. — Tableaux flamands et hollandais. — *Castello.* — M. Bagetti. — Palais Carignan. — *Vigne de la Reine.* — *Valentin.* — *Torri della Città.*

L'aspect de Turin paraît, au retour d'Italie, froid et extraordinaire : les rues ont une sorte de régularité sans magnificence, qui est assez l'opposé des autres villes ; le mélange de mœurs italiennes et d'habitudes de guerre est une autre singularité, et le luxe militaire des troupes contraste, par sa propreté, avec le luxe sale et d'oripeau que l'on a vu jusque là. Turin s'accroît chaque jour d'une manière frappante; je ne crois plus qu'elle soit, comme on le disait, la plus petite des capitales de l'Europe, et sa population, qui, en 1815, ne s'élevait qu'à 73,000 âmes, dépasse aujourd'hui 116,000. La capitale du roi de Sardaigne semble s'être agrandie dans la même proportion que ses États, bizarre assemblage de peuples et de pays divers, véritable marqueterie politique qui, dans son exiguité, offre des disparates de sol et de mœurs non moins fortes que les plus grands empires, qui réunit les plaines fécondes du Piémont, les sommets glacés des Alpes, les montagnes brûlantes et les forêts de la Sardaigne, et qui a rendu compatriotes l'indigent et fidèle Savoyard, le riche et trompeur Génois, le Piémontais intrépide et le Sarde à demi Africain.

La plupart des horloges de Turin sonnent deux fois de suite la même heure, et quelques unes même, telle que l'horloge de la paroisse S.-Philippe, répètent à chaque quart d'heure l'indication de l'heure dont elles annoncent les fractions. Cet avis perpétuel et bruyant du passage du temps vous cause une sorte d'impatience et même de tristesse; la vie semble ainsi poussée, morcelée, brisée. Le bruit de ces horloges m'a souvent rappelé le mouvement comique du comte X. de Maistre, dans l'*Expédition nocturne autour de sa chambre*, lorsqu'après avoir entendu pour la troisième fois sonner minuit, il s'écriait en étendant ses mains du côté de l'horloge : « Oui, je sais qu'il est minuit, je le sais, je « ne le sais que trop. » Montaigne raconte que, de son temps, l'horloge de Nuremberg sonnait les minutes : cette horloge, au lieu d'être l'indicateur du temps, devenait plutôt comme le tocsin de la vie.

Le triste palais du Roi était intéressant pour sa collection de tableaux, principalement de ceux des écoles flamande et hollandaise, supérieurs aux ouvrages des maîtres italiens, parmi lesquels il n'y a ni Raphaël, ni grand Titien, ni Corrége, collection passée en 1832 à la nouvelle Pinacotheca du château (*Castello*). A la salle de la garde suisse, un curieux tableau du vieux Palma représente la *Bataille de S.-Quentin*, gagnée en 1557 par le duc Emmanuel Philibert, un des grands désastres de notre histoire militaire, qui mit la France à deux doigts de sa perte, fit rentrer ce duc de Savoie dans ses États, et commença la puissance de sa maison. A la salle d'audience, le cheval rétif du portrait de Louis XIV, par Mignard, offre le même contre-sens que celui de la nouvelle statue de la place des Victoires: rien ne doit se cabrer sous Louis XIV. A l'un des plafonds estimables du peintre turinois Beaumont, un génie tient une croix de l'ordre de S.-Maurice et de S.-Lazare, que l'artiste désirait, pétition en peinture qui réussit. Parmi les tableaux d'un mérite supérieur, on distinguait, de Vandyck, le *Prince Thomas à cheval*, les *Enfans de Charles Ier*, le *Portrait du Peintre*; de son élève Daniel Mytens, *Charles Ier*; de l'Albane, l'original gracieux de ses *quatre Élémens*; de Murillo, *Jean Népomucène ayant à son confessionnal d'un côté l'impératrice Jeanne, et de l'autre un Paysan*, image de l'égalité évangélique devant « ces tribunaux « qui justifient ceux qui s'accusent », selon la belle expression de Bossuet; de Paul Potter, ses *Animaux*, si vivans; de Rembrandt, le fameux *Bourguemestre;* de Gérard Dow, la *Femme prenant la grappe de raisin*; d'Holbein, les *Portraits de Luther et de sa Femme*, tous deux à l'air grave, pédantesque et assez commun. Onze petits tableaux encadrés dans la boiserie d'un cabinet, et représentant des sujets pris de la *Jérusalem*, quoique de Carle Vanloo, ne sont point sans quelque grâce.

Une pièce du château, dit aussi palais Madame, de la duchesse de Nemours qui l'habita, offre la collection des aquarelles du chevalier Bagetti, habile peintre de batailles contemporaines, et maintenant écrivain d'art judicieux; ces aquarelles si nettes, si animées, qui obtinrent il y a trente ans, à Paris, un succès mérité, se trouvent dans une galerie consacrée à la gloire militaire du Piémont, chétif et dernier asile de cette gloire guerrière de l'Italie autrefois si puissante. Au-dessus du palais Madame, l'observatoire dirigé par l'illustre Plana fut construit par le roi Victor-Emmanuel, à son retour dans ses États, bien moins, dit-on, pour encourager les observations astronomiques, que par goût, par reconnaissance peut-être pour les spéculations de l'astrologie, auxquelles ce prince s'était livré pendant son exil, et pour les charlatans qui lui avaient tiré l'horoscope de sa restauration.

Chef-d'œuvre de mauvais goût et impur de détails, ainsi que la plupart des divers palais de Turin, le vaste palais Carignan est parfait de disposition, tant ce talent semble naturel aux Italiens, et ne les abandonne presque jamais. Le dessin est du P. Guarini, imitateur exagéré du Borromini, architecte mathématicien, fameux dans son temps, dont les solides édifices présentent comme des espèces de démonstrations de problèmes géométriques.

L'ancien palais du comte Birago de Borgaro, de l'architecture de Juvara, devenu l'hôtel de l'ambassade de France, et le plus beau des hôtels de Turin, est cité comme un modèle de goût et de distribution. On y remarque de bonnes peintures de Crosato, artiste vénitien du dernier siècle, habile pour la perspective.

La Vigne de la Reine, joli pavillon, bien situé, bâti en amphithéâtre, fut le lieu de plaisance de la princesse Marie-Anne d'Orléans, femme du roi Victor-Amédée II, fille de madame Henriette. J'y remarquai une vue de S.-Cloud et de son parc; Louis XIV était à cheval auprès de belles dames en carrosse. Malgré la perfectibilité et les lumières du siècle, on ne laisse pas d'être encore sensible au souvenir de cette époque brillante, où le langage était à la fois si naturel et si noble, et dont les manières alliaient l'élégance à la dignité. Un plafond de Paul Véronèse est cité pour le mérite de la difficulté vaincue.

Le Valentin, embelli principalement par la fille de Henri IV, Christine, femme de Victor-Amédée Ier, ne paraît guère italien; on dirait plutôt un grand château de France, à longue avenue, situé sur les bords de la Seine ou de l'Oise; car le Pô, qui coule à côté, est dans cet endroit peu large et fort tranquille, et cet ancien roi des fleuves, détrôné sans retour depuis si long-temps, n'est à Turin qu'une simple rivière.

Le plus ancien bâtiment de Turin est le palais *delle Torri* ou les tours de la ville, au nord, maintenant prison, que l'on croit du vi° siècle, et de l'époque lombarde.

CHAPITRE III.

Université. — Marbres. — Professeurs. — Rentrée.

L'UNIVERSITÉ de Turin, réformée habilement par Victor-Amédée II au commencement du dernier siècle, remonte à l'année 1405. Les portiques de son majestueux palais offrent un vrai musée lapidaire enchâssé dans la muraille; plusieurs de ces marbres, publiés par Maffei, sont remarquables, savoir : l'autel consacré par M. Mummius à Jupiter adolescent; l'autel taurobolique élevé aux organes générateurs par Sempronia Eutoxia; deux *Bacchanales*; un vœu de Q. Vesquasius, que l'on y voit au milieu de huit canéphores, et qui a près de lui un char portant une pièce de vin, le char et la pièce parfaitement semblables aux chariots et aux tonneaux encore aujourd'hui d'usage en Piémont; les mausolées de Valerius Crescentius et de Bœbia Vœta; le premier sur un lit auprès d'une table bien servie, la seconde avec des coqs, des poulets, des moutons sur son tombeau; un superbe fragment de bas-reliefs antiques, peut-être un *Jason* domptant ses deux taureaux, qui paraît avoir servi de métope. En face des statues de Victor-Amédée et de son fils Charles-Emmanuel III, deux torses cuirassés, découverts à Suze en 1805, sont peut-être le meilleur travail de cuirasse antique que l'on connaisse.

L'université de Turin soutenait dignement son ancienne célébrité; ses cours étaient suivis avec ardeur, et à l'entrée de l'Italie, elle pouvait être regardée comme le plus éclatant foyer de lumières de cette docte et spirituelle contrée. Le nombre des élèves était de plus de 2,000. Plusieurs des professeurs étaient au premier rang des savans et des érudits en Europe. Tels sont pour les mathématiques M. Plana, sorti de notre École Polytechnique, esprit étendu, infatigable, dont la *Théorie de la lune*, composée avec un autre astronome italien, M. Carlini, partagea le grand prix de mathématiques proposé par l'Institut de France; M. Bidone, grand géomètre, grand physicien, professeur d'hydraulique; MM. Giobert et Cantù, habiles chimistes, l'un professeur de chimie générale, l'autre de chimie technique; M. Borson, directeur du Musée minéralogique, de minéralogie [1]; M. Boucheron, qui écrit et s'exprime en latin avec une élégance, une pureté et une facilité rares, orateur pompeux et disert des solennités universitaires, professeur d'éloquence grecque et latine, et M. l'abbé Peyron, un des premiers hellénistes et orientalistes actuels, élève, ainsi que M. Boucheron, du savant ami d'Alfieri, Caluso, de langues orientales. [2]

J'assistai en 1827 à la rentrée des classes, cérémonie abandonnée en France depuis M. de Fontanes, et qu'il serait assez convenable de rétablir. Le discours sur l'utilité et la nécessité de l'étude des anciens fut pro-

---

[1] Mort le 25 décembre 1832, à soixante-treize ans.

[2] Un éloge historique latin, beau volume in-8°, vient d'être consacré à Caluso, par M. Boucheron; on y retrouve l'histoire intéressante de la vie, si remplie, si littéraire, de Caluso, ainsi qu'une judicieuse et impartiale appréciation des divers travaux de plusieurs savans français et étrangers. Turin, 1833.

noncé par le P. Manera, jeune jésuite napolitain, alors professeur d'éloquence italienne, et depuis retourné à Rome. Malgré un peu trop de complimens aux dignitaires présens, ce discours n'était pas sans intérêt, et il y régnait une indépendance littéraire, une modération et une impartialité tout-à-fait remarquables. Ce jésuite reconnut Machiavel pour le prince des auteurs italiens; il parla de Fra-Paolo sans colère, fit l'éloge de Galilée, célébra énergiquement Alfieri, revenu aux anciens après les avoir ignorés ou méconnus pendant sa jeunesse, et vanta avec enthousiasme le roman des *Promessi sposi*, de M. Manzoni.

CHAPITRE IV.

Bibliothéque. — Palimpsestes. — Manuscrit de l'*Imitation*. — Seyssel. — *Flore* de Piémont. — *Cosmographie* de Berlinghieri.

La riche bibliothéque de l'université provient principalement de l'ancienne collection des livres et manuscrits des ducs de Savoie; elle compte au-delà de 112,000 volumes; parmi les manuscrits, 70 sont hébreux, 370 grecs, 1,200 latins, environ 220 italiens [1], et 120 français.

[1] Les 34 vol. in-fol. des manuscrits de l'habile architecte et savant antiquaire Pirro Ligorio, portés au catalogue imprimé des manuscrits, donné par Pasini, Rivautella et Berta (Turin, 1749, 2 vol. in-fol.), dont plusieurs étaient dédiés au duc Alphonse de Ferrare, sont aux Archives royales, qui possèdent quelques autres précieux et intéressans manuscrits, tels que l'*Epitome*, de Lactance, unique en Europe; des *Lettres* inédites du comte Balthasar Castiglione, et une *Histoire des Alpes maritimes*, de Gioffredo, aussi inédite.

Les Palimpsestes des fragmens inédits des oraisons de Cicéron pour Scaurus, Tullius, et contre Clodius, publiés par M. Peyron [1], proviennent, comme ceux de l'Ambrosienne, du monastère de S.-Colomban de Bobbio; le texte y est recouvert par celui d'un traité de S. Augustin, compris dans le tome VIII de ses œuvres, *Collatio cum Maximino, Arianorum episcopo*. Sous la nouvelle écriture, qui paraît du XIIe siècle, on distingue les deux colonnes de l'ancien manuscrit, regardé par M. Peyron comme du IIIe ou du IVe siècle; ces manuscrits m'ont semblé moins maltraités par la chimie que les Palimpsestes de l'Ambrosienne et que ceux des Institutes de Gaius de la bibliothéque du chapitre de Vérone. [2]

Le manuscrit latin de Sedulius, du VIIe siècle, et l'un des plus anciens de la bibliothéque de Turin, contient son *Paschale Carmen* en vers hexamètres.

Le célèbre manuscrit de l'*Imitation de J.-C.*, dit le manuscrit d'Arone, sur lequel délibéra ce congrès de savans, assemblés en 1687 à Saint-Germain-des-Prés, et auquel ils n'avaient pas reconnu moins de 300 ans d'antiquité, ne paraît guère aujourd'hui, de l'avis à peu près unanime des premiers savans de France, d'Allemagne et d'Italie, que du XVe siècle, et même de sa fin selon quelques uns [3]; il n'a donc pu servir à débrouiller

---

[1] Stuttgard et Tubinge, 1824, in-4°.

[2] *V.* liv. III, chap. IX, et liv. V, chap. XXIII.

[3] *V.* la description latine de ce manuscrit en tête de l'édition de l'*Imitation* donnée par M. Gence (Paris, 1826, in-8°), p. LXXIII et LXXIV, et p. 35 de ses *Nouvelles Considérations historiques et critiques sur l'Auteur et le Livre de l'Imitation de Jésus-Christ*, par lesquelles il persiste à restituer ce livre à Jean Gerson, chancelier de l'église de Paris, et combat l'opinion du comte Napione et des Italiens, qui l'attribuent au P. Jean Gersen, moine du couvent de S.-Étienne de Verceil vivant vers la moitié du XIIIe siècle.

cette difficile question d'histoire littéraire. L'anonyme de l'*Imitation* n'est point, d'ailleurs, sans quelque charme ; il semble que ce mystère de plus convient à la peinture fidèle du sentiment religieux et la rend encore plus touchante : on ne voit plus alors de livre ni d'auteur ; tout ce qui est humain et vulgaire disparaît, et l'âme attendrie ne communique plus qu'avec une intelligence inconnue et consolatrice.

Les manuscrits français sont curieux sous le rapport de l'histoire de notre ancienne littérature, et ils n'ont point été assez consultés. Une *Histoire de Troie*, traduite de Guido delle Colonne, a de bizarres miniatures : on y voit un évêque qui marie Jupiter et Junon ; et un autre évêque, accompagné de prêtres et de moines, célèbre les funérailles d'Hector. Les manuscrits des œuvres de Seyssel, dont quelques parties n'ont point été publiées, se composent de sa traduction d'*Appien*, 2 volumes ; d'une traduction de *Thucydide*, 1 volume ; et de sa *Monarchie françoise*, 1 volume. La traduction de l'*Histoire d'Appien* a de très belles miniatures, dont une représente Seyssel offrant son ouvrage à Louis XII. Seyssel fut le premier qui écrivit en français avec pureté. Quoique plus ancien qu'Amyot, bien plus connu grâce à Plutarque, il ne lui est point inférieur ; il a quelques unes de ses qualités et même quelques uns de ses défauts, tels que la diffusion. Cette pensée remarquable de son Histoire de France prouve que si la liberté avait été oubliée dans nos lois, elle s'était réfugiée dans l'opinion : « Les Français ont tou- « jours eu licence et liberté de parler à leur volonté de « toutes sortes de gens et même de leurs princes, non « pas après leur mort, tant seulement, mais encore en « leur vivant et en leur présence. » Un chapitre de sa *Grande monarchie de France*, adressé à François Ier au commencement de son règne, tend à démontrer « comment la modération et la réfrénation de la puis- « sance absolue des rois est à leur grand honneur « et proffit »[1]. Seyssel, qui devint maître des requêtes, ambassadeur, évêque de Marseille, archevêque de Turin, avait, comme Du Bellay et la plupart des hommes publics de cette époque, commencé sa carrière par l'enseignement. A la renaissance des lettres, les universités, au lieu d'être isolées des mœurs comme elles le furent depuis, étaient des espèces de corps mêlés aux affaires du temps. Ces universités ressemblaient assez aux universités actuelles d'Allemagne ; il en sortait des ministres, des conseillers, des ambassadeurs, des prélats, et il faut convenir qu'elles ne fournissaient pas trop mal. Aussi, dans cet ouvrage de la *Grande monarchie de France*, qui semble comme une direction destinée au nouveau roi sur la manière de gouverner, Seyssel veut que « les gens de bas état puissent parvenir par « vertu et par industrie au plus haut degré. Cet espoir, « dit-il, est le vray esperon qui fait toutes sortes de « gens courir à la voye de vertus ; et un seul qui est « élevé par ce moyen en fait courir dix mille, comme « on le voit par expérience, et est escript en mille « lieux »[2]. Seyssel était né en Savoie. Il est assez singulier de voir quelques écrivains savoyards travailler au perfectionnement de la langue française : Seyssel l'écrivit avec clarté, François de Sales avec grâce et sentiment; Vaugelas, mieux que l'Académie, dit Voltaire, contribua à l'épurer et à lui donner une forme constante [3]; le style de Saint-Réal fut estimé à côté même des grands auteurs du siècle de Louis XIV, et de nos jours MM. de

---

[1] Chap. XII, Ire partie.
[2] Chap. XXV, IIe partie.
[3] *Siècle de Louis XIV*, chap. XXXII.

Maistre, dans des compositions différentes, ont fait honneur à notre littérature.[1]

Une traduction anonyme de *l'Enfer* du Dante, en vers français, est du xve siècle; elle a le même rhythme et le même nombre de vers que l'original. Voici le début de cette traduction, tour de force qui n'a point été achevé :

> D' milleu du chemin de la vie présente
> Me retrouvay parmy une forest obscure
> Ou m estoye esgare hors de la droicte sente
> Ha combien ce seroit a dire chose dure
> De ceste forest tant aspre forte et sauvage
> Qu em y pensant ma paour renouvelle et me dure, etc.

Cette bibliothéque possède aussi quelques livres chinois de poésie et de médecine, et un très ancien *Jeu de Taroc*.

Une *Flore* du Piémont, commencée en 1732, et formant près de 5,000 dessins, ouvrage successif et héréditaire de la famille Battione, a été continuée avec succès par mademoiselle Angélique Battione, depuis madame Rossi.

Parmi les imprimés, on distingue le *Rationale*, de Guillaume Durand; un livre très rare, le premier imprimé à Lyon, selon M. l'abbé Gazzera, le savant sous-bibliothécaire de cette bibliothéque, ayant ce titre étrange : *Scelestissimi sathanæ litigationis contra genus humanum liber*[2]; la *Géographie de Ptolomée*,

---

[1] Si je ne craignais de trop insister sur le mérite de ces écrivains savoyards, je pourrais ajouter que les habitans de la Savoie n'ont point d'accent désagréable comme ceux de la plupart de nos provinces.

[2] Lyon, chez Guillaume Leroy, 1473, pet. in-4°. *V.* la Dissertation de M. Gazzera. T. XXVIII, p. 352, des Mémoires de l'Académie royale des Sciences de Turin (année 1824); selon deux érudits bibliographes lyonnais, M. B..... de L..... et M. Pericaud, le bi-

mise en vers italiens par François Berlinghieri, noble et poète florentin, élève de Landino et de Marsile Ficin, un des premiers ouvrages à cartes imprimées avec des planches de métal. Le magnifique exemplaire de Turin révèle une singulière anecdote bibliographique qui explique la mutilation de plusieurs exemplaires. Cette cosmographie, dédiée d'abord au duc Frédéric d'Urbin, mort en 1482 pendant l'impression, le fut en 1484 au second fils de Mahomet II, frère de Bajazet, l'aventureux et infortuné Zizim : la lettre autographe de Berlinghieri au prince ottoman, qu'il traite de *Gemma Sultan*, et qu'il ne désespère point de voir rétabli *nel suo regno*, cette lettre incorrecte et mal orthographiée, écrite au verso du titre de ce même exemplaire qu'il lui avait adressé, et qu'il a orné du croissant et des principaux monumens de Constantinople, est un nouvel exemple des infidélités des faiseurs de dédicaces.[1]

CHAPITRE V.

Musée des antiques. — *Amour dormant.* — *Minerve.* — *Table Isiaque.* — Médailler.

LE musée des antiques, par l'obscurité, par la nudité de ses salles, semblait plutôt un cachot de statues qu'un musée. Quoiqu'il ne remonte guère à plus de

---

bliothécaire de la ville, le premier livre que l'on y a imprimé avec date est le *Compendium Lotharii*, de cette même année 1473. *V.* les *Éphémérides lyonnaises*, mois de septembre, p. 10.

[1] Cette lettre a été donnée par M. Bossi. T. I, p. 74, de sa traduction de la *Vie et du Pontificat de Léon X*, de Roscoe.

soixante ans, il offre quelques morceaux remarquables :
un *Amour* endormi, et couché sur une peau de lion,
grec, plein de naturel et de charme; deux têtes, l'une
dite de *Sénèque* et l'autre d'un *Cyclope;* un buste en
marbre de l'empereur *Julien*, qui a l'expression malheureuse de sa physionomie; un *Vespasien*, son voisin, qui forme avec lui le plus frappant contraste, car
il a l'air gai et moqueur; une tête d'*Antinoüs;* une
statue en bronze de *Minerve*, trouvée en 1829, à Voghera, et annoncée comme une des plus remarquables
que l'on connaisse pour la finesse de l'exécution.

La fameuse Table isiaque, jadis le sujet de tant
d'avis opposés parmi les savans, a perdu son prestige
d'antiquité, et, depuis les découvertes de Champollion,
elle paraît tout simplement avoir été fabriquée à Rome,
sous Adrien.

Le médailler, un des plus riches de l'Europe, et
qui vient immédiatement après ceux de Paris, de Londres
et de Vienne, ne compte pas moins de 30,000 pièces.
Il a un quinaire de *Pertinax;* une rare médaille d'or
de *Magnia Urbica*, la femme de Carinus ou de l'empereur Carus, son père, princesse qui n'est connue que
par les médailles; et l'on cite la collection des médailles
des rois parthes et de Syrie. J'y ai regardé avec curiosité une pièce de la monnaie en or d'Athènes, l'unique
de ce petit module. Le souvenir de la vénalité des orateurs politiques de la Grèce s'est involontairement
offert à ma pensée; peut-être cet or avait servi à Périclès pour établir le pouvoir presque monarchique que,
selon Thucydide et Plutarque, il exerça quarante ans
sur la populaire Athènes, ou bien à acheter quelque
fier Lacédémonien; car on sait que chaque année il
destinait dix talens à corrompre des Spartiates.

CHAPITRE VI.

Académie royale des Sciences. — Académie militaire. — Académie des Beaux-Arts.

L'Académie royale des sciences, commencée en 1759, par le comte de Saluces, et illustrée dès son origine par les travaux de Lagrange, a maintenant pour président M. le comte Prosper Balbo, ministre d'État, ancien inspecteur de l'Université de France, homme très éclairé, et qui a rendu d'importans services à l'instruction publique de sa patrie. L'Académie se divise en deux classes : la première des sciences mathématiques et physiques, la seconde des sciences morales, historiques et philologiques. Le nombre des académiciens est de quarante, non compris les académiciens étrangers et les correspondans.

L'Académie royale militaire doit son organisation actuelle, unanimement approuvée, à M. le chevalier César Saluzzo, aujourd'hui gouverneur des enfans du Roi, homme très versé dans les sciences et les arts, et d'une rare capacité dans l'éducation de la jeunesse.

L'Académie des beaux-arts, dont le président ● est le grand-chambellan, disposition bizarre qui remonte au comte Alfieri, l'habile architecte, et qui s'est maintenue sans motif raisonnable, ne paraît guère répondre à son institution et aux encouragemens qu'elle reçoit. Les Piémontais semblent plus experts dans les sciences, la guerre et les métiers, que dans les arts; et malgré les noms contemporains de Migliara, de Bosio et de Desgotti, ils paraissent en ce dernier point inférieurs aux autres Italiens. Il n'existe guère à Turin que deux ou trois galeries d'amateurs distingués. La variété des sites de cet État devrait toutefois y produire des peintres de paysages.

CHAPITRE VII.

Musée égyptien.

CETTE riche collection, la première de l'Europe, était provisoirement déposée dans des salles qui n'avaient point encore été mises en ordre, et qui offraient plutôt l'aspect d'un magasin, d'un roulage d'antiquités que d'un musée. Dans la cour était la statue en pierre d'Osymandias, haute de plus de quinze pieds, et pesant 18,750 livres; le vieux colosse de Thèbes avait été enveloppé de paillassons comme un jeune arbuste du marché aux fleurs. C'était sur la bibliothèque sacrée du tombeau d'Osymandias que se lisait l'inscription de *Trésor des remèdes de l'âme ;* je vis avec quelque peine si bizarrement arrangée l'image magnifique du plus ancien amateur de livres connu. Les rois semblent en Égypte presqu'à côté des dieux. Quelques autres de leurs statues sont admirables; telle est la statue de Thoutmosis II, contemporaine de ce grand prince [1], et celle, quoique mutilée à dessein, d'Aménophis II, le même que Memnon, roi moins célèbre par sa conquête de l'Éthiopie que par son harmonieux colosse. Mais l'Apollon du musée et de l'art égyptien est la statue de six à sept pieds de Ramsès VI (le grand Sésostris), en ba-

[1] *V.* liv. xiv, chap. xviii.

salte noir à taches blanches [1] ; il est assis sur son trône en habit militaire, et tient à la main son sceptre, espèce de crochet. La physionomie est douce et fière ; les mains sont parfaites, les formes pures, et les pieds, ordinairement négligés dans les statues égyptiennes, d'une bonne proportion. La beauté de cette statuaire égyptienne, qui exclut le mouvement et la variété des attitudes, est la solidité, la force, car elle devient même de l'architecture dans quelques vastes édifices, dont elle forme la façade, le péristyle ou les propylées. Les figures des reines et des déesses sont assez ordinairement coiffées d'un vautour, symbole de la maternité chez les Égyptiens, parce que ces reines et ces déesses étaient regardées comme les mères et les nourrices des peuples : l'emblême du sanglant oiseau de proie semble étrange pour exprimer un tel sentiment, et je regrette la douce pintade ou l'oiseau de Numidie, pour laquelle ce vautour a long-temps et à tort été pris.

La collection des stèles ou tableaux peints et sculptés sur pierre, dont les couleurs conservent encore une vivacité merveilleuse, est la plus complète qui existe. Un bas-relief granit rosé représente le dieu Amonra entre la déesse Néith et le dieu Phtha, c'est-à-dire le Dieu unique entre la puissance créatrice et la puissance conservatrice. Toutes ces peintures, tous ces bas-reliefs, offrent des scènes d'adoration de la divinité, d'honneurs rendus aux morts, de jugemens de l'âme, etc.; on aime à retrouver si haut les sentimens de piété et de regrets qui honorent la nature humaine.

Les objets servant aux divers usages de la vie sont nombreux et très curieux. Parmi les meubles de la toi-

---

[1] Le basalte d'Égypte est une sorte de porphyre, et il ne ressemble en rien à cette espèce de grès d'Allemagne ou de pierre volcanique, improprement appelés basalte par les modernes.

lette d'une princesse se trouvent deux petits chiens d'ivoire dont l'un conserve encore le fil qu'il dévidait il y a plus de vingt siècles; frêle débris de lin qu'une femme employait à ses ouvrages, et qui devait survivre à tant de puissans empires. Je n'ai point aimé toutefois ces souliers égyptiens en cartonnage de toile avec des figures peintes sous la semelle; cette manière de fouler aux pieds ses ennemis ou ses tyrans semble peu digne d'une nation qui avait tant de sagesse et de gravité. Ces figures représentent ordinairement les rois pasteurs qui, malgré la douceur de leur nom, furent pendant 200 ans les oppresseurs de l'Égypte. La domination des *Pasteurs*, peuples étrangers et venus du Nord, est comme l'invasion des barbares de l'empire égyptien. Malgré ce jugement sévère porté sur les rois pasteurs par la nouvelle science historique égyptienne, on voudrait en excepter le roi Sabbacon, dont Diodore rapporte le trait admirable cité par Montesquieu : le Dieu de Thèbes lui apparut en songe, et lui ordonna de faire mourir tous les prêtres d'Égypte; il jugea que les dieux n'avaient plus pour agréable qu'il régnât, puisqu'ils lui ordonnaient des choses si contraires à leur volonté ordinaire, et il se retira en Éthiopie.

On trouve encore au Musée égyptien des instrumens de l'agriculture et des armes; plusieurs modèles de charrues; un joug pour les bœufs, des flèches, un casque et un beau cimeterre de bronze. Les travaux des champs et de la guerre séparés peuvent annoncer la faiblesse ou la barbarie d'un peuple, réunis ils annoncent au contraire le meilleur genre de civilisation. Lorsqu'on observe la quantité considérable de momies, jamais l'instinct de conservation ne paraît avoir été porté aussi loin, car il s'exerce même en faveur des bêtes, et l'on voit aussi soigneusement embaumés des ibis, des schakals, des cynocéphales, des éperviers, des poissons, des crocodiles et de jeunes taureaux portant sur le front le signe caractéristique du bœuf Apis; les chats ont de petits sarcophages particuliers en bois, ornés de peintures qui les montrent faisant leurs tours. Mais les manuscrits, soit sur papyrus, soit sur des bandes de toile, tirés des catacombes de Thèbes, doivent être la partie la plus importante et la plus instructive du Musée égyptien. Jamais la fureur d'écrire ne semble avoir été poussée aussi loin que chez ce peuple primitif, et il peut défier en cela les nations les plus avancées. Là se trouvent l'immense rituel funéraire, papyrus de près de soixante pieds de long [1] : exact et pompeux cérémonial de la mort, le plus complet que l'on possède du peuple qui lui avait voué le culte le plus fervent et le plus assidu; des actes de Pharaon Aménophis Memnon, des ordonnances de Sésostris, des contrats passés du temps des Ptolémées, le plan de la catacombe de Ramsès-Meïamoun, espèce de palais souterrain plus vaste que les demeures royales des autres princes, et des fragmens d'un tableau chronologique de plus de cent rois. J'avoue qu'en trouvant entassés au pied des Alpes tous ces débris poudreux ou mutilés de la plus ancienne civilisation du globe, peut-être qu'un jour, me disais-je, nos propres débris, tous nos monumens de marbre et de bronze, tous ces magnifiques témoignages de notre puissance et de notre gloire, seront exposés dans le musée de quelque peuple aujourd'hui sauvage, dans un désert encore inconnu, près d'un lac ignoré, au sein de quelque impénétrable et sombre forêt, ou de quelque haute montagne à peine découverte. Les Sacy, les Akerblad, les Young, les

---

[1] Il en existe deux à peu près de la même grandeur dans la nouvelle collection du Louvre.

Champollion, les Salt, les Seiffarth, les Pfaff d'un autre monde feront à leur tour des dissertations, et défendront opiniâtrément leurs différens systèmes. Louis XIV, avec son siècle brillant et ses vastes travaux, sera comme le grand Ramsès, comme le Sésostris de ces temps lointains; et nos récentes conquêtes, si rapides, si passagères, sembleront de la fable après l'histoire.

CHAPITRE VIII.

Opéra. — Théâtre Carignan. — *Gianduja.* — Dialecte piémontais.

Le reflet français, si sensible en Piémont, le paraît principalement sous le rapport dramatique. Depuis moins d'un siècle, ce pays a produit le seul et grand tragique de l'Italie, et la plupart de ses meilleurs auteurs comiques, tels que Federici, Cesar Olivero, Nota, Marchisio, ce dernier vivant à Turin, et teneur de livres et associé de la maison de M. Riccardi, marchand de draps. [1]

Les représentations du grand opéra n'ont lieu que le carnaval ou dans quelques circonstances extraordinaires. J'assistai à la répétition d'un ballet d'Inès de Castro (autre sujet tragique de ballet) [2]; le théâtre était couvert de danseuses en négligé, et d'une armée

---

[1] Les comédies de M. Marchisio ont été plusieurs fois imprimées contre son gré, et sur des manuscrits incorrects, à Venise et à Livourne; la seule édition qu'il avoue est celle publiée à Milan par Batelli et Fanfani, sous le titre d'*Opere teatrali di Stanislao Marchisio.* 4 vol. in-8°. Elle contient six comédies et deux tragédies.

[2] *V.* liv. III, chap. XVII.

de petits polissons armés de bâtons, qui exécutaient un pas d'enfans; tout cela au soleil n'était guère propre à faire illusion, mais je n'en admirai pas moins l'étendue, la richesse, la bonne disposition de la salle, une des plus renommées d'Italie et le chef-d'œuvre du comte Alfieri.

La salle Carignan, restaurée récemment avec goût, est encore du dessin du comte Alfieri; c'est là que furent représentées pour la première fois les tragédies de son illustre neveu. Lorsque j'y allai, en 1826 et 1828, il n'y avait point de spectacle, à cause de la quinzaine de Noël; et des sauteurs, des danseurs de corde, remplissaient ce berceau de la scène italienne.

J'y vis en 1827 la *Cenerentola* et un ballet des *Espagnols au Mexique*, de la composition d'un danseur du théâtre, Monticini. La première cantatrice était une riche Anglaise, d'une belle figure, d'un talent médiocre, et à laquelle on donnait une illustre origine; elle jouait par goût du métier, sans l'enivrement du succès. Les applaudissemens, assez rares, étaient vivement sentis par cet artiste amateur, et elle s'empressa de reparaître après l'opéra, quoique les *pari* ne fussent pas très invitans; il y avait une danseuse agréable et légère, mademoiselle Rainaldi. Le ballet était une faible imitation des ballets de Vigano; tous ces Mexicains, auxquels on faisait à tort adorer le soleil comme au Pérou, portaient fort ridiculement des barbes de Jupiter Olympien.

Les fantoccini m'ont semblé inférieurs à ceux de Milan, de Bologne et de Rome; et autant qu'un étranger peut être juge de cette espèce de plaisanteries, Gianduja, le bouffon turinois, ne m'a paru qu'un Girolamo manqué [1]. Le dialecte piémontais, si rauque, si criard, si grossier, qui sépare et isole ceux qui le parlent des

[1] *V.* liv. III, chap. xx.

autres Italiens, est une sorte de monument historique, puisqu'il a conservé des mots des plus anciennes langues, telles que le celte, l'étrusque, le gaulois, le provençal, l'espagnol, l'allemand, et de tous ces barbares guerriers qui ont successivement passé les Alpes ; il ne manque pas, dit-on, d'originalité, de naturel, de vivacité, si l'on en juge par les poésies du P. Isler et du docteur Calvo.

CHAPITRE IX.

Cathédrale. — Église du S.-Suaire. — *S.-Philippe de Neri.* — Ste.-Marie *del Carmine.* — *Corpus Domini.* — *Consolata.* — *S.-Esprit.* — Catholicisme de Jean-Jacques. — *Trinité.* — *Capucins.*

S.-JEAN, la cathédrale, malgré quelque sécheresse, semble par ses profils de l'époque du Bramante ; mais il n'a point le goût pur et élevé de ce maître, et c'est à tort sans doute qu'on le lui a attribué. La *Ste. Christine*, la *Ste. Thérèse* surtout, sont des statues vantées, de Legros. Une *Gloire d'Anges*, gracieuse, de Dominique Guidobono, pourrait se croire de l'école du Guide. *La Vierge, l'Enfant Jésus, avec S. Crépin et S. Crépinien*, est d'Albert Durer: Près la sacristie, une inscription indique la sépulture, et rappelle les titres et les emplois de l'illustre Seyssel.[1]

La riche et pittoresque église du S.-Suaire, attenante à la cathédrale et au palais du roi, est de l'architecture contournée du P. Guarini, et offre ses triangles mathématiques ordinaires. Elle conserve sous sa rotonde, et dans une châsse d'argent ornée d'or et de

[1] *V.* ci-dessus, chap. IV.

diamans et mise sous verre, le sacré linceul qui servit à envelopper le corps du Christ, relique fameuse apportée d'Orient au temps des Croisades par un Français, Geoffroy de Charni, chevalier champenois, comme Thibault et Joinville. François Ier l'invoqua avant la bataille de Marignan, et à son retour il fit à pied le voyage de Lyon à Chambéry, où se trouvait alors le S. Suaire, pour aller l'adorer. Cette relique, qui n'est pas la seule, il est vrai, pour laquelle on réclame le même honneur [1], devient au moins pour nous un monument, un souvenir national et glorieux.

L'église S.-Philippe de Neri, ainsi que la plupart des églises dédiées à ce poétique saint, est magnifique, et peut être regardée comme la plus belle de la ville. Elle fut refaite récemment d'après un ancien plan de Juvara, architecte fécond, intelligent, du commencement du dernier siècle, qui semble avoir été pour Turin ce que Galéas Alessi fut pour Gênes. Quelques tableaux sont des plus vantés des maîtres de la décadence; tels sont *le S. Philippe en extase devant la Vierge,* de Solimène; un *S. Laurent,* du Trévisan; *la Vierge, Ste. Catherine de Sienne, S. Eusèbe, S. Jean-Baptiste et le B. Amédée IX,* de Carle Maratte. Un beau *S. Eusèbe et son Acolyte,* du Guerchin, est enfoui dans la sacristie.

Ste.-Thérèse a la *Sainte en extase, soutenue par deux Anges, en présence de la Vierge et de S. Joseph,* qui regardent avec satisfaction le dard que lui lance l'Enfant Jésus, composition gracieuse et bien coloriée du Moncalvo, et la grande chapelle S.-Joseph, du dessin de Juvara.

---

[1] Il existe un pareil linceul à la basilique de S.-Pierre de Rome, et l'on en montre encore deux autres; le premier à Besançon, le second à Cadouin en Périgord.

L'église inachevée de Ste.-Marie *del Carmine* passe pour l'une des plus remarquables constructions du même architecte, dont le plan d'ailleurs n'a pas été exactement suivi. Le tableau le moins faible est un *Élie*, du Giaquinto, élève de Solimène. Une *Ste. Famille*, de l'abbé Aliberti, aurait assez bonne mine sans la couleur verdâtre, à la mode dans le xviiie siècle, dont l'auteur l'a barbouillée.

A l'église S.-Dalmazio sont un grand *Martyre du saint*, de Brambilla, artiste du dernier siècle, d'un style ferme et bon coloriste; *le Christ mis dans le tombeau*, le meilleur ouvrage de Molinari, peintre estimable du Piémont, mort en 1793.

La somptueuse décoration intérieure de l'église du *Corpus Domini* est du comte Alfieri. On remarque, au maître-autel, *le Miracle* de Caravoglia, sage, mais languissant élève du Guerchin, et à la sacristie, *l'Histoire du même miracle*, par Olivieri, peintures presque bernesques, malgré la sainteté du sujet.

L'église S.-Charles-Borromée, riche, est d'une architecture médiocre. *Le S. Joseph tenant l'Enfant Jésus, qui blesse d'un trait le cœur de S. Augustin*, du Cav. Dauphin, ne manque ni d'une sorte de feu, ni de pittoresque. Cette église renferme le mausolée de François de Broglie, tué en 1656 dans les guerres d'Italie, et chef de la branche des Broglie établie en France. Il était originaire de Quiers, ainsi que les Crillon. Il est assez remarquable de voir sortir de cette petite ville de Piémont deux des noms les plus brillans de notre histoire militaire, qui tous deux ont été depuis également honorés par des opinions généreuses et l'amour d'une sage liberté.[1]

---

[1] M. le duc B. de Crillon, pair de France, mort en 1820, et M. le duc de Broglie.

La triple église de *la Consolata*, la plus belle des églises des couvens, a un *Crucifix et Madeleine*, un des bons ouvrages du Moncalvo, et à la chapelle de la Vierge du *Santurio* une image vénérée, peinte à l'huile sur une toile très fine, attribuée par Lanzi à un élève de Giotto.

A S.-Dominique, une *Vierge et l'Enfant Jésus donnant le rosaire au saint*, et en bas Ste. Catherine de Sienne, du Guerchin, est plus correcte et mieux composée qu'il ne lui appartient.

L'église Ste.-Christine, fondée par Mme Christine de France, et décorée d'un majestueux portail de Juvara, offre quelques détails d'architecture remarquables.

L'ensemble de l'église Ste.-Croix, du dessin de Juvara, est imposant. Une *Descente de croix* est du Cav. Beaumont, et peut-être ce qu'il a fait de mieux; un vigoureux *S. Pierre sur la chaire pontificale*, du Moncalvo.

Parmi les trois tableaux de Blanseri, à l'église Ste.-Pélagie, le *S. Louis évanoui entre les bras d'un Ange* est le plus estimé, et l'artiste y paraît supérieur pour l'effet du clair-obscur à son maître le Cav. Beaumont.

La nouvelle église du S.-Esprit en croix grecque n'est pas sans quelque grandeur. L'hospice des Catéchumènes tient à l'église. C'est dans cette maison, alors infâme et sale repaire, que Rousseau fut reçu, ou plutôt renfermé, le 12 avril 1728, lorsque Mme de Warens l'y envoya pour le faire convertir, et qu'au bout d'un mois de discussion il abjura solennellement le calvinisme à l'âge de 16 ans. Malgré l'impure origine de ce catholicisme, que Jean-Jacques conserva jusqu'à 40 ans, peut-être lui dut-il d'avoir échappé à la raideur et à la sécheresse du goût réformé, puisqu'il est le seul écrivain d'imagination du protestantisme.

La Trinité, une des belles églises de Turin, fut décorée intérieurement par Juvara. Le maître-autel est de Seyter, premier peintre des rois Victor-Amédée II et Charles-Emmanuel III, bon coloriste, enterré dans l'église.

La grande église des Capucins, sur une hauteur près Turin, qui a une *Assomption*, du Morazzone, et un *Martyre de S. Maurice*, du Moncalvo, est pittoresque par sa situation et sa vue, comme toutes les églises de Capucins.

CHAPITRE X.

Hospices. — Hôpital S.-Louis.

Les hospices de Turin, au nombre de huit, sont intéressans pour leur régime et les perfectionnemens qu'on y a introduits. L'hôpital S.-Louis, fondé en 1794 par le saint prêtre Barucchi, curé de la citadelle, et MM. Molineri et Orsetti, quoique destiné à recevoir comme le rebut des autres hôpitaux, est peut-être un des plus propres de l'Europe; les opérations se font hors des salles dans un corridor pratiqué derrière les lits des malades, corridor dans lequel les lits sont tirés. En cas de décès les malades voisins ne peuvent s'en apercevoir, puisque les rideaux restent fermés. L'on m'a raconté que le plan ingénieux de cet hôpital avait été demandé par l'Angleterre et l'Amérique, mais que l'architecte n'avait consenti à le donner que sous cette condition, vraiment patriotique, qu'on inscrirait sur les hôpitaux auxquels le sien devait servir de modèle : *Hôpital à l'instar de celui de Turin.*

Une Française distinguée, madame la marquise de B*****, née C*****, se vouait avec la plus touchante et la plus active commisération au soulagement des pauvres, des malades, des prisonniers, et on lui doit la fondation d'une maison de refuge pour les filles repenties.

CHAPITRE XI.

Temple *della gran Madre di Do*. — Pont sur la Doire.

L'ACTIVITÉ des travaux publics était assez remarquable à Turin. Le temple, copie du Panthéon, consacré à la Vierge (*alla gran Madre di Dio*) par le corps des Décurions de Turin, en mémoire du retour du roi Victor-Emmanuel, et du dessin de M. Bonsignore, architecte de la cour, doit être magnifique. Ce temple et l'arc achevé du Simplon, seront, à l'entrée de l'Italie, deux monumens de marbre dignes de sa splendeur antique et triomphale et de sa splendeur religieuse et moderne. Il semble, toutefois, qu'une place avec des plantations eût été préférable à la place nouvelle avec ses bâtimens élevés et trop rapprochés de l'édifice, dont l'éclatante blancheur se détache à merveille sur la colline boisée qui le surmonte. En examinant les travaux de cette riche construction, je ne pus me défendre d'une douloureuse surprise, lorsque je remarquai que des colonnes de beau marbre de Mondovi avaient été sciées en trois pour le transport. On ne conçoit pas comment l'Italie, qui peut se vanter d'un Zabaglia [1], a pu oublier si tôt les prodiges de sa mécanique.

[1] *V*. liv. XIV, chap. XXVIII.

Le pont de pierre d'une seule arche, jeté sur la Doire, rivière petite, mais de bords escarpés et d'un cours rapide, ce pont si léger, si hardi, un des plus beaux monumens modernes de ce genre, imitation perfectionnée du beau pont construit par les Français sur le Pô, est dû à M. Mosca, inspecteur au corps du génie civil, ancien élève de notre école Polytechnique; la superbe corniche à consoles est une imitation du mur d'enceinte du temple de Mars vengeur. On voit que l'habile ingénieur allie la science de son état au goût de l'artiste.

CHAPITRE XII.

Stupinitz. — Colline de Turin. — *Superga.*

Stupinitz, palais rendez-vous de chasse, dont le toit est pittoresquement surmonté d'un grand cerf de bronze, peut être regardé dans son genre comme l'édifice le plus splendide de l'Europe, et il est l'un des principaux ouvrages de Juvara. Le salon ovale offre une invention singulière et bien combinée; il correspond à quatre appartemens disposés sur un plan en croix, pour les princes, avec des bâtimens latéraux pour les seigneurs de la suite, les officiers des chasses et les piqueurs. Quatre longues avenues partent de chacune des fenêtres vitrées de ce salon et sont d'un effet majestueux.

La colline de Turin, que je parcourus à la fin de l'automne, doit être charmante l'été; elle est parsemée, çà et là de bois, de vignes, de jardins, de beaux palais, de jolies maisons; il n'y a guère, il est vrai, de bonnes routes, mais une multitude de sentiers ombragés et solitaires. Je vis de ses hauteurs le lever du soleil, dont l'effet était superbe quoique l'horizon fût un peu vaporeux : le mont Viso, toute la chaîne des Alpes, couverte de neige, étaient teints de rose par les premiers rayons, et paraissaient au loin comme d'immenses et brillantes pyramides.

Le temple de la *Superga*, qui tire, a-t-on dit, son nom de ce que l'emplacement est sur le dos des montagnes, *super terga montium*, domine cette riante colline. Il fut élevé en 1706, par le roi Victor-Amédée Ier, pour l'accomplissement du vœu qu'il avait fait à la Vierge, si l'attaque qu'il concerta sur ce lieu même avec le prince Eugène, contraignait les Français à lever le siége de Turin. Cette église et son monastère, d'une belle disposition architecturale, malgré ses impuretés, passent pour la meilleure et la plus ingénieuse construction de Juvara. L'église de la *Superga* sert de sépulture aux souverains de Piémont. Mais les caveaux modernes de ce Saint-Denis savoyard, tout plaqués de marbre blanc, jaune, vert, m'ont paru sans majesté, sans tristesse; les bizarres ornemens de cette architecture, malgré la richesse des matières, ne vont point aux tombeaux des rois, et les voûtes de pierre, les souterrains noircis par le temps des vieilles basiliques, conviennent bien davantage à ces sanctuaires de la mort. Dans un caveau à part, se trouvent les restes des enfans et des princes de la famille royale qui n'ont point régné : les premiers vécurent un petit nombre de jours dans l'innocence; les seconds purent être honorés, bienfaisans; tous deux ils me semblaient heureux d'avoir échappé au trône. Ce petit trône de Savoie est au reste celui qui compte le plus d'abdications [1]. On dirait que ces rois des Alpes, ces souverains de glaces et de rochers, dont les États sont le plus rapprochés du ciel, éprouvent plus facilement le dégoût de la terre. Dans l'appartement destiné au roi, est une collection complète des portraits des papes, au nombre de 253, depuis S. Pierre jusqu'au pape vivant. Quand on songe que les trente premiers de ces pontifes furent tous martyrs, il est impossible de n'être point frappé d'admiration et de respect pour ce courage nouveau, unique dans l'histoire, et pour ce même et intrépide sacrifice à la même vérité. Si, regardant les portraits des autres papes j'arrivais à quelques indignes parties de cette grande histoire, l'impression générale n'était pas détruite, et au lieu de tous ces simulacres d'un pouvoir humain, de cette exhibition d'une force matérielle et physique qui vous poursuit dans les autres galeries, j'aimais à contempler tous ces laborieux nochers de la barque de S. Pierre, représentans successifs, éternels, de la plus grande force morale et d'opinion qui jamais ait agi sur le monde.

CHAPITRE XIII.

Pignerol. — Forteresse. — Masque-de-Fer, Fouquet, Lauzun. — Vaudois.

Les devoirs d'une ancienne amitié me conduisirent à Pignerol, agréable petite ville de garnison, à six lieues de Turin, retraite d'une femme à la fois distin-

[1] Amédée VIII, en 1434; Victor-Amédée, en 1730; Charles-Emmanuel IV, en 1802; Victor-Emmanuel, en 1821.

guée par sa naissance, ses succès et ses malheurs. Un tas de pierres sur une haute montagne est la seule trace du château où furent enfermés le Masque-de-fer, Fouquet, et Lauzun, le premier, victime anonyme de la politique; les deux autres, illustres fats : Lauzun, de cour; Fouquet, de robe et de finance. Quoique les histoires de prisonniers soient en général les plus attachantes, le souvenir de ces deux derniers détenus de Pignerol ne m'inspirait pas cette pitié profonde des captifs qui ont souffert pour quelque grande conviction de la pensée ou de la conscience. Peut-être aussi la passion vaniteuse et pédantesque de Lauzun et de Mademoiselle ne me disposait guère à l'attendrissement; et lorsqu'on voit cette princesse se consoler d'avoir les dents gâtées, parce qu'elles rappelleront à son amant qu'elle est cousine du roi, il est impossible de ne pas rire d'une si étrange coquetterie. En parcourant ces âpres montagnes, je me rappelais le mot assez juste de Lauzun, qui prouve que le malheur peut avoir aussi sa vanité, et, qu'après une grande catastrophe, les petites infortunes ne paraissent plus dignes de nous. Invité à descendre de carrosse, à un passage dangereux, il s'y refusa : « Ces malheurs-là, dit-il, ne sont point faits pour moi. » A la vue des ruines de cette ancienne forteresse de la France, je regrettais que l'auteur du *Lépreux* et de *Prascovie* eût renoncé à faire paraître sa nouvelle de la *Prisonnière de Pignerol*[1]; il me semblait que j'aurais trouvé dans son récit le pathétique qui me paraissait manquer aux aventures célèbres des prisonniers de l'histoire.

C'est dans les vallées voisines, près de la rivière Pelis, qu'habitent les Vaudois, célèbres dans l'histoire par les

---

[1] *V.* une note de l'*Expédition nocturne autour de ma Chambre*. T. II, p. 58, des *OEuvres* de M. le comte X. de Maistre.

persécutions qu'ils ont subies, et par l'antiquité de leur christianisme épuré qui a précédé de quatre siècles la réforme. On rapporte que les commissaires de Louis XII, chargés d'aller les visiter à son passage des Alpes, déclarèrent que ces montagnards étaient meilleurs chrétiens qu'eux, et parmi les commissaires était le confesseur du roi. La population de ces peuplades s'élevait, en 1822, à 17,555 individus; la superficie des vallées est de 130,000 hectares dont il n'y en a pas moins de 10,500 de terrain cultivé; 10,000 sont boisés, et les autres en friche. Les Vaudois ont 13 temples et 13 modérateurs (ministres), appelés aussi Barbes, d'où leur est venu le nom de Barbets, qui reçoivent chacun 500 fr. de traitement. Un de ces modérateurs, M. Appia, fut chargé, de 1815 à 1828, de parcourir l'Allemagne, la France et l'Angleterre; les secours qu'il obtint montèrent à plus de 500,000 fr., dont la plus grande partie fut placée en Angleterre, ce qui a fait croire à tort que les Anglais payaient les modérateurs. Les écoles, au nombre de 75, ne sont ouvertes que l'hiver : la principale est celle de la Tour, où l'on enseigne le grec et le latin. Les Vaudois sont principalement agriculteurs et bergers. A Villar-Bobbio, et à la Tour, des fabriques de draps occupent 150 ouvriers. On compte dans les vallées, 12 usines et plusieurs fonderies qui donnent par an 500 quintaux de fer. La défense faite autrefois aux Vaudois, de posséder hors de leurs vallées, l'impossibilité de parvenir aux grades militaires, sont d'injustes inégalités qui ont aujourd'hui tout-à-fait cessé, et le roi actuel a nommé officiers quelques Vaudois.

CHAPITRE XIV ET DERNIER.

Suse. — Mont Cénis.

Suse, malgré la beauté de son nom oriental, n'a de curieux que son arc de triomphe, de marbre, dédié à Auguste, remarquable par le bas-relief de sa frise offrant un triple sacrifice, monument qui rappelle les arcs antiques de Rome, et qui semble une noble entrée ou une sortie convenable de l'Italie.

J'ai traversé deux fois le mont Cénis, au mois de décembre, à mes retours en France : la première fois par un temps très mol et du brouillard ; la route, chemin boueux, obscur, avec du pavé, était sans physionomie, sans caractère. Je le passai la seconde fois en traîneau, par une forte gelée, et en glissant sur la neige. Le mont Cénis, chargé de frimas, presentait alors un superbe spectacle ; ses torrens glacés étaient immobiles : la nature seule a pu enchaîner ces dévastateurs qu'elle envoie, et leurs festons de cristal, suspendus aux rochers, étaient comme des lustres éblouissans sur lesquels se réflétaient admirablement la lumière et les rayons du soleil. Les profonds précipices, les bruyans et noirs abîmes, étaient silencieux et d'une éclatante blancheur. Si, dans mes courses de l'Italie, j'avais souvent appelé le Dante à la peinture des sites et des monumens de sa patrie, il m'offrait encore au sommet des Alpes, son harmonieux, son pittoresque langage pour rendre les flocons de neige tombant légèrement sur la cime de la montagne :

Come di neve in Alpe senza vento.[1]

J'aime à finir ce long et pénible ouvrage, inspiré par l'aspect ou les souvenirs de l'Italie, par un trait emprunté à son plus grand poète.

[1] *Inf.* XIV, 30.

FIN.

TABLE DES MATIÈRES

CONTENUES

DANS LE CINQUIÈME VOLUME.

LIVRE DIX-HUITIÈME.

ROUTE DE FLORENCE A GÊNES. — *PRATO.* — *PISTOIE.* — *LUCQUES.* — *MASSA.* — *SARZANE.*

CHAPITRE Ier. *Campi.* — PRATO. — Cathédrale. — Chaire de Donatello. — Peintures de Lippi. — Mausolée de Charles de Médicis. — *Carceri.* — Palais *Pretorio.* — Collége Cicognini. — *Montemurlo*..............*Page* 1

CHAP. II. PISTOIE. — Accent. — Dôme. — Urne. — Autel. — Mausolée du cardinal Forteguerri; — de Cino. — Baptistère. — Clocher. — *S.-Jean*................. 5

CHAP. III. *S.-Esprit.* — Orgue. — *S.-Sacrement.* — *S.-Pierre.* — *Vierge*, de R. Ghirlandajo. — *Ste.-Marie del letto.* — *Carmine*...................... 8

CHAP. IV. *S.-Philippe.* — Bibliothéque *Fabroniana.* — *L'Humilité.* — *S.-Jean-l'Évangéliste.* — Chaire. — *S.-Dominique.* — Mausolée de Lazzari, de Rossellini. — *S.-Jean-Baptiste.* — Évêché. — Ricci. — *S.-François.* — *S.-André*........................ 11

CHAP. V. Palais *Pretorio; — della Communità.* — Collége *Forteguerri.* — Bibliothéque. — Académie. — Maisons. 16

CHAP. VI. *Monte-Catini.* — *Pescia.* — LUCQUES. — Cathédrale. — Mausolée de Pierre da Noceto, de Civitali. — Archives. — *S.-Alexandre.* — *S.-Romain.* — *S.-Michel.* — Clercs de la *Mère de Dieu*............ 19

CHAP. VII. *S.-Fredian.* — *S.-François.* — Castruccio Castracani. — Castruccio Buoamici.................. 24

CHAP. VIII. *Palais Ducal.* — Tableaux. — Bibliothéque. — Palais *Pretorio.* — Théâtre romain. — Lycée. — Académie royale. — Tableau d'Annibal Carrache. — Collége. — Bibliothéque publique. — Amphithéâtre. —

Archive public. — Boulevards. — Aquéducs. — Culture. — Population. — Lucquois..............Page 27

Chap. IX. *Pietra-Santa*. — Massa. — *Carrare*. — *Luni*. — *Sarzane*. — *Sarzanello*. — Vue............. 32

Chap. X. *La Spezia*. — Golfe. — Fontaine. — *Sestri*. — Golfe de Rapallo. — Chiavari. — *Rapallo*. — N. D. de *Monte-Allegro*. — *Recco.* — *Nervi*. — M. Corvetto.. 37

LIVRE DIX-NEUVIÈME.

GÊNES. — ROUTE DE NICE.

Chapitre Ier. Aspect. — Port. — Matelots. — Port franc. — Bergamasques. — Douane. — Banque S.-George. — Table de bronze. — Fiesque. — Vieux Môle. — Loge de' *Banchi*. — Arsenal. — *Rostrum*................ 41

Chap. II. Palais *Ducal*; — *Royal*. — *Madeleine*, de Paul Véronèse. — Buste de Vitellius. — Palais *Balbi* (*Povera*); — *Philippe Durazzo*; — *Brignole* (*Rosso*); — *Tursi-Doria*; — *Serra*. — Salon. — Palais *Spinola* (Ferdinand); — *Carega*; — *Lercari*; — *Cataneo*; — *Negroni*; — *Spinola* (Maximilien). — M. le marquis J.-C. di Negro. — Palais *Pallavicini*; — *Spinola* (Jean-Baptiste)... 46

Chap. III. Palais d'André Doria. — Peintures de Perino del Vaga. — Treille. — Rœdan. — Grotte. — Phare. — *Scoglietto*. — Palais *Pallavicini* (*delle Peschiere*); — *Sauli*... 55

Chap. IV. Albaro. — Villa *Giustiniani*. — Palais *Imperiale*. — *Paradiso*. — Promenades. — Remparts. — Aquéduc... 58

Chap. V. Université. — Bibliothéque. — Bibliothéque *Berio*.. 59

Chap. VI. Théâtres del *Falcone*; — *S. Augustin*; — *Carlo-Felice*... 61

Chap. VII. *S.-Laurent*. — *Sacro Catino*. — Bonfadio. — *S.-Syr*. — *Annonciade*. — *S.-Ambroise*. — *L'Assomption de Carignan*. — Statues du Puget. — Pont. — Tombeau d'André Doria. — Des *Vierges du Guide*. — *Ste. Marie de la Consolation*......................... 62

TABLE DES MATIÈRES.

Chap. VIII. *Albergo.* — Hôpital des *Pammatone*. — Conservatoire des *Fieschine*; — des *Brignole*. — Institut des Sourds-Muets. — Le P. Assarotti..........*Page* 69

Chap. IX. Route de Nice. — *S.-Pier-d'Arena.* — Villa *Imperiale.* — *Cornigliano.* — Polypes. — *Sestri.* — *Pegli.* — Mme Clélie Grimaldi. — *Voltri.* — *Cogoleto.* — Colomb. — Savone. — Inscription latine - italienne. — Palais de Jules II. — Appartement de Pie VII.. 71

Chap. X. Suite de la route de Nice. — *Leggine.* — Chiabrera. — *Noli.* — *Finale.* — *Albenga.* — Petit temple. — *Alassio.* — *Oneille.* — *S.* Remo. — Palmiers. — *Ventimille.* — *Monaco.* — Tour de la Turbie......... 75

Chap. XI. Nice... 80

LIVRE VINGTIÈME.

ROUTE DE GÊNES A TURIN. — *TURIN.* — *MONT CÉNIS.*

Chapitre Ier. Route. — *Novi.* — *Tortone.* — Sarcophage. — *Marengo.* — Colonne. — Abbaye *del Bosco.* — Alexandrie. — Citadelle. — *Asti.* — Alfieri. — Cathédrale.. 83

Chap. II. Turin. — Accroissement. — Palais du Roi. — Tableaux flamands et hollandais. — *Castello.* — M. Bagetti. — Palais *Carignan.* — *Vigne de la Reine.* — *Valentin.* — *Torri della Città.*..................... 87

Chap. III. Université. — Marbres. — Professeurs. — Rentrée... 91

Chap. IV. Bibliothèque. — Palimpsestes. — Manuscrit de l'*Imitation.* — Seyssel. — *Flore* de Piémont. — *Cosmographie* de Berlinghieri........................... 93

Chap. V. Musée des antiques. — *Amour dormant.* — *Minerve.* — *Table Isiaque.* — Médailler............... 98

Chap. VI. Académie royale des Sciences. — Académie militaire. — Académie des Beaux-Arts................ 100

Chap. VII. Musée égyptien.............................. 101

Chap. VIII. Opéra. — Théâtre Carignan. — *Gianduja.* — Dialecte piémontais..................................... 105

Chap. IX. Cathédrale. — Église du S.-Suaire — *S.-Philippe de Neri.* — Ste.-Marie *del Carmine.* — *Corpus*

TABLE DES MATIÈRES.

Domini. — *Consolata.* — *S.-Esprit.* — Cathólicisme de Jean-Jacques. — *Trinité.* — *Capucins*........Page 107
CHAP. X. Hospices. — Hôpital S.-Louis............... 111
CHAP. XI. Temple *della gran Madre di Dio.* — Pont sur la Doire................................... 112
CHAP. XII. *Stupinitz.* — Colline de Turin. — *Superga.* 113
CHAP. XIII. *Pignerol.* — Forteresse. — Masque-de-fer, Fouquet, Lauzun. — Vaudois.................... 115
CHAP. XIV. *Suse.* — Mont Cénis................... 116

FIN DE LA TABLE DU CINQUIÈME ET DERNIER VOLUME.

TABLE ANALYTIQUE

DES

VOYAGES EN ITALIE.

A.

Abano (Pierre d'), médecin, philosophe, hérétique. Son portrait; II, 34. 42.
Abate (Nicolas *dell'*), peintre de l'école modenaise (xvi° siècle); II, 115. 157 et 158.
Abbadie. Son Traité *De la Vérité de la Religion chrétienne* encore à l'index; IV, 119 note.
Abbate (l'). Sa dégénération; I, 302.
Abbazia (l'), église de Venise; I, 455.
Abbiati (Philippe), peintre de l'école milanaise (xvii° s.); I, 118. 130. 131.
Abondio (S.-), église de Crémone; II, 288.
Abruzzes; III, 282 et suiv.
Académie aldine à Venise, chargée d'examiner le texte des ouvrages classiques. Il n'était permis de n'y parler que grec; I, 410.
Académie de Cortone; IV, 335 et 336.
Académie de France à Rome. De son utilité; de son amélioration; d'un accroissement à lui donner; IV, 164 et suiv.
Académie des Arcades de Rome; IV, 68.
Académie des Beaux-Arts de Florence; III, 159 et suiv.
Académie des Beaux-Arts de Mantoue; II, 252 et 253.
Académie des Beaux-Arts de Pérouse; IV, 330.
Académie des Beaux-Arts de Turin; V, 100 et 101.
Académie des Beaux-Arts de Venise; I, 413 et suiv.
Académie de S.-Luc à Rome; IV, 82 et 83.
Académie élémentaire des Beaux-Arts de Ravenne; III, 247.
Académie des Sciences, Lettres et Arts de Padoue. Ses *Mémoires;* une de ses séances; II, 8.

Académie olympique de Vicence. Ses représentations dramatiques; I, 333 et 334.
Académie platonicienne de Florence; III, 141 et 142.
Académie Pontaniana à Naples; III, 325.
Académies poétiques et littéraires de l'Italie, utilement remplacées par des sociétés scientifiques; III, 61.
Académie royale des Sciences de Turin; V, 100.
Académie royale militaire de Turin; V, 100.
Accaromboni (Virginie). Son élégie sur la mort de son époux assassiné; I, 146.
ACCIAIOLI (ancien palais) à Florence, auberge; III, 142 et 143.
Acciajuoli (Nicolas), sénéchal du royaume de Naples, fondateur de la chartreuse de Florence; III, 193. — Son cadavre retrouvé intact; *ibid.* note. — Envoie Boccace manger à l'office; 194.
Accius (L.), tragique latin; III, 271 note.
Accolti (le cardinal Benoît) d'Arezzo; IV, 342 note.
Accolti (Bernard) *l'unique,* d'Arezzo; IV, 342 note.
ACQUAPENDENTE, ville; IV, 263.
ACQUA-SOLA, promenade de Gênes; V, 59.
ACQUA-VERDE, promenade de Gênes; V, 59.
Acquisti (M.), sculpteur; I, 188.
Acteurs comiques d'Italie. Leur mérite; I, 176 et 177. — Leur mauvais, chaud, expressif; 218.
Adda (le comte François), peintre, amateur milanais (XVIe s.); I, 129.
Addison; I, 61. III, 256. 264. 322.
Adimari (Louis), poète florentin. Ses longues satires contre les femmes; II, 71.
Adrien. Son mausolée; IV, 187 et 188. — Sa villa, 219 et 220.
Adrien VI, pape, le même que Louis Rampini, et né à Renzano, près Salò, selon quelques auteurs italiens; I, 270.
Aëthion, peintre grec. Ses *Noces d'Alexandre et de Roxane,* imitées par Raphaël; IV, 216.
Affo (le P. Irénée), bibliothécaire de Parme. Ses *Memorie degli Scrittori e Letterati parmigiani;* II, 198 note. 200. 209 note. 218. 244.
AFRA (Ste.-), église de Brescia; I, 254 et 255.
AGATHE (Ste-), église de Ravenne; III, 244.

Agilulphe, duc de Turin. Son hymen avec la reine Théodelinde ; I, 196 et 197.

Agincourt (d'). Son opinion sur l'antiquité de l'église S.-Michel de Pavie contredite par M. Sanquintino; I, 213 et 214; IV, 68. 74. — Son tombeau; 121 et 122. 258. 289.

Agli (Antoine *degl'*), un des concurrens au prix du poëme sur la *Véritable amitié*, décerné à la cathédrale de Florence ; III, 45 et 46.

Aglietti (M. le docteur), célèbre médecin de Venise, éditeur des *OEuvres d'Algarotti*; I, 400.

Aglio, sculpteur vicentin ; I, 306.

AGNELLO *a capo Napoli* (S.-), église de Naples; III, 323 et 324.

AGNÈS (Ste.-), église de Rome ; IV, 127 et 128.

AGNÈS (Ste.-) hors des murs, église près Rome; IV, 111 et 112.

Agnèse, mathématicienne milanaise. Son médaillon ; I, 169.

Agnolo (Gabriel d'), architecte; III, 298.

Agostini (frères San-), peintres ; I, 133.

Agostino (Augustin San-), peintre ; I, 118.

Agrate (Marc), sculpteur (xvᵉ s.). Son *Ecorché*; I, 106.

Agricola (M.), peintre ; III, 247.

Airenti (M.), évêque de Savone ; V, 74.

ALA, ville ; I, 272 et 273.

ALASSIO, village ; V, 77.

Albane (François), peintre de l'école bolonaise (xvɪᵉ s.); I, 164. II, 125. 134. 150. 152. 157. 180. III, 29. 247. 292. IV, 70. 127. 186. V, 89.

Albani (la comtesse d'), amie d'Alfieri; III, 104 note. — Son tombeau; 107.

ALBANI (villa); IV, 216 et 217.

ALBANO, ville ; III, 432. — Lac et son émissaire; *ibid.* et 433.

ALBARO, colline, à Gênes ; V, 58.

ALBENGA, ville ; V, 76 et 77.

Alberghetti (Alphonse), sculpteur de Ferrare (xvɪᵉ s.). Sa statue de la *Vierge della Scarpa*; I, 363. II, 47. 104 note.

Alberghotti d'Arezzo ; IV, 342 note.

ALBERGO DE' POVERI, hospice de Gênes ; V, 69 et 70.

Alberoni, légat de Romagne; III, 252. 266.

Alberti (François-Altobianco *degl'*), un des concurrens au prix du poëme sur la *Véritable amitié*, décerné à la cathédrale de Florence; III, 45 et 46.

Alberti (Albert) da Borgo S.-Sepolcro, architecte (xvi° s.); II, 130 et 131.

Alberti (Léon-Baptiste), grand architecte florentin (xv° s.); II, 250. 259. 264. III, 45. — La tribune et la coupole de *l'Annonciade* à Florence; 98. 115. 121 et 122. 132. 141 et 142. — Son église de *S.-François* à Rimini; 261 et 262. IV, 163.

Alberti (Michel-Ange), peintre de l'école florentine (xvi° s.); IV, 114.

Albertinelli (Mariotto), peintre florentin (xvi° s.); III, 98.

Albertolli (M. le professeur Joconde); I, 132.

Albizzi (Renaud des), ennemi de Côme de Médicis; III, 12. 140. — Mort à Ancône; 275.

Albrizzi (Mme Teotochi). Sa maison; son portrait; ses *Ritratti*; I, 405 et 406. 416. II, 21.

Alciat (François). Son tombeau; IV, 110.

Alde l'ancien. Son ardeur au travail; I, 410 et 411. — Livres annotés de sa main à la *Barberiana*; IV, 162.

Alde le jeune voulait laisser la bibliothéque de ses pères à Venise; I, 384. — Visite le Tasse; II, 97.

Aldighieri ou *Altichiero da Zevio*, de Vérone, peintre (xiv° s.); II, 14.

Aldobrandini (villa); IV, 231 et 232.

Aldrovande (Ulysse). Ses manuscrits scientifiques retournés à la bibliothéque de l'université de Bologne; II, 119.

Aleandre, grand lettré du xv° siècle. Perte de sa bibliothéque; I, 457.

Aleni (Thomas), peintre de l'école de Crémone (xvi° s.); II, 287.

Alessandri (Alexandre d'). Son ouvrage *Dierum genialium*; III, 344 note.

Alessi (Galéas) de Pérouse, architecte (xvi° s.); I, 103. 114. 115. 128. IV, 314. 315. 324. 333. V, 45. 52. 53. 57. 58. 62. 66. 71. 73.

Alexandre della Croce (S.-), église de Bergame; I, 233.

Alexandre (S.-), église de Brescia; I, 255.

Alexandre in Colonna (S.-), église de Bergame; I, 232.

Alexandre (S.-), église de Fiesole; III, 181.

Alexandre (S.-), église de Lucques; V, 22.

ALEXANDRE IN ZEBEDIA (S.-), église de Milan; I, 118.
ALEXANDRE (S.-), église de Parme; II, 220.
Alexandre mourant (tête colossale dite de l'); III, 24 et 25.
Alexandre VI (Borgia) comparé à Dieu; IV, 21 note. 187 et 188.
ALEXANDRIE, ville; V, 85.
Alfieri. Ses vers sur les femmes de Brescia; I, 242. — Ses satires; II, 71. — Son inscription sur le manuscrit des fragmens du *Furioso*; 75. 84 et note. — Effet de ses pièces à la représentation; 189. — Sur le patriotisme qu'il a créé; 190. 230 note. 283. III, 6 note. — Son sonnet sur l'*Alexandre mourant*; 24 et 25 note. 32. — Ses manuscrits et les éditions des auteurs anciens dont il se servait, à la Laurentienne; 46 et 47. — De sa *Congiura de' Pazzi*; 73. — Son mausolée à l'église *Ste.-Croix*; 104 et 105. 155. — Sa maison à Florence; 158 et 159. 191. 204 et 205. — Du *D. Garzia*; 225 et 226. 227. 249. 290. IV, 10. — Son sonnet sur le *Moïse* de Michel-Ange; 101 et 102. — Sa colère contre les fautes typographiques; 139 note. 244. — Son épitaphe à Gori-Gandellini; 279 et 280. — Son amour de Sienne; 290. 291. V, 36. 41. — Représentation de son *Polynice*; 61 et 62. — Sa maison à Asti; 85 et 86.
Alfieri-Bianco (comte Benoît), architecte (XVIIIe s.); V, 85. 100. — Sa salle de l'opéra de Turin; 100. 106. 109.
ALFIERI. Ouverture du théâtre de ce nom à Florence; III, 163 et 164.
Alfieri (le P. Henri), général des Franciscains. Son tombeau; III, 245.
Algardi (Alexandre), sculpteur bolonais (XVIIe s.); II, 142. 298. — Son bas-relief d'*Attila*; IV, 8 et 9. 128. 212. V, 12. 18.
Algarotti. Surnom qu'il donnait aux maçons; I, 284. — Lettres originales que lui adresse Frédéric, à Venise; 400. II, 26. 28. 29. 164 note. 202. 209. — Son mausolée au *Campo Santo* de Pise; III, 217.
Alibert (M.). Son observation sur les écoles médicales d'Italie; II, 114 note.
Aliberti (l'abbé), peintre piémontais (XVIIIe s.); V, 109.
Aliense (Antoine Vassilacchi dit l'), peintre, né en Grèce (XVI s.); I, 376.

Alighieri (François), dernier rejeton du Dante, élève le tombeau de ses deux frères, comme lui savans et lettrés ; I, 295.

Allatius (Léon), préfet de la Vaticane ; IV, 127 note. — Livres annotés de sa main à la *Barberiana*; 162. — Allait assidûment aux *Burattini*; 192.

Allegranza (le P.). Son opinion sur le prétendu sarcophage de Stilicon et de sa femme Serena; I, 124.

Allegri. Son *Miserere*; IV, 18.

Allent (M.). Ses conjectures raisonnables sur la mort de Pierre Navarre; III, 341 note. — Son *Histoire du Corps du génie*; V, 46 note.

Allio ou *Aglio* (Matthieu) de Milan, sculpteur et architecte (XVIIe s.); II, 13.

ALPES. Leur apparition de la hauteur de S.-Cergues ; I, 4.

ALTEMPS (palais) à Rome; IV, 168 et 169.

Altilio, de l'académie napolitaine; III, 324.

ALTOVITI (palais) à Florence; III, 140.

Alvarez, sculpteur espagnol contemporain; IV, 83.

ALVISOPOLI (imprimerie), fondée dans le petit village dont elle a pris le nom, et transférée à Venise ; I, 413.

Amadeo (Jean-Antoine), de Pavie, sculpteur (XVe s.); I, 232. II, 288 et 289.

Amadio (André), peintre de fleurs vénitien (XVe s.); I, 386 et 387.

AMALFI; III, 406 et 407.

Amans de reines peu intéressans; III, 348.

Amati (M. le cavalier Jules), de Pistoie, conserve la fresque des *Dix mille Crucifiés*, de Vini; V, 9.

Amati (M. l'abbé); I, 302. IV, 144.

Ambrogino (le frère), carme de Florence. Sa popularité; III, 128.

AMBROISE (S.-), église de Florence; III, 110.

AMBROISE (S.-), église de Gênes; V, 65 et 66.

AMBROISE (S.-), église, le plus ancien monument de l'antiquité chrétienne à Milan. Description; I, 122 et suiv.

AMBROISE (S.-), église de Parme; II, 217.

Ambroise (S.). Son portrait fait d'après nature, selon l'inscription ; I, 124. — Mosaïque qui le représente dormant à l'autel en disant la messe ; 125.

Amée VIII, ou *Amédée Ier*, duc de Savoie, un moment pape; I, 57 et 58. — Sa retraite à Ripaille; 67 et 68.
Amici (M.), de Modène, astronome; III, 166.
Amici (Thomas), sculpteur de Crémone (xve s.); II, 287.
Amidano (Jules-César), peintre de l'école de Parme (xvie s.); II, 225.
Ammanato (Barthélemi), sculpteur et architecte toscan (xve s.); II, 23. 47. III, 4 note. — Sa fontaine de la place du Grand-Duc, à Florence; 16. 80. 89. 126. 146. 170 et 171. 186. IV, 75. 144. 213. V, 27.
Ammirato (Scipion), historien; III, 141 note. 186.
Ampère fils (M.); I, 401 note. II, 94 note.
AMPHITHÉATRE D'AREZZO; IV, 343.
AMPHITHÉATRE DE CAPOUE; III, 423 et 424.
AMPHITHÉATRE DE LUCQUES; V, 30.
AMPHITHÉATRE DE POMPÉI; III, 393.
AMPHITHÉATRE ou COLYSÉE DE POUZZOLE; III, 370 et 371.
AMPHITHÉATRE DE SUTRI; IV, 245.
AMPHITHÉATRE DE VÉRONE; I, 279 et suiv.
Anachronismes de peinture excusables; I, 259. II, 226.
ANASTASIE (Ste.-), église de Vérone; I, 289.
ANCÔNE, ville; III, 275.
Ancre (le maréchal d'), d'Arezzo; IV, 343 note.
Anderloni (M.), graveur; I, 167.
André, peintre (xive s.); IV, 346.
André d'Alessandro de Brescia, sculpteur (xvie s.); I, 428.
André de Fiesole, sculpteur (xve s.); II, 140. 147. III, 131.
André de Pise, architecte (xive s.). Erreur de l'*Encyclopédie* à son sujet; I, 460 note. III, 74. 75 et 76. 223.
André de Salerne, ou *Sabbatini*, peintre de l'école napolitaine (xvie s.); III, 306. 323. 331.
André (Jean), conjuré républicain de Milan et ses compagnons invoquent S. Ambroise; I, 123.
André (le roi). Son tombeau; III, 319.
ANDRÉ (S.-), église de Bergame; I, 232.
ANDRÉ (S.-), église de Ferrare; II, 69.
ANDRÉ (S.-), église de Mantoue; II, 259 et suiv.
ANDRÉ (S.-), église de Padoue; II, 20.
ANDRÉ (S.-), église de Pistoie; V, 15.
ANDRÉ (S.-), église près Rome; IV, 243.

ANDRÉ DELLA VALLE (S.-), église de Rome; IV, 128.
ANDRÉ DELLE FRATTE (S.-), église de Rome; IV, 113.
ANDRÉ DU NOVICIAT DES JÉSUITES (S.-), église de Rome; IV, 106 et 107.
ANDRÉ (S.-), église de Venise; I, 429.
ANDRÉ (S.-), fort au Lido, chef-d'œuvre d'architecture militaire de San-Micheli; I, 472.
Andrea (Novella d'), fille du professeur de droit canon à Bologne, supplée son père; II, 116 et note.
Andreasi (Alexandre), orateur et poète mantouan. Son tombeau; II, 257. 261.
Andreasi (Hippolyte), peintre de l'école de Mantoue (XVI° s.); II, 256. 257.
Andreasino, peintre; II, 258.
Ange de Sienne, sculpteur (XIV° s.); IV, 81. 258. 266. 280. 284. 289. 347.
ANGE (S.-), église de Milan; I, 131.
ANGE A NILO (S.-), église de Naples; III, 328.
ANGE (S.-), église de Pérouse; IV, 324.
ANGE IN SPATA (S.-), église de Viterbe; IV, 250.
ANGE (château S.-), à Rome; IV, 187 et 188.
ANGE (pont S.-), à Rome; IV, 186.
Angelelli (M.), savant de Bologne; II, 178 note.
Angélique (Jean de Fiesole, dominicain, dit le frère), peintre de l'école florentine (XV° s.); IV, 27. 117. 118. — Son tombeau; *ibid.* et 119. 259. 337. 338.
Angelis (feu l'abbé de), bibliothécaire de Sienne; I, 302. IV, 290 note. 296.
Angelis (M. le chevalier de); II, 28.
ANGELO (S.-), montagne près Naples; III, 406.
ANGES (les), église près Venise; I, 470.
Anglais en Italie; I, 93 et 94.
Anguissola, un des assassins de Pierre-Louis Farnèse, fondateur du bâtiment de la *Pliniana*; I, 222.
Anguissola (Sophonisbe), peintre de l'école génoise (XVI° s.); III, 29.
ANIO, fleuve; IV, 222. 223.
Anna (Balthazar d'), peintre de l'école vénitienne (XVI° s.); I, 422.
ANNE (Ste.-), église de Pise; III, 220.

Annibal. Grandeur de son plan de campagne; III, 273 et 274.
— Prétendues traces de son passage et de ses éléphans; *ibid.* IV, 341. 346.
ANNONCIADE, église et place de Florence; III, 95 et suiv.
ANNONCIADE, église de Gênes; V, 65.
ANNONCIADE, église de Pistoie; V, 9 et 10.
ANNUNZIATA, église près Bologne; II, 174 et 175.
ANNUNZIATA, église de Naples; III, 355.
ANNUNZIATA NELL'ARENA, église de Padoue; II, 21 et suiv. — Tombeau et statue de son fondateur; 23.
ANNUNZIATA, église de Parme; II, 217 et 218.
ANSANO (S.-), oratoire à Sienne; IV, 275.
Ansberg, abbesse du couvent de Ste.-Julie de Brescia. Croix qui lui fut donnée par le roi Didier, son père; I, 249.
Anselmi (Michel-Ange), dit aussi *Michel-Ange de Lucques* et *Michel-Ange de Sienne*, peintre de l'école de Parme (xve s.); II, 204 et 205. 208. 212. 213. 214. 221. IV, 283.
Anspert, archevêque de Milan. Son épitaphe et son tombeau; I, 125.
Antaldi (M. le marquis), de Pesaro, commentateur de Catulle; III, 269.
Antelami (Benoît), sculpteur de Parme (xiie s.); II, 208, 210 et 211.
Antimaco (Marc-Antoine), maître de grec et traducteur. Sa maison à Mantoue; II, 271.
Antinori (Bastien), un des députés chargés de l'examen du *Décaméron*; III, 59 note.
Antinori (M. le marquis), poète, professeur à l'Université de Pérouse; IV, 328.
Antinoüs (le bas-relief d'), de la villa Albani; IV, 216 et 217.
Antiquaire romain. Son portrait; IV, 149.
ANTOINE (S.-), église de Crémone; II, 289.
ANTOINE ABBÉ (S.-), église de Milan; I, 116.
ANTOINE ABBÉ (S.-), église de Naples; III, 347.
ANTOINE ABBÉ (S.-), église de Parme; II, 114.
ANTOINE (S.-), église de Pise; III, 222.
ANTOINE (S.-), église de Plaisance; II, 297.
Antoine (frère) de Négrepont, peintre (xve s.); I, 423.
Antoine le Vénitien, peintre de l'école florentine (xive s.); III, 213.

Antologia, ancienne *Revue de Florence;* IV, 144 note.
Antonino (S.-), église de Venise; I, 422.
Aoste (cité d'). Nouveau *Lépreux;* I, 86 et 87.
Aoste (vallée d'); I, 86. — Cretins; 87. — Antiquités romaines, arc d'Auguste; *ibid.*
Apennins. Tableau; III, 1.
Apollinaire (S.-), église de Ravenne; III, 243.
Apollinaire in Classe (S.-), église de Ravenne; III, 253.
Apollinius, peintre grec (xiiie s.); III, 80.
Apollon du Belvédère; IV, 41 et 42.
Apollonie (Ste.-), église de Mantoue; II, 265.
Apostolius (Michel), grec réfugié. Sa touchante inscription sur les manuscrits qu'il a copiés; II, 119.
Apothéose d'Auguste, bas-relief de la basilique S.-Vital; III, 241.
Apothicairerie ancienne et considérée à Florence; III, 120.
Apothicairerie de Lorette. Ses pots peints faussement attribués à Raphaël; III, 280.
Apôtres (Saints-), église de Florence; III, 122 et 123.
Apôtres (Saints-), église de Naples; III, 349 et 350. — Son cimetière; *ibid.*
Apôtres (Saints-), église de Rome; IV, 103 et 104.
Appia (M.), modérateur (ministre) vaudois; V, 117.
Appiani (André), peintre à fresque milanais; I, 102. 114. 182. 200. 226. 308.
Aquéduc de Spolette; IV, 308.
Aquéducs de Sienne; IV, 284.
Aracoeli, église de Rome; IV, 80. 150.
Aragonais (princes). Belle époque de l'histoire de Naples; III, 331 et 332. — Leurs tombeaux; *ibid.*
Araldi (Alexandre), peintre de l'école de Parme (xvie s.); II, 215. 224.
Arbois (Mme d'), cantatrice française; III, 163.
Arc de triomphe d'Auguste, à Fano; III, 273.
Arc de Drusus, à Rome; IV, 204.
Arc de Gallien, à Rome; IV, 194.
Arc de Gavius, à Vérone; I, 282.
Arc de Janus Quadrifrons, à Rome; IV, 201.
Arc de Septime-Sévère; IV, 55 et 56. 201.
Arc de Titus; IV, 57 et 58.

Arc de triomphe de Trajan, à Ancône; III, 275.
Arc de triomphe de Suze; V, 118.
Arcetri, colline près Florence, célèbre par son vin blanc et la prison de Galilée; III, 175 et 176.
Architectes du xvie siècle, ingénieurs; III, 171.
Architecture. Ses contrastes en Italie : architecture florentine; III, 133. 144. — Architecture solide des bâtimens de l'ordre de S.-Dominique; 328. — Architecture des monastères semblable à celle de la maison romaine; 413 et 414. — Architecture romaine; IV, 184.
Archives de la cathédrale d'Arezzo; IV, 349.
Archive de la Cava; III, 395 et 396.
Archives de Bologne; II, 154 et 155.
Archives du chapitre et de l'archevêché de Lucques, très remarquables; V, 21.
Archives de Naples; III, 315.
Archives de Venise; I, 457 et suiv.
Arco (porte de l'), à Volterre; IV, 299.
Arcole. Obélisque. Pont; I, 327.
Arconati (le comte Joseph), réunit les bas-reliefs du Bambaja à Castellazzo; I, 194 note.
Ardenti, académie de Viterbe; IV, 249.
Ardenza, promenade de Livourne; III, 234.
Arditi (M. le chevalier), directeur du Musée royal de Naples; III, 298. 304. 381. 389.
Arena ou *Cirque* de Milan. Beau monument; I, 187.
Arènes. Leur multiplicité dans les lieux soumis à la domination romaine; I, 188.
Arétin (Pierre). Sa liaison avec le Titien et Sansovino contribue au bon goût des travaux d'art de Venise; I, 363. — Son éloge de l'ancienne bibliothéque de Venise; 393. — Enterré à S.-Luc; 428 et 429. II, 16. IV, 281. 342 note.
Aretusi (César Munari *degli*), peintre de l'école de Modène (xviie s.); II, 258.
Arezzo, ville; IV, 341 et suiv.
Argentière, village. Inscription sur la porte de son église; I, 47.
Argentina (théâtre), à Rome; IV, 191.
Aricci (M. César), poète. Ses vers sur le *Campo-Santo* de Brescia; I, 264.

Arioste (Louis), grand poète. Scène qu'il fait à un potier qui estropiait ses vers en les chantant; I, 281. 286. 322. 333. 351. II, 18. 56. 57. 72 et 73. — Manuscrit de quelques chants du *Furioso*; 74. — De la *Scholastique*, des *Satires*; 75. — Son fauteuil, son écritoire; *ibid.* — Ses fils naturels; 76. — Fixe au libraire le prix modéré des exemplaires de son poëme; 81 et 82. — Son tombeau; 83 et 84, et notes. — Sa maison; 85 et suiv. notes. — Sa passion pour la comédie; 89 et note. 91 et note — Son savoir, son exactitude géographique; 92. — Place de Ferrare qui a reçu son nom; 104. — Faux emplacement du lieu où il est né; 193 et 194. 251. 263 et 264. 289. III, 4. 85. 86. — Ses vers sur Vallombreuse; 188. 190. 255 et 256. 269 et 270. 378 note. — Consulté par Raphaël pour la composition de l'*École d'Athènes*; IV, 22 et 23. 27. 118. 162. 224. 300. 303. 313. 319 et 320. 342 note. 350.

Ariostei (Académie *degli*), autrefois des *Intrepidi*, de Ferrare; II, 58.

Ariostei (ancienne maison *degli*); 88 et suiv.

Aristide (l'), statue du Musée de Naples; III, 301 et 302.

Arlequin. Sa généalogie étrusque; I, 238.

Arlotto, curé près Fiesole. Sa burlesque épitaphe; III, 99.

ARMÉNIENS (couvent des), de l'île S.-Lazare. Leur imprimerie, leur bibliothéque; I, 473 et 474. — Catholiques; 474.

Arnoldi (Albert), sculpteur florentin (XIV° s.); III, 80 et 81.

ARÔNE, ville. Son colosse de *S. Charles Borromée*; I, 79.

ARPINO, ville; III, 420 et suiv.

Arpino (Joseph Cesari, dit le cavalier d'), peintre de l'école romaine (XVII° s); III, 307. 321. 346. 414. 422. IV, 68 et 69. 92. — Son tombeau; *ibid.* 100. 137. 141. 232. 251. 324.

ARQUA, près Padoue. Description; 49. — Maison, tombeau de Pétrarque; 50 et suiv.

Arringhieri (Nicolas), professeur de droit à Sienne. Son mausolée; IV, 292.

ARSENAL de Venise; I, 460 et suiv.

Artistes. De leur grand nombre; III, 159 et 160. — Leur amour-propre plus irritable que celui des gens de lettres; 321. V, 51.

Artistes du XVI° siècle. Leur rude condition; I, 393.

Arvales (frères). Leur inscription; IV, 13.
Arzere (Étienne *dall'*), de Padoue, peintre de l'école vénitienne (xvi° s.); II, 6. 24. 25. 27. 31. 34. 46.
Asdente de' Denti, savetier astrologue cité par le Dante. Son tombeau; II, 219.
Asiago, capitale des *Sette Comuni*; I, 341 et suiv.
Asinelli, tour à Bologne; II, 171 et suiv. — Vue; *ibid.*
Asolo, ville; I, 347.
Aspertini (Ami), peintre de l'école bolonaise (xv° s.); II, 139. V, 25.
Aspetti (Titien), de Padoue, sculpteur (xvi° s.); I, 423. II, 11. 14. III, 122. — Son tombeau; 222.
Assarotti (le P.), directeur de l'institut des sourds-muets de Gênes; V, 70.
Assemani (Evode), préfet de la Vaticane; IV, 127 note.
Assemani, académicien de Padoue; II, 8.
Assise, ville; IV, 314 et 315.
Assomption de Carignan (l'), église de Gênes; V, 66.
Asti, ville; V, 85 et 86.
Athénée de Venise; I, 443.
Atrani, village près d'Amalfi. Portes de bronze de son église aujourd'hui les plus anciennes de l'Italie; III, 407.
Attila. Sa prétendue armure à l'arsenal de Venise; I, 462.
Auberges en Italie. Leurs registres; I, 94 et suiv.
Aubigné (Agrippa d'). Son épitaphe au temple de S.-Pierre; son château; sa *Confession de Sancy*; son portrait; son *Histoire secrète écrite par lui-même*; I, 8.
Aucud (Jean), *condottiere* anglais. Son tombeau à la cathédrale de Florence; III, 71. — Sa barbarie; *ibid.* note.
Auguste. Son mausolée; IV, 187.
Augustin, de Sienne, sculpteur (xiv° s.); IV, 81. 258. 266. 280. 284. 289. 347.
Augustin (S.). Son prétendu tombeau à la cathédrale de Pavie; I, 215. — Travail remarquable; *ibid.*
Augustin (S.-), église de Crémone; II, 288.
Augustin (S.-), église de Lucques; V, 24.
Augustin (S.-), église de Modène; II, 188.
Augustin (S.-), ancienne église de Plaisance; II, 297.
Augustin (S.-), église de Rome; IV, 123.
Augustin (S.-), église de Sienne; IV, 275.

Augustin (S.-), théâtre à Gênes; V, 61.
Augustins, couvent de Cortone; IV, 338.
Aurea (S.-), cathédrale d'Ostie; IV, 238.
Auria (Dominique), napolitain, sculpteur de la fontaine *Medina* (xvi° s.); III, 292. 294. 323. 329. 355.
Avanzi (Jacques), peintre de l'école bolonaise (xiv° s.); II, 14.
Avellino (M. le cav. M.), secrétaire de l'académie *Pontaniana* de Naples; III, 325.
Avenel (M.). Son jugement remarquable sur Machiavel; III, 197 et 198 note. 274.
Aventin (mont); IV, 207.
Averse, ville; III, 423.
Aveugle (l') *de Ferrare*, auteur du *Membriano*, un des créateurs de l'épopée moderne; II, 77 et 78.
Avogadro (Brigitte) repousse, à la tête des femmes de Brescia, l'assaut de Piccinino; I, 242.
Avogadro (le comte Louis), de Brescia, calomnié dans le *Gaston et Bayard* de De Belloy; I, 242 et 243.
Avogadro (Pierre), de Brescia, peintre de l'école vénitienne (xviii° s.); I, 258. 259.
Avventi (maison), dite *Casa della Rosa*, à Ferrare; II, 104.
Azzano, près Vérone. Séjour de la grande Isotte; I, 319 et suiv.
Azzoni (le P. Joseph), augustin; IV, 295. 297.

B.

Baccano, hameau près Rome; IV, 244.
Bacchettoni, confrérie de Florence; III, 120 et 121.
Bacchiacca (François-Ubertini, dit le), peintre de l'école florentine (xvi° s.); III, 82.
Bacci (M. le chevalier), d'Arezzo. Son musée; IV, 350.
Baccio d'Agnolo, mauvais architecte; III, 65. 79 note.
Baccio da Montelupo, sculpteur florentin (xv° s.); I, 436. III, 82. 112. V, 22.
Bacciocchi (palais), à Bologne; II, 160.
Baciccio (Jean-Baptiste Gaulli, dit le), peintre de l'école romaine (xvii° s.); IV, 79. 106. 133.
Badia, église d'Arezzo; IV, 349 et 350.
Badia, église et couvent de Florence; III, 111.
Badia, près Florence; III, 178 et 179.
Badia, église de Sulmone; III, 285.

Badigeonnage italien. Sa barbarie; II, 63 et 64. V, 68 et 69.
Badalocchi (Sixte Rose), peintre de l'école de Parme (xviie s.); II, 205. 225 et 226.
Bagetti (M. le chevalier), peintre et écrivain d'art; V, 89.
Bagnacavallo (Barthélemi Ramenghi, dit le), peintre de l'école bolonaise (xvie s.); II, 136. 148. 169 et 170. III, 308.
Bagnara ou *Bagnaia* (don Pierre), chanoine de S.-Jean-de-Latran, peintre de l'école romaine (xvie s.); II, 34.
Bagnoli (M.), professeur à l'université de Pise; III, 224.
Baïes (côte de); III, 374 et 375.
Baignera (Barthélemi) lit au peuple son *Itinerarium Italiæ* dans l'église S.-François de Brescia; I, 256.
Baines (M.), évêque de Siga. Son *Sermon sur la Foi, l'Espérance et la Charité*, traduit; I, 138.
Bains de Néron; III, 372 et 373.
Bains de Pise; III, 231.
Bajardi, prélat romain. Commencement de sa préface du *Catalogue du musée de Portici*, en 7 vol. in-4°; III, 383 et 384.
Balassi (Marius), peintre de l'école florentine (xviie s.); V, 2.
Balbi (M. Adrien), vénitien. Ses travaux de statistique; I, 459. — Sa *Balance politique du globe;* V, 31 et 32 note.
Balbi-Povera (palais), à Gênes; V, 49.
Balbianello, sur le lac de Côme. Prix de la location d'une maison; I, 220.
Balbo (M. le comte Prosper), ministre d'État à Turin; V, 100.
Baldelli, biographe de Boccace; III, 61. 194 note. 203 note.
Baldi (Lazare), peintre de l'école florentine (xviie s.); V, 12. 14 et 15.
Baldini (Baccio), un des *députés* chargés de l'examen du *Décaméron;* III, 59 note.
Baldinucci; IV, 13. V, 26.
Baldovinetti (Alexis), peintre de l'école florentine (xve s.); III, 80. 95.
Balduccio, peintre (xive s.); IV, 346.
Balduccio (Jean), sculpteur pisan (xive s.). Son mausolée de S. Pierre martyr; I, 119.
Balestra (Antoine), de Vérone, peintre de l'école vénitienne (xviie s.); I, 231. 287. II, 30. 257.
Balestrieri (Domenico), milanais, traducteur. Son médaillon; I, 169.

Ballanche (M.). Passage de ses *Essais de Palingénésie sociale;* I, 406 et 407. III, 327 note.
Ballets d'Italie intéressans ; I, 174.
BALME (col de). Vue; I, 47. — Forêt; *ibid.*
BAMBACINI (maison), à Sienne; IV, 288.
Bambaja (Augustin Busti, dit le), sculpteur milanais (XVI° s.); I, 107. 108. 193. 201.
Bambocci (l'abbé Antoine), sculpteur napolitain (XV° s.); III, 326.
Banchi (loge de'), à Gênes; V, 45.
Bandello. Sa *Nouvelle de Roméo et Juliette;* I, 279. IV, 85 et 86. — Justifie Fiesque; V, 44 et 45.
Bandinelli (Baccio), sculpteur toscan (XVI° s.); III, 12. 14 et 15 note. — Sa copie du *Laocoon;* 21. 72. 89. 96 et 97. 154. 179. 278. IV, 118.
BANDINELLI (palais), à Sienne; IV, 289.
Bandini, archidiacre, a devancé les principes des économistes français; IV, 295.
Bandini, bibliothécaire de la Laurentienne. Son *Catalogue;* III, 37.
Bandini (Jean). Son duel avec Martelli; III, 174.
BANQUE DES DEUX-SICILES (église de la), à Naples; III, 355.
Baptistère de Constantin; IV, 88 et 89.
Baptistère de Pise; III, 208 et 209.
Barabbino (Simon), peintre de l'école génoise (XVI° s.); I, 131.
BARADELLO (tour du); I, 218 et 219.
Baratta (François), sculpteur (XVII° s.); IV, 170.
Barbadori. Livres annotés de sa main à la *Barberiana;* IV, 162.
Barbaja (Dominique), entrepreneur des théâtres de Vienne, de Milan, de Naples; III, 317.
Barbara (duchesse), seconde femme d'Alphonse II, de Ferrare. Son mausolée; II, 70.
BARBARA (Sta.-), église de Mantoue; II, 258.
BARBARA (Sta.-), église de *Castel-Nuovo,* à Naples; III, 294.
BARBARIGO (palais) de Venise; I, 402.
Barbaro (Daniel), l'auteur du premier *Traité complet de perspective,* commentateur de Vitruve. Son admiration pour le château de Caprarola; IV, 247.
Barbello (Jacques), de Crème, peintre de l'école vénitienne (XVII° s.); I, 233.

Barberi (course de chevaux); III, 8.

BARBERIA (la) et non l'ALBERGHETTINO, partie de la tour du vieux palais de Florence, où fut enfermé Côme de Médicis; III, 12 et 13.

Barberini, sculpteur; II, 288.

BARBERINI (palais), à Rome; IV, 159 et suiv.

BARBERINI (villa); III, 433.

Barbiani (Jean-Baptiste), peintre de l'école bolonaise (XVIIe s.); III, 244.

Barbieri (Paul-Antoine), peintre de fleurs et de fruits, frère du Guerchin. Tenait le registre des commandes de celui-ci, et était chargé du soin de la maison; II, 109.

Barbieri (M.), ecclésiastique de Padoue. Sa prédication évangélique et philosophique; III, 132.

Barbulejo ou *Barbojo* (Bernardin), premier maître de rudiment de l'Arioste; II, 105.

Barca (Cav.), de Mantoue, peintre de l'école vénitienne (XVIIe s.); I, 295. 296.

BARCACCIA, fontaine de Rome; IV, 164.

Barclay (Jean), l'auteur de l'*Argenis*. Son tombeau; IV, 139.

Bargagli (Jérôme). Son dialogue sur les jeux des *Vegghie Sanesi*; III, 138.

BARGELLO, prison publique de Florence; III, 167 et 168.

BARNABA (S.-), église de Brescia; I, 255.

BARNABA (S.-), église de Mantoue; II, 264 et 265.

BARNABÉ (S.-), église de Milan; I, 112.

BARNABÉ (S.-), église de Venise; I, 433.

Baroche (Frédéric Barocci ou Fiori), peintre de l'école romaine (XVIe s.); II, 148. III, 26. 34. IV, 48. 117. 125. 323. 337. V, 28.

Baroncelli (Thomas). Sa mort de joie en revoyant son maître, Côme Ier, revenir de Rome grand-duc; III, 173.

Barotti, bibliothécaire de Ferrare. Son tombeau; II, 70. 72. 76.

Barrière (M.), éditeur des *Mémoires inédits de Brienne;* I, 3.

Bartalini, peintre (XVIe s.); IV, 276.

Bartalino (Thésée), sculpteur de Sienne (XVIe s.); IV, 269.

Barthélemi de Pola, artiste en marqueterie; I, 203 et 204.

BARTHÉLEMI (S.-), église de Bergame; I, 233.

BARTHÉLEMI (S.-) *di porta Ravegnana*, église de Bologne; II, 152.

BARTHÉLEMI (S.-) *di Reno*, église de Bologne; II, 134 et 135.
BARTHÉLEMI (S.-), église de Milan; I, 131.
BARTHÉLEMI (S.-) *della Giara*, église de Parme; II, 219 et 220.
BARTHÉLEMI *in Pantano*, église de Pistoie; V, 10.
Barthélemi de Cortone, sculpteur; IV, 269.
Barthélemy (l'abbé). Son évaluation du nombre des statues tirées du sol de Rome; IV, 36 et 37. 149.
Barthélemy, peintre, un des commissaires de la République chargés du choix des manuscrits de la Vaticane; IV, 30 note.
Bartoldo, sculpteur (xvᵉ s.); III, 85.
BARTOLINI (villa), près Florence; III, 187.
Bartolini (M.), sculpteur. Son groupe de la *Charité*; III, 175.
Bartolo (Dominique), peintre de l'école de Sienne (xvᵉ s.); IV, 273.
Bartolo (Thadée), peintre de l'école de Sienne (xvᵉ s.); II, 22. IV, 286.
Bartolommeo (maître), architecte et sculpteur (xivᵉ s.); I, 371. 454.
Bartolommeo (maître), peintre de l'école florentine (xiiiᵉ s.); III, 96.
Barufaldi jeune (l'abbé Jérôme). Son Essai *della Tipografia ferrarese;* II, 82. — Sa *Vita di M. Lod. Ariosto;* 89 et suiv. 105 et note. 194 et note.
Basaiti (Marc) du Frioul, peintre de l'école vénitienne (xviᵉ s.); I, 470.
BASILIQUE, palais public de Vicence; I, 331 et 332.
Basinio, poète de Parme. Ses manuscrits à la bibliothéque; II, 199 et 200.
Bassan (Jacques da Ponte dit le), peintre de l'école vénitienne (xviᵉ s.); I, 233. 331 et 332. 336. 346. 373. 405. 425. 435. II, 32. 37. 122 note. III, 20. 30. 31. 308. V, 86.
Bassano (François), peintre de l'école vénitienne (xviᵉ s.); I, 238. 255. II, 11. 38. III, 20. 414. IV, 121.
Bassano (Cav. Léandre), peintre de l'école vénitienne (xviiᵉ s.); I, 376. 377. 388. 415. 425. 429. 451. 470. II, 38. 414.
BASSANO, ville; I, 346 et 347. — Ses éditions; *ibid.*
Bassetti (Marc-Antoine) de Vérone, peintre de l'école vénitienne (xviiᵉ s.); I, 299.
Bassi (Laura), professeur de philosophie à Bologne; II, 116.

BASTARDINI (maison des bâtards) à Bologne ; II, 170. — Proportion des enfans naturels sur la population ; *ibid.* note.
Bastaruolo (Philippe Mazzuoli dit le), peintre de l'école ferraraise (xvi° s.) ; II, 70. 105.
Bastianino (Bastiano Filippi dit le), peintre de l'école ferraraise (xvi° s.) ; II, 58. — Son *Jugement dernier;* 61 et 62. 66. — Son tombeau ; 69. 70. 105.
Bastien de Francesco, sculpteur (xv° s.)ᵢ IV, 267.
Bastions angulaires. Erreur sur leur inventeur ; I, 283.
Bataille de Parme; II, 228 et 229.
Bataille de Rivoli; I, 318.
Bateaux à vapeur; I, iv. — De leur navigation ; III, 287.
Batoni (Pompée), peintre ; le Vien de l'école romaine moderne ; I, 128. IV, 110. V, 22. 24.
Battiferri (Laure), fille naturelle du légiste Battiferri, poète et littéraire, femme de Barthélemi Ammanato. Son tombeau ; III, 89.
Baudrand réfute le fait de l'empoisonnement de l'empereur Henri VII dans une hostie.; IV, 264.
Bausset (M. de). Ses *Mémoires anecdotiques sur l'intérieur du palais et quelques événemens de l'Empire;* I, 29. II, 233. III, 293 note.
Bayard (le chevalier), travesti dans le *Gaston et Bayard* de De Belloy ; I, 243. — Sa chaîne passée à Larive, chargé du rôle de Bayard ; *ibid.* — Conjectures au sujet de l'emplacement de la maison où il fut logé à Brescia ; 244. — Sur son refus héroïque des ducats ; *ibid.* III, 255.
Bayle; IV, 192.
Bazzani (Joseph), peintre de l'école de Mantoue (xviii° s.) ; II, 265.
Beatrix d'Este (l'archiduchesse). Son monument à l'improvisateur Lorenzi ; I, 290.
Beatrix (la comtesse), mère de Mathilde. Son tombeau dans le sarcophage dit de *Phèdre et d'Hippolyte;* III, 216 et 217.
Beaumont (Claude-François), peintre français (xviii° s.) ; V, 88. 110.
Beccafumi, artiste de l'école de Sienne (xvi° s.) ; IV, 268. 269. 274. 281. 286 et 287. 289. 294. V, 17.
Beccarelli (Joseph), prêtre de Brescia, instituteur condamné aux galères par l'inquisition ; I, 247 et 248.

Beccaria. Sa maison à Milan; I, 168 et 169. II, 232.
Becket (Jean-Baptiste), de la famille du saint, enterré à Vérone; I, 296.
Beffa (M. le comte Antoine) de Mantoue. Sa galerie; II, 271.
Begarelli (Antoine), modenois, sculpteur de figures en terre (xvie s.). Admiré de Michel-Ange; II, 213.
Bekker (M), un des éditeurs des commentaires des *Institutes de Gaius*; I, 302. — Son *Aristophane*; III, 246.
BELGIOJOSO (maison) de Milan; I, 104.
Bellacci (le bienheureux Thomas de') de Florence; III, 169.
BELLAGGIO, sur le lac de Côme, la *Comœdia* de Pline; I, 222 et 223.
Bellamin, architecte de Sienne (xiie s.); IV, 289 et 290.
Bellarmin (le cardinal). Sa *Doctrine*, seul ouvrage imprimé dans la langue des *Sette Comuni*; I, 342. — Ses reproches exagérés à Guarini; II, 79. 80 et note. — Son tombeau; IV, 80. — Ses manuscrits à la *Barberiana*; IV, 161. 263.
Belli (Valerio), de Vicence, sculpteur (xvie s.); II, 13.
Bellini (Gentile), peintre de l'école vénitienne (xve s.); I, 164. 408. 415.
Bellini (Jacques), peintre de l'école vénitienne (xve s.); I, 287. 405.
Bellini (Jean), peintre de l'école vénitienne (xvie s.); I, 257. 336. 379. 404. 415. 421. 423. — Son petit tableau de la *Vierge et l'Enfant Jésus dormant*; 430. 431. 436. 440. 443. 450. 456 et 457. 470. II, 160. 203. III, 26. 30. 310. IV, 71. 168. V, 53.
Bellini (M.), compositeur sicilien, élève du conservatoire de Naples; III, 316.
Belloc (Mme L. Sw.). Son ouvrage sur *lord Byron*; II, 80 note.
Belloni-Colombelli (Mme), actrice; I, 177.
Bellori. Sa *Descrizione delle Pitture*; IV, 25.
BELLUZZI, collége à S.-Marin; III, 267.
BELRIGUARDO, ancienne villa célèbre du cardinal Louis d'Este, près Ferrare; II, 106 et note.
Beltraffio (Jean-Antoine), peintre de l'école milanaise (xvie s.); I, 117.
BELVEDERE (villa), près Naples; III, 346.
Belzoni, voyageur italien. Son médaillon; statues égyptiennes données par lui à Padoue, sa ville natale; II, 43 et 44.

TABLE ANALYTIQUE.

Bembo (le cardinal). Sa correspondance avec Lucrèce Borgia à l'Ambrosienne; I, 143. — Livre sur ses *Premières amours;* *ibid.* note. — Ses *Asolani* n'ont point été composés à Asolo; 347. 410. II, 16. 280. III, 86 note. 272. IV, 28 note. 31. 34. — Son distique sur le crâne de Raphaël; IV, 82. — Son tombeau; 118. — Ses manuscrits à la *Barberiana;* 161. 162.

Bembo, peintre de l'école de Crémone (xve s.); II, 286.

Benasca, peintre; III, 349.

Benci (M. A.); IV, 290 note.

Bencini (M.), académicien de la Crusca; III, 135.

Benefial (Marc), peintre de l'école romaine (xviie s.); IV, 250.

Benincampi (Mme Thérèse), sculpteur romain; IV, 235.

Benivieni (Antoine), un des *députés* chargés de l'examen du *Décaméron;* III, 59 note.

Benivieni (Jérôme), ami de Pic de la Mirandole, partisan de Savonarole. Son tombeau; III, 91 et 92.

Benoît da Matera, religieux du mont Cassin, miniateur; IV, 270 et 271.

Benoît da Montepulciano, sculpteur (xvie s.); IV, 269.

Benoît (S.), fondateur des ordres religieux de l'Occident; III, 410. — Ses traces, son tombeau au mont Cassin; 411 et suiv. IV, 230 et 231.

Benoît XI. Son mausolée; IV, 323.

Benoît XIV laisse ses livres à la bibliothéque de Bologne; II, 118. 119. 132. — Son tombeau; IV, 12. 52. 97. 150.

BENOÎT (S.-), église de Bologne; II, 135.

BENOÎT (église et monastère S.-), à Ferrare; II, 65.

BENOÎT (S.-) le vieux, église de Padoue; II, 27.

BENOÎT (théâtre S.-), à Venise; I, 464.

Bentivoglio (l'abbé), sous-préfet de l'Ambrosienne; I, 139. 302.

Bentivoglio (Françoise) assassine son mari. Chambre du meurtre; III, 236 et 237.

Bentivoglio (Hercule), satirique italien; II, 71.

BENTIVOGLIO (palais), à Bologne; II, 158.

Benvenuti (M.), peintre florentin; III, 88. 135 note. 200. IV, 270 note. 348.

Benvenuto da Imola (Benvenuto de' Rambaldi dit), élève de Boccace. Son commentaire du Dante, utile; III, 42 et 43.

Benvoglienti (Hubert). Sa note sur l'empoisonnement de l'empereur Henri VII dans une hostie; IV, 264.

Benzoni (M.**me** la comtesse), de Venise; I, 409.
Berceau du roi de Rome, à Parme; II, 226 et 227.
Beretta (M.), professeur à l'université de Pavie; I, 206.
Bergamasques du port franc de Gênes; V, 42 et 43.
BERGAME, ville; I, 229 et suiv. — Sa foire; *ibid.*
BERICO (mont), près Vicence; I, 339.
Berlinghieri (M. le commandeur D.); IV, 292.
Bernabei (Antoine) dit *della Casa*, peintre de l'école de Parme (XVI**e** s.); II, 215.
BERNARD (grand S.-), chemin pour les invasions de l'Italie; I, 80. — Couvent; 81 et suiv. — Séjour; *ibid.* — Chiens; 84. — Ruines; 85. — Réunion de la Société helvétique des Amis des Sciences naturelles à l'hospice; 85.
BERNARD (religieux du grand S.-); I, 53 et 54. — Statistique de leur charité; 82.
BERNARDIN (S.-), église de Sienne; IV, 280.
BERNARDIN (S.-), église de Vérone; I, 292.
Bernardin de Feltre (S.), récollet administrateur et philanthrope, premier instituteur des monts-de-piété; II, 219 et 220.
Bernardini, sculpteur (XVI**e** s.); III, 277.
BERNARDINI (palais), à Lucques; V, 31.
Bernin (le), sculpteur et architecte (XVII**e** s.); I, 217 et 218. 426. 441. II, 206. III, 432. 433. IV, 2. 3. 6 note. 7. 8. 9. 15. 73. 80. 84. — Sa statue de *Ste. Bibiane*; 97. 99. 106. — Son groupe de *Ste. Thérèse*; 109. 113. 116 et 117. 118. 130. 132 et 133. 146. 148. 150. 158. 159. 164. 169 et 170. 185. 186. 215. 230. 233. 268. V, 8. 13. 74.
Bernini (Pierre), sculpteur, le père du Bernin; IV, 215.
Bernis (cardinal de). Son mausolée; IV, 122.
Beroalde l'ancien. Son monument à l'église S.-Martin-Majeur de Bologne; II, 139.
Bertani (Jean-Baptiste), architecte et peintre de l'école de Mantoue (XVI**e** s.); II, 258. — Sa maison à Mantoue; 272. 274.
Berti (M.), peintre florentin; III, 131.
Bertoja (Jacques), peintre parmesan (XVI**e** s.); II, 229. 232. 299.
Bertozzi (François), sculpteur (XVIII**e** s.); II, 47.
BERZEZZI, hameau. Sa grotte; V, 76.
Besozzi (Ambroise), peintre de l'école milanaise (XVII**e** s.); I, 126.

Bessarion (le cardinal) visite la grande Isotte; I, 322. — Legs de ses manuscrits à la bibliothéque S.-Marc; 380 et suiv. 385. — Avait été gouverneur de Bologne; II, 119. — Son tombeau; IV, 104. — Supérieur du monastère de Grotta-Ferrata; 234.

Bêtes épiques de l'Italie; chameaux de la *Jérusalem*; porcs de l'*Odyssée*; III, 229 et 230.

Betti (Mlle Albina), de Florence, poète lyrique; III, 138.

Betti (M.), secrétaire de l'Académie de S.-Luc; IV, 144.

Bettinelli (l'abbé). Son opinion sur l'origine des habitans des *Sette Comuni*; I, 339. — Ses manuscrits à la bibliothéque de Mantoue; II, 254 et 255.

Bettio (M. l'abbé), élève et successeur de Morelli comme bibliothécaire de S.-Marc; I, 469.

Bettoni (M.). Son imprimerie et sa calcographie; II, 40.

Bevilacqua, peintre de l'école milanaise (xve s.); I, 112.

Bevilacqua (palais), à Bologne; II, 159 et 160.

Bevilacqua (palais), de Vérone; I, 307.

Bex. Ses salines; I, 49 et 50.

Beyle (M. H.) ou de *Stendhal*. Sa *Lettre à Mme Belloc* sur lord Byron; I, 164. 192. IV, 10.

Biagi (palais), à Bologne; II, 162 et 163.

Bianchi (palais), à Bologne; II, 162.

Bianchi (François), peintre de l'école milanaise (xviiie s.); I, 117. III, 113.

Bianchi (Frédéric), peintre de l'école milanaise (xviiie s.); I, 111. 112. 117. 118. 119. 121. 130. 131. 203.

Bianchi (Isidore), peintre de l'école milanaise (xviie s.); I, 127. 199.

Bianchini (François), de Vérone, regardé comme le premier lettré du xviiie siècle. Son monument; I, 288. IV, 111.

Bianco (Barthélemi), architecte lombard; V, 49.

Bibbiena (le cardinal), d'Arezzo; IV, 342 note.

Bibiane (Ste.-), église de Rome; IV, 97.

Bibiena (Antoine), architecte (xviiie s.); II, 166.

Bibiena (Jean-Marie Galli dit le vieux), peintre de l'école bolonaise (xviie s.); II, 156. 232.

Bible des ducs d'Urbin à la Vaticane; IV, 32. — De S. Paul à Ste. Calixte; 136.

TABLE ANALYTIQUE.

Bibliothèque Ambrosienne à Milan ; I, 139 et suiv.
Bibliothèque Angelica de Rome ; IV, 124.
Bibliothèque d'Arezzo; IV, 344.
Bibliothèque Barberini à Rome ; IV, 160 et suiv.
Bibliothèque de Bergame; I, 235.
Bibliothèque Berio à Gênes ; V, 60 et 61.
Bibliothèque Brancacciana à Naples ; III, 313.
Bibliothèque Brera à Milan ; I, 150.
Bibliothèque de Brescia ; I, 249.
Bibliothèque Corsini à Rome ; IV, 181.
Bibliothèque de Cortone ; IV, 336.
Bibliothèque de Ferrare; II, 72 et suiv.
Bibliothèque de Genève ; I, 14 et suiv.
Bibliothèque Ghigi à Rome ; IV, 146 et suiv.
Bibliothèque d'Imola; III, 236.
Bibliothèque de S. Jean Carbonara; III, 348 et 349.
Bibliothèque Laurentienne de Florence; III, 36 et suiv.
Bibliothèque de Lucques; V, 30.
Bibliothèque de la Minerve, dite Casanatense, à Rome ; IV, 119 et 120.
Bibliothèque Magnani de Bologne; II, 147 et 148.
Bibliothèque Malatestiana; III, 258 et 259.
Bibliothèque Maldotti de Guastalla; II, 244.
Bibliothèque de Mantoue; II, 253 et suiv.
Bibliothèque Marucelli de Florence; III, 56 et 57.
Bibliothèque de Modène, ancienne bibliothèque de la maison d'Este ; II, 181 et suiv.
Bibliothèque de Parme; II, 195 et suiv. — Mérite de ses bibliothécaires successifs ; 218.
Bibliothèque de Pérouse; IV, 331 et 332.
Bibliothèque de Pesaro; III, 271.
Bibliothèque de Ravenne; III, 245 et 246.
Bibliothèque de Sienne; IV, 295 et suiv.
Bibliothèque de Rimini; III, 263.
Bibliothèque de Vérone; I, 301 et 302.
Bibliothèque de Vicence; I, 332 et 333.
Bibliothèque de Volterre; IV, 301.
Bibliothèque des Philippins de Pistoie; V, 12.
Bibliothèque du chapitre de Padoue ; II, 6 et 7.
Bibliothèque du chapitre de Vérone; I, 302 et 303.

TABLE ANALYTIQUE. 149

Bibliothèque du collége Forteguerri de Pistoie; V, 16.
Bibliothèque du collége romain; IV, 76 et 77.
Bibliothèque du couvent de Ste.-Croix en Jérusalem à Rome ; IV, 96.
Bibliothèque du couvent de S.-Philippe de Neri à Naples ; III, 314.
Bibliothèque du couvent de S.-Philippe de Neri à Rome ; IV, 126.
Bibliothèque du ministère de l'intérieur à Naples ; III, 313 et 314.
Bibliothèque du monastère de la Trinité à la Cava ; III, 396.
Bibliothèque du mont Cassin; III, 414 et suiv.
Bibliothèque du palais ducal à Lucques ; V, 29.
Bibliothèque du palais Pitti; III, 150 et suiv.
Bibliothèque de Plaisance; II, 295.
Bibliothèque Riccardi de Florence; III, 50 et suiv.
Bibliothèque royale de Naples; III, 311 et suiv.
Bibliothèque S.-Marc à Venise ; I, 379 et suiv.
Bibliothèque Trivulzio à Milan ; I, 151 et suiv.
Bibliothèque du séminaire de Padoue; II, 35 et suiv.
Bibliothèque du séminaire de la Salute à Venise ; I, 428.
Bibliothèque de Bologne; II, 117 et suiv.
Bibliothèque de l'Université de Génes; V, 60.
Bibliothèque de l'Université à Naples ; III, 314.
Bibliothèque de l'Université de Padoue; II, 5 et 6.
Bibliothèque de l'Université de Pavie; I, 208.
Bibliothèque de l'Université de Turin; V, 93 et suiv.
Bibliothèque de la ville de Naples; III, 314.
Bibliothèque Vaticane; IV, 27 et suiv.
Bibliothèque italienne, Revue de Milan; IV, 144 note.
Bibliothèque de l'Université de Pise; III, 225.
Bidone (M.), professeur à l'Université de Turin ; V, 92.
Biduino, sculpteur lombard (XIIIe s.); V, 23.
Biffi (André), sculpteur milanais (XVIIe s.); I, 108.
Bigallo, hospice d'Enfans-Trouvés de Florence ; III, 80.
Bigari (Victor), peintre, architecte et sculpteur bolonais (XVIIIe s.); II, 132.
Bignan (M.); I, 401.
Bilivert (Jean), peintre de l'école florentine (XVI^r s.); III, 91. 109. 123. 219. 220.

Bindelli (Hippolyte), sculpteur véronais (xv° s.); II, 62.
Bini (le R. P.), procureur-général des Bénédictins; IV, 136.
Biondi (maison), de Mantoue; II, 270 et 271.
Biondi (M. le marquis), poète; IV, 144.
Biondo (Flavio), manuscrit non imprimé de son *Histoire générale*; II, 182.
BIRAGO DE BORGARO (palais), à Turin; V, 90.
Bissoni (Jean-Baptiste) de Padoue, peintre de l'école vénitienne (xvii° s.); II, 27 et 28. 30.
Blanseri (Victor), peintre piémontais (xviii° s.); V, 110.
Blasi (dom Salvator-Marie de), archiviste de la Cava; III, 395.
Blouet (M.), architecte français; IV, 203.
BOBOLI, jardin du palais Pitti à Florence; III, 153 et suiv.
Boccace (Jean); II, 22. — Première édition de sa *Théséide*, 82 et 83 et note. III, 6 note. — Ancienne copie du *Décaméron* à la bibliothèque Laurentienne de Florence, 39 et 40. 69. — Son *Décaméron* (1471) vendu 52,000 fr., 93 note, 113. 114. 126. — *Villa* de son nom, 177 et 178. — Son *Ninfale Fiesolano*, 180. 193 et 194. 197 note. — Son séjour, sa maison à Certaldo, 198 et suiv. 228. 254. 319. 335. 360. 406 et 407. 414 et 415. IV, 32. 108. 120 note, 263. 345.
Boccaccino (Boccaccio), peintre de l'école de Crémone (xv° s.); II, 286 et 287.
Boccaccino (Camille), peintre de l'école de Crémone (xvi° s.); II, 300.
Bodoni, imprimeur à Parme. — Son buste et son inscription à la cathédrale; II, 210. 220. — Son imprimerie, 230 et 231.
Boèce, son ancien tombeau à Saint-Pierre *in ciel d'oro*; I, 209 et suiv. — Sa tour, 212.
Boguet (M.), peintre français; V, 18.
Boileau-Despréaux, son inexactitude sur la *Faiblesse latine* appliquée à la tragédie, tandis qu'elle est reprochée à la comédie par Quintilien; III, 271 note.
Bojardo (le), son *Orlando innamorato* a produit le poème de l'Arioste; II, 78. — Érudit et docteur en philosophie et en droit, 184 et 185.
Boldrini (Nicolas), exécute en bois la caricature faite par le Titien, de la copie du *Laocoon* de Bandinelli; III, 21.
BOLOGNE, impression, distinction de cette ville; II, 111 et 112. 164.

Bologne (Jean), sculpteur flamand (xvi° s.); II, 117. — Sa Fontaine du *Géant* à Bologne, 155; III, 4 note. — Sa statue de *Côme I*^{er}, à Florence, 16. — Son *Enlèvement d'une Sabine*, 18 et 19. — Son *Mercure*, 21. 31. 88. 91. 97. 112. 125. 143. 154. — Sa maison à Florence, 158. 160. 170. 206. 278. IV, 260. V, 21. 60.

Bolzec, adversaire de Calvin, exilé; I, 11 note.

BOLSÈNE, ville; IV, 261 et 262.

Bomba (M.), médecin de Rome, professeur à la Sapience; IV, 189 et 190.

Bombasius (Thomas), de Ferrare, ami de Pétrarque, qui lui lègue le luth sur lequel il accompagnait ses vers; I, 281.

Bon (M.), auteur et acteur dramatique; I, 177.

Bon (Mme Luigia), actrice; I, 177.

Bonanno, de Pise, architecte, sculpteur et fondeur (xii° s.); III, 209.

Bonaparte. Sa lettre autographe à M. Barde, libraire de Genève; I, 28. — Sa littérature; 29 et suiv. — Son antipathie de Genève; 31 et 32. — Grave le mot *battaglia* sur un laurier de l'*Isola bella*; 76. — Renversé par son mulet au passage du grand S.-Bernard; 80 et 81. — Avait promis de composer l'épitaphe de Desaix; 83 et 84. 318. 326 et 327. — Sa lettre à Villetard; 460. II, 173. — N'aimait point Alfieri; II, 230 note. — Anecdote; *ibid*. 268. — Restitue au pape la statue de la *Madone* de l'église de Lorette; III, 279. IV, 214. V, 35.

Bonaparte (Napoléon-Louis), mort à Forli. Sa dissertation généalogique sur sa famille; V, 35 et 36 note.

Bonazza (Antoine), de Padoue, sculpteur (xviii° s.); II, 20. 28.

Bonechi (Matthieu), peintre de l'école florentine (xviii° s.); V, 6.

Bonfadio. Exagération de sa description du lac Garda; I, 269. — Sa maison à Colognola; 328 et 329. V, 45 et note. — Sa lettre au moment de mourir; 64 et note.

Boni (M.), académicien de la Crusca; III, 135.

Boniface VIII. Sa statue en bronze; II, 117. — Son tombeau; IV, 13. 205. 227.

Bonifazio, de Vérone, peintre de l'école vénitienne (xvi° s.). Ses *Marchands chassés du Temple*; I, 375. 395. 415. 434. 435. II, 32. III, 308.

Bonington, peintre anglais. Ses vues de Venise; I, 355.
Boninini (Mme); cantatrice; III, 163.
Bonjour (le P.), missionnaire français. Ses manuscrits à la bibliothéque *Angelica* de Rome; IV, 124.
Bonnard (M. Camille). Ses *Costumes des* xııı^e, xıv^e *et* xve *siècles, extraits des monumens les plus authentiques de peinture et de sculpture;* II, 43.
Bonnivard (François de), fondateur de la bibliothéque de Genève; I, 14 et 15. — Le véritable prisonnier de Chillon; *ibid.* — Son *Recueil historique;* 23. — Son cachot; 50.
Bonone (Charles), peintre de l'école ferraraise (xvı^e s.); II, 66. 67. — Son tombeau; 69. 70. 105. 141.
Bonsignore (M.), architecte de la cour de Sardaigne; V, 112.
Bontstesten (M.); I, 32. — Partisan de l'origine cimbrique des habitans des *Sette Comuni;* 339 et 340 note.
Bordone (Pâris), peintre de l'école vénitienne (xvı^e s.); I, 114. 394. — Son *Anneau de S. Marc;* 415 et 416. 425. 429. III, 30. 31. V, 50. 53 et 54.
Bordoni (M.), professeur à l'Université de Pavie; I, 206.
Borgani (François), peintre de l'école de Mantoue (xvıı^e s.); II, 252. 277.
Borghèse (Hippolyte), peintre napolitain (xvıı^e s.); III, 355.
Borghèse (palais), à Florence. Ses bals; III, 140.
Borghèse (palais), à Rome; IV, 167 et 168.
Borghèse (villa); IV, 214 et suiv. — Son nouveau musée; *ibid.*
Borghesi (M. Barthélemi), le premier savant de l'Italie; III, 261 note. 266. 273.
Borghi, sculpteur (xvıı^e s.); IV, 7.
Borghi (M. le chanoine), poète lyrique, traducteur de Pindare; III, 62.
Borghini (Vincent), un des *députés* chargés de l'examen du *Décaméron;* III, 59 note. V, 29.
Borgia (Lucrèce). Ses lettres et une boucle de ses cheveux adressées à Bembo, et conservées à l'Ambrosienne; I, 143 et suiv. — Son tombeau mis à tort au *Corpus Domini* de Ferrare; II, 71 et 72.
Borgnis (M.), professeur à l'Université de Pavie; I, 206.
Borgognone (Ambroise), peintre de l'école milanaise (xvı^e s.); I, 119. 126. 127.
Borromée (S. Charles). Son colosse à Arône; I, 79. — Son tom-

beau; 106 et 107. — Crucifix porté par lui dans la peste de 1576; *ibid*. — Tombeau de son père; 129. — Censeur dramatique; 146. — Commande la fontaine du *Géant* de Bologne; II, 155. — Sa réflexion peu sensée sur les travaux de Caprarola, et répartie qu'elle lui attire; IV, 247.

Borromée (le cardinal Frédéric). Non moins digne de mémoire que le saint; I, 107. — Son tombeau; *ibid*. 112. — Fondateur de l'Ambrosienne, 146. — Interdit la formation du catalogue; *ibid*.

Borromées (îles). Description; I, 75 et 76.

Borromini (François), architecte (xviie s.); IV, 7. 90. — Son église de *S.-Charles aux quatre Fontaines;* 106. 113. 128. 170. 185. 188 et 189. V, 8.

Borson (feu), professeur à l'Université de Turin; V, 92.

Boschi (Fabrice), peintre de l'école florentine (xvie s.); III, 121.

Boschi (François), peintre de l'école florentine (xvie s.); III, 121.

Bosco (abbaye *del*); V, 84 et 85.

Boscoli (André), peintre de l'école florentine (xvie s.); III, 221 et 222.

Boscoli (Paul), conspirateur contre les Médicis; III, 168 note.

Boscoli, de Fiesole, sculpteur (xve s.); III, 118.

Bosio (M.), sculpteur; V, 100.

Bossey, village près Genève, séjour de l'enfance de Rousseau; I, 40. — Son célèbre noyer abattu et à vendre; *ibid*.

Bossi (palais), de Milan; I, 103.

Bossi (Joseph), peintre et écrivain. Sa copie à l'huile du *Cénacle;* I, 130. — Son monument, 150. — Son opinion sur la statue colossale de Pompée à Castellazzo; 194. — Sa collection de dessins originaux des anciennes écoles; 417 et 418.

Bossi (L.), traducteur de la *Vie et du Pontificat de Léon X*, de Roscoe; I, 303 et 304. 306 et 307. 315. II, 55. 60. 111. III, 185 note. 344 note. IV, 6 note. V, 47 note.

Bossons (glacier des); I, 43.

Bossuet. La maison où il est né à Dijon; I, 2. — Son trait sur S. Thomas de Cantorbéry; 296. 402. III, 250. V, 89.

Botta (M. Charles). Son *Histoire d'Italie;* I, 385. 460. II, 300.

Bottari, préfet de la Vaticane. Son tombeau; IV, 134.

Botticelli (Sandro), orfévre (xve s.); III, 80.

Boucheron (M.), professeur à l'Université de Turin ; V, 92.
Boulevards de Lucques; V, 31.
Bourbon (le connétable de). Son armure à la Vaticane ; IV, 29. 30 note. — Son épée au musée du P. Kircher ; 77 et 78.
Bourbon (la duchesse Antonia de), ursuline, peintre à Parme ; II, 299 et 300.
Bourdin (dom), Francomtois et non Normand. Sa réponse au gouverneur espagnol de Domo-d'Ossola ; I, 74.
Bourguignon (le), peintre de l'école romaine (xvıı^e s.); III, 149. IV, 79. 186.
Bourrienne (M. de). Ses *Mémoires;* I, 30 note. 81 note. V, 84 note.
Bourse d'Ancône; III, 275 et 276.
Boutiques à Pompéi et chez les anciens; III, 387 et 388.
BRACCIANO (villa), autrefois Montalto à Frascati ; IV, 233.
BRACCIO-FORTE (monument); III, 245.
Braccio-Fortebracci, seigneur de Pérouse. Inconvenante exhibition de ses os à la sacristie de l'église S.-François ; IV, 325. 326. 333.
Bracciolini (François), poète de Pistoie ; V, 17. — Son poëme en XXIII CHANTS sur l'élection d'Urbain VIII ; 18.
BRACCIOLINI (maison), à Pistoie ; V, 17.
BRACCIOLINI *dal Api* (maison), à Pistoie ; V, 18.
Bragadino, général vénitien écorché vif par les Turcs. Mausolée de sa peau ; I, 449.
Bramante, architecte (xve s.); I, 112. 114. 116. 117. 122. 127. 214. 217. II, 155. III, 259. 279. IV, 2. 7. 15. 50. 127. — Son petit temple de *S. Pierre in Montorio;* 138. 183. 253. 276. 335.
Bramantino, architecte milanais (xve s.); I, 122.
Bramantino (Barthélemi Soardi, dit le), peintre de l'école milanaise (xvı^e s.); I, 233.
Brambilla (François), sculpteur milanais (xvı^e s.); I, 105. 106. 107. 108. 109. 203.
Brambilla (Jean-Baptiste), peintre piémontais (xvııı^e s.); V, 109.
Brandi (Hyacinthe), peintre de l'école romaine (xvıı^e s.); I, 120.
Brantôme; III, 341 note. 342. 365 note. 425.
BRASCHI (palais), à Rome ; IV, 172.
Brea (Louis), peintre de l'école génoise (xve s.); V, 68.

Brennus. Sa prétendue statue à Reggio ; II , 194 et 195.
BRENTA (la). Ses bords ; II , 1.
Brentana (Simon), peintre de l'école vénitienne (XVIIe s.) ; I, 257. 293. 296.
BRENZONI, mausolée ; I, 294.
BRERA (palais de), à Milan ; I , 104.
Brera (Louis), académicien de Padoue ; II, 8.
Bresca (famille). Origine du privilége de cette famille de fournir de palmes les églises de Rome le jour des Rameaux ; V, 78 et 79.
BRESCIA, ville ; I , 239 et suiv. — Symptômes anciens d'hérésie à Brescia ; 248.
Brescianino (André *del*), peintre de l'école de Sienne (XVIe s.) ; IV, 275. 294.
Brescianino (Giovite Bresciano, dit le), de Brescia, peintre (XVIe s.) ; I , 258.
Brienne. Ses *Mémoires;* I , 3.
Brigands; III , 282 et 283.
Brighenti (M. Maurice), ingénieur-architecte distingué de la légation de Forli ; III , 261 note.
BRIGITTE (Ste.-), église de Naples ; III , 343.
BRIGNOLE (conservatoire), à Gênes ; V, 70.
BRIGNOLE-Rosso (palais), à Gênes ; V, 50 et suiv.
Bril (Paul), peintre de l'école hollandaise (XVIe s.) ; III , 307.
Briolotto , sculpteur véronais (XIe s.). Sa Roue de la Fortune ; I , 285.
Brizzio (François), peintre de l'école bolonaise (XVIe s.) ; II, 129. 163.
Brongniart (M. Alex.) ; I , 331 note. III , 237.
Bronzes du musée de Naples ; III , 302.
Bronzino (Ange-Allori, le premier), peintre de l'école florentine (XVIe s) ; III , 35. 85. 97.
Bronzino (Alexandre-Allori, le second), peintre de l'école florentine (XVIe s.) ; I , 238. III , 25. 89. 91. 97. 98. 111. 117. 126. 131. 132. 222. IV, 51. V, 15. 21.
Bronzino (Christophe-Allori, le troisième), peintre de l'école florentine (XVIe s.) ; III , 148. 218 note. V, 6. 13. 15.
Brosses (le président de). Son projet de restauration du Colysée ; IV, 52.
Broughton (André). Son tombeau à la cathédrale de Vevey ; I , 55.

Brugnatelli (M.), professeur de l'Université de Pavie ; I, 206.
Brugnoli (Bernard), architecte, neveu de San-Micheli ; I, 300.
Brunacci (le P. François di Barone), peintre; IV, 323.
Brunelleschi (Philippe), grand architecte et sculpteur florentin (xve s.); III, 22. — Sa coupole de la cathédrale de Florence; 65 et suiv. — Son tombeau; 68. 76 et 77. 81. 83. 109. 110. — Son Crucifix; 116 et 117. 122 et 123. 125. 145. 178. V, 6.
Brunet (M.), auteur du *Manuel du Libraire;* I, 333. II, 35. 82. 185. 231 note.
Bruni (Léonard), d'Arezzo. Son libelle contre son ami Nicolas Niccoli; III, 43. — Son tombeau ; 106 et 107. IV, 342 note.
Brusasorci (Dominique-Riccio, dit le), peintre de l'école vénitienne (xvie s.); I, 292. 295. 298. 299. 300. — Sa *Cavalcade de Clément VII et de Charles-Quint;* 307. II, 11. 257. 258. 262.
Brusasorci (Félix-Riccio, dit le), de Vérone, peintre de l'école vénitienne (xvie s.); I, 238. 290. — Sa *Ste. Hélène;* 291. 296. 300. 301.
Bruschi (M. le docteur), professeur à l'Université de Pérouse; IV, 328.
Bruyère (la). Son passage sur la consultation littéraire; II, 74. III, 139. — Son passage sur l'incertitude religieuse par le rapprochement des divers cultes ; 234.
Bucentaure. Sa chanson d'hymen avec l'Adriatique inintelligible; I, 462.
Buffalmacco (Buonamico di Cristofano), peintre de l'école florentine (xive s.); III, 211. 214.
BUFFALORA, bourg; I, 99.
Buffon; I, 84. — Son erreur au sujet des buffles, inconnus des anciens; IV, 241, 296.
Bugiano, sculpteur (xve s.); III, 68.
Bugiardini, sculpteur (xviie s.). Sa mort; III, 130 et 131.
Bugiardini (Julien), peintre de l'école florentine (xvie s.); III, 115.
BULICAME, petit lac près Viterbe; IV, 254.
Buonamici (Augustin-Tassi, dit), peintre de l'école romaine (xvie s.); III, 112.
Buonamici (Castruccio), de Lucques, bon historien. Son tombeau; V, 26 et 27.

Buonamico (Lazare), professeur à Padoue. Son monument ; II, 33.
Buonaparte (Louis-Marie-Fortuné), chef de la famille de Napoléon, établie en Corse; V, 35.
Buonaparte Ghisilieri (le bienheureux). Ses os sur un autel à Bologne; II, 152 et 153.
Buonarotti (Michel-Ange) le jeune, auteur de la *Fiera*, fait exécuter la galerie de la maison de Michel-Ange, son oncle ; III, 157.
Buonarotti (M. le cav. Côme). Occupe encore la maison de Michel-Ange ; III, 157.
Buonarotti (le sénateur), antiquaire. Ses manuscrits à la bibliothèque Marucelli de Florence; III, 57. — Son tombeau; 105.
BUONCONVENTO, château; IV, 264.
Buono (maître). Plusieurs artistes de ce nom à Venise et à Pistoie ; I, 438. III, 209.
BUONSIGNORI (palais), à Sienne; IV, 289.
Buontalenti (Bernard), architecte florentin (xvie s.); III, 31. 67. note. 122. 153. 154. 164. 186.
Burato, peintre; I, 287.
Buratti (feu Pierre), poète satirique vénitien ; I, 465.
Burattini, marionnettes de Rome; IV, 192 et 193.
Burgondio (Jean), juge, théologien et savant de Pise. Son tombeau; III, 222.
Burlington (lord), architecte, admirateur et imitateur de Palladio; I, 337.
Busca (Antoine), peintre de l'école milanaise (xviie s.); I, 132. 203.
Buschetto, architecte du dôme de Pise, Italien et non Grec (xie s.); III, 205.
Bussière (M. le baron Th. Renouard de). Ses *Lettres sur l'Orient*; II, 55 note.
Bussola (Denis), sculpteur ; I, 204.
Butinone (Bernard), peintre de l'école milanaise (xve s.); I, 112.
Buttafogo (Antoine), peintre; II, 20.
Butteri (Jean-Marie), peintre de l'école florentine (xvie s.); V, 10.
Byron (lord). Son inadvertance sur le véritable *Prisonnier de Chillon*; I, 50. — Son enthousiasme pour l'*Agar*, du Guer-

chin; 163 et 164. — Son impression à la vue du *Damné*, de Crespi; 192. 369 et 370. — Son séjour à Venise; 400 et 401. 404. 406. 444. 453. — Voulait être enterré au *Lido*; 473. — Ses études d'arménien; 474. II, 78. 80. 93. 112. 120 note. — Indifférent à la peinture, 159. 226. 254 et 255. IV, 312. — Son séjour à Gênes, et son départ pour la Grèce; V, 58 et 59.

C.

Cabinet archéologique de Pérouse; IV, 329 et 330.
Cabinets des objets réservés; III, 303. — De leur création; IV, 49 et 50.
Caccavello (Annibal), sculpteur napolitain (xvie s.); III, 348.
Cacciatore (Charles), sculpteur (xviie s.); V, 68.
Cacciatori (M.), sculpteur; I, 167.
Caccioli (Jean-Baptiste), da Budrio, peintre de l'école bolonaise (xviie s.); II, 216.
Caciali (M. Joseph), architecte; III, 175.
Cadastre inventé à Venise et non à Florence; I, 459.
CADENABBIA, sur le lac de Côme; I, 225.
Cafés de Rome; IV, 144 et 145.
Cages de fer (supplice des), prouvé par divers exemples; I, 218 et 219. II, 268. 296.
Cagnola (M. le marquis), architecte milanais; I, 126.
Cairo (le Cav.), peintre de l'école milanaise (xviie s.); I, 110. 116. 127. 129. 132.
Caisses d'épargnes, à Milan; I, 160. — A Florence; III, 7.
Calabrese (Mathias-Preti, dit le), peintre de l'école napolitaine (xviie s.); III, 306. 329. 335. IV, 268. V, 6.
Calcagni (Antoine), sculpteur (xvie s.). Sa statue de Sixte-Quint, à Lorette; III, 277.
Calcagnini (Celio), astronome lettré du xvie siècle. Son tombeau à la bibliothéque du couvent de S.-Dominique de Ferrare, à laquelle il avait légué ses livres et ses instrumens; II, 66. 105.
Calceolari (François), botaniste. Son tombeau; I, 294.
Caldani (Léopold), académicien de Padoue; II, 8.
Calderari, bon architecte vicentin du dernier siècle, restaurateur de l'art; I, 335.
Calderoni (Anselme), un des concurrens au prix du poëme sur

TABLE ANALYTIQUE. 159

la Véritable Amitié, décerné à la cathédrale de Florence; III, 45 et 46.

Calendario (Philippe), architecte du Palais-Ducal de Venise, pendu comme complice de Faliero (xive s.); I, 369 et 370.

Calendrier paschal de Ravenne, monument astronomique; III, 239.

Calepin. Mise au net de son dictionnaire; I, 154.

Caliari (Benoît), peintre, frère de Paul Véronèse; I, 470.

Caliari (Carletto), peintre, fils de Paul Véronèse; I, 372 et 373. 394. II, 47.

Caligarino (Gabriel Capellini, dit le), peintre de l'école ferraraise (xvie s.); I, 232 et 233.

CALIMERE (S.-), église de Milan; I, 113.

Caliste di Paolo, sculpteur siennois; IV, 169.

CALIXTE (S.-), couvent de Bénédictins, à Rome; IV, 136.

Callani (Gaetan), sculpteur parmesan; II, 214.

Callot, peintre et graveur (xviie s.); III, 32. IV, 180.

Calvart (Denis), d'Anvers, dit le *Fiammingo*, peintre de l'école bolonaise (xvie s.); II, 129. 135. 141. 146. 149. 150. 171.

Calvin. Salle où il avait rassemblé ses premiers disciples; I, 11. — Ses *Lettres* à la bibliothèque de Genève; 20 et 21. — Ses sermons; 21. — Mémoire d'apothicaire d'une de ses maladies; 27. — Colonne en mémoire de sa fuite de la cité d'Aoste; 87. — Caché à Ferrare, près de la duchesse Renée; II, 58 et 59.

Calvo (docteur), poète piémontais; V, 107.

CAMALDULES, couvent près Naples; III, 367 et 368.

Camassei (André), peintre de l'école romaine (xviie s.); IV, 113.

Cambiaso (Luc), peintre de l'école génoise (xvie s); III, 25 et 26. V, 54. 58. 68.

CAMBIO, ancienne bourse de Pérouse. Ses peintures; IV, 327.

Camelio (Victor), sculpteur et fondeur vénitien, contrefacteur de médailles antiques (xvie s.); I, 390. 416.

Camille, peintre (xviie s.); IV, 300.

CAMOLLIA, porte à Sienne; IV, 291.

Campagna (Jérôme), de Vérone, sculpteur (xvie s.); I, 372. 373. 422. 424. 426. 431. 438 et 439. 440. 448. 452. 454. 462. II, 13. 16. 129.

Campagnola (André), de Padoue, habile sculpteur, peu connu, II, 30.
Campagnola (Dominique), peintre de l'école vénitienne (xvi s.); II, 6. 11. 20. 28. 40. 47. III, 31.
CAMPANILE du dôme de Florence; III, 73 et 74.
CAMPANILE, ou tour penchée de Pise; III, 209 et 210.
Campello (frère Philippe), architecte (xiii{::}e s.); IV, 315.
Campi (Antoine), peintre de l'école de Crémone (xvi{::}e s.); I, 111. 112. 114. 115. 122. II, 289.
Campi (Bernardin), peintre de l'école de Crémone (xvi{::}e s.); I, 115. 116. 132. 133. 203. 215. 288. 291.
Campi (Galeazzo), peintre de l'école de Crémone (xvi{::}e s.); II, 288.
Campi (Jules), peintre de l'école de Crémone (xvi{::}e s.); I, 115. 246 et 247. — Son tombeau; II, 287. 288. 289. 291.
Campi (frères), peintres de l'école de Crémone (xvi{::}e s.); I, 110.
Campi (frère da Ristoro), architecte florentin (xiii{::}e s.); III, 115.
Campi (Paul), sculpteur; IV, 128.
CAMPI, château; V, 1.
CAMPO (place *del*), à Sienne; IV, 283 et 284.
CAMPO-SANTO de Bologne; II, 177 et 178.
CAMPO-SANTO de Brescia; I, 263 et 264.
CAMPO-SANTO de Cesène; III, 259.
CAMPO-SANTO de Ferrare; II, 104 et 105.
CAMPO-SANTO de Parme; II, 240 et 241.
CAMPO-SANTO de Pise; III, 210 et suiv.
CAMPUS REDICULI, près Rome; IV, 203.
CAMPUS SCELERATUS, lieu où les vestales étaient enterrées vivantes; IV, 199.
Camuccini (M. le chevalier), peintre romain, II, 298. III, 239. IV, 59. 73. 80. 152 et 153.
Canaletto. Ses vues de Venise; I, 355.
Canali (M. le professeur), recteur de l'Université de Pérouse; IV, 329. 331.
Cancellieri (l'ab.). Sa *Storia dei solenni possessi dei sommi pontifici;* IV, 9, note. — Ses dimanches, 92 et 93.
CANCELLIERI (maison), à Pistoie; V, 17 et 18.
Candolle (M. de), de Genève; I, 33.
Cane (Charles), di Trino, peintre de l'école milanaise (xvii{::}e s.); I, 113.

Can grande della Scala, souverain de Vérone. Sa cour, asile des poètes et écrivains proscrits ; I, 275 et 276.

CANINO. Importance de ses nouvelles fouilles ; IV, 255.

Canneri (Anselme), de Vérone, peintre de l'école vénitienne (xvie s.) ; I, 298.

Canon très ancien à l'arsenal de Gênes ; V, 46.

Canonica (M.), architecte, auteur de l'*Arena*, du théâtre philodramatique de Milan ; I, 182.

Canonici-Fachini (Mme Ginevra), de Ferrare. Son *Prospetto biografico delle donne italiane rinomate in letteratura* ; I, 322, note.

Canossa (Louis), évêque de Bayeux, diplomate. Son palais ; 306 et 307.

CANOSSA (palais), de Vérone ; I, 306.

Canova (Antoine), sculpteur ; I, 150. 261. 336. — Son église et son tombeau à Possagno ; 349. 350. 351. 353. 360 et 361. 402. 403. 406. 407. — Son *Hébé* ; 408. 416. — Sa main, son ciseau, 417. 435. — Son monument aux *Frari* ; 436 et 437. 463 et 464. II, 24. 44 et 45. 206. 207. 214. 262. 300. III, 30. 104. — Sa *Vénus*, 147 et 148. 245. 266. 292. 299. 302. 305. IV, 3, note. 7. 10. — Son monument *Rezzonico*, 12. 38. — Son *Persée*, 39. — Ses *Athlètes*, 40. 41. 68. 83. 89. 103. — Son mausolée de Clément XIV ; *ibid.* — Son groupe d'*Hercule et de Lycas* ; 153. 205. 214. 259.

Canozio (Laurent), de Lendinara, peintre, sculpteur (xve s.) ; II, 18.

Canozio (Christophe), de Lendinara, sculpteur en marqueterie ; II, 18.

Cantarini (Simon), ou Simon de Pesaro, peintre de l'école bolonaise (xviie s.) ; III, 273.

Cantelmi, poète mantouan. Son tombeau ; II, 260.

Canti (Jean), peintre de l'école de Mantoue (xviie s.) ; II, 264.

Cantone (Simon), architecte génois (xviiie s.), V, 47.

Cantù (M.), professeur à l'université de Turin, V, 92.

Canuti (Dominique), peintre de l'école bolonaise (xviie s.) ; II, 176. 177. 257.

CANZIANO (S.-), église de Padoue ; II, 24 et 25.

Capanna (Puccio), peintre de l'école romaine (xive s.) ; IV, 318. V, 15.

Capanna (Jean-Baptiste di Jacomo *del*), peintre ; IV, 289.

Capasso, traducteur en dialecte napolitain des premiers livres de l'*Iliade*; III, 354.

Capece-Latro (Mᵍʳ.), ancien archevêque de Tarente ; III, 296 et 297.

Capei (M.), littérateur ; III, 61.

Capello (Bianca). Le Tasse lui adresse son dialogue *il Rangone*; II, 99. — Il célèbre sa retraite à Pratolino ; III, 2. — Son portrait, par Montaigne ; 3, note. — Son premier époux, 126. 183.

Capello (Charles), ambassadeur de Venise à Florence. Épitaphe de son cheval ; III, 169.

CAPERNO, coteau. Son écho ; IV, 308.

Capilupi (Lelio), de Mantoue, faiseur de centons. Son tombeau ; II, 261.

CAPITOLE ; IV, 60 et suiv. — Sa Tour ; 62.

Capodilista (famille), de Padoue. Sa jolie devise française ; II, 15. — Maison ; 46.

CAPO DI MONTE, près Naples. Son palais ; III, 361.

Caponeri (M. Gaëtan), peintre actuel de Bologne ; II, 136.

Caposele (M. le prince). Sa Lettre à Mᵐᵉ Brun, sur les antiquités cicéroniennes de sa villa ; III, 426. 427 note.

CAPOUE, ville ; III, 423 et 424.

Cappellino (Jean-Dominique), peintre de l'école génoise (XVIIᵉ s.) ; V, 67.

Capponi (Augustin), conspirateur contre les Médicis ; III, 168 note.

Capponi (M. le marquis) ; III, 136.

CAPPONI (palais), à Florence ; III, 136.

Cappuccino (Bernard-Strozzi, dit le), peintre de l'école génoise (XVIIᵉ s.) ; I, 253. 431. 434. 440. V, 48. 51.

Cappurino (MM.), de Turin. Fabriquent un beau papier avec l'écorce de quelques arbres ; I, 16 et 17 note.

CAPRA (casin), près Vicence ; I, 337.

CAPRAROLA, château ; IV, 245 et suiv.

CAPRÉE, île ; III, 403 et suiv.

CAPUANA (porte), à Naples ; III, 327.

CAPUANA (la), villa abandonnée ; I, 223.

Capucin de Sion. Effet de sa rencontre ; I, 42 et 69.

CAPUCINES, petite église de Ferrare, parfumée de fleurs ; II, 69 et 70.

CAPUCINES (nouvelles), ancienne N.-D. des Anges, église de Parme; II, 215.

Capucins. Inconséquence de l'auteur à leur sujet; I, 70 et 71. III, 267.

CAPUCINS, église de Césène : III, 259.

CAPUCINS (couvent de), près Faenza; III, 237.

CAPUCINS de Fiesole; III, 181.

CAPUCINS, église de Parme; II, 218.

CAPUCINS (église des), à Rome; IV, 112 et 113.

CAPUCINS (église des), près Turin; V, 111.

Caracciolo (Jean-Baptiste, dit *Batistiello*), peintre napolitain (XVII° s.); III, 324.

Caracciolo (Mme Marie-Raphale), traducteur de Fénelon et de divers écrivains anglais; III, 297.

Caradosso (Foppa), sculpteur et graveur milanais (XVI° s.); I, 108. 117.

Caraffa (cardinal). Inscription sur son tombeau à Salerne; III, 398.

Caraffa (le cardinal Hector). Son mausolée païen; III, 330.

Caravage (Amerighi, dit Michel-Ange de), peintre de l'école romaine (XVI° s.); III, 32 et 33. — Sa *Déposition de croix*; IV, 47 et 48. 69. 73. 121. 123. 138. 146. 151. 152. 159. 180. 185. V, 48. 51.

Caravage (Polydore Caldara, *ou* Polydore de), peintre de l'école romaine (XVI° s.); III, 30. IV, 26.

Caravaggio et le *Caravaggino* (Jean-Baptiste Secchi, dit le), peintre de l'école milanaise (XVII° s.); I, 112. 131.

Caravoglia (Barthélemi), peintre piémontais (XVII° s.); V, 109.

Carbone (Bernard), peintre de l'école génoise (XVII° s.); V, 65.

Carburi (Marc), académicien de Padoue; II, 8.

Cardan. Ses *Confessions*. Faillit à faire naufrage sur le lac Garda; I, 269 et 270.

CAREGA (palais), à Gênes; V, 53.

CAREGGI, villa près Florence; III, 183 et suiv.

Carelli (feu), secrétaire de l'académie d'Herculanum; III, 298.

Cariani (Jean), de Bergame, peintre de l'école vénitienne (XVI° s.); I, 231.

CARIGNAN (palais), à Turin; V, 90.

CARIGNAN (pont), à Gênes; V, 66 et 67.

CARIGNAN (salle), à Turin, V, 106.
Carletti (l'abbé). Son poëme en patois romain, l'*Incendio di Tor di Nona*; IV, 160 note.
Carletti (Laurent), peintre; III, 131.
Carlini (M.), mathématicien; V, 92.
Carlini (M. Louis) jeune, artiste de Rimini; III, 261 note.
CARLINO (théâtre San), à Naples; III, 317 et 318.
CARLO-FELICE, théâtre nouveau à Gênes; V, 62.
Carlone (André), peintre de l'école génoise (XVIIe s.); V, 60. 65.
Carlone (Jean-Baptiste), peintre de l'école génoise (XVIIe s.); V, 65.
Carlone (Thadée), peintre de l'école génoise (XVIIe s.); V, 53. 64.
Carloni (frères), peintres de l'école génoise (XVIIe s.); I, 116. V, 65.
Carmagnola (le comte): Monument relatif à sa conspiration. Sujet d'une tragédie de M. Manzoni; I, 439.
CARMES, église de Padoue; II, 27 et 28.
Carmignani (M.), professeur à l'université de Pise; III, 224.
CARMINE, église de Brescia; I, 257 et 258.
CARMINE, église de Florence; III, 127 et 128.
CARMINE, église de Lucques; V, 27.
CARMINE, église de Pavie; I, 214.
CARMINE, église de Pistoie; V, 11.
CARMINE, église de Sienne; IV, 274.
Carniani-Malvezzi (Mme), de Florence, traducteur de Cicéron, de Pope, poète épique; III, 138.
Caro (Annibal), ses vers sur les fresques de Masaccio au Carmine; III, 127 note. — Son tombeau. IV, 140. — Sa condition auprès du cardinal Farnèse, 246 note. — Passage d'une de ses lettres sur la *Frateria*, 320.
Carpi, peintre de l'école ferraraise (XVIe s.); II, 68.
Carpi (M.), professeur à la Sapience; IV, 190.
Carpi (Jérôme de), architecte et peintre de l'école bolonaise (XVIe s.); II, 104. 139.
Carpaccio (Victor), peintre de l'école vénitienne (XVIe s.); I, 415. 422. 425. 444. II, 11.
Carotto (Jean-François) de Vérone, peintre de l'école vénitienne (XVe s.); I, 289. 292. 295. 297. 299. 300.
Carpioni (Jules), peintre de l'école vénitienne (XVIIe s.); I, 332. 338.

Carrache (Annibal), peintre de l'école bolonaise (xvi° s.); I, 116. 236. — Sa *Vierge dans une gloire et d'autres saints en bas;* II, 123. 140. 151. 156 et 157. 169. 180. 204. 207. 218. 228. 262 et 263. III, 25. 28 et 29. 279 et 280. 308. 310. IV, 69. 71. 73. 84 et 85. 128. 152. — Sa *Galerie Farnèse*, 184 et 185. 234. 235. 310 et 311. V, 29. 30. 55.
Carrache (Augustin), peintre de l'école bolonaise (xvi° s.); I, 236. 405. II, 58. 122 et 123. 135. 156 et 157. 204. — Son tombeau, 209 et 210. III, 28 et 29. 309. IV, 69. 146. 184 et 185. V, 28 et 29.
Carrache (Louis), peintre de l'école bolonaise (xvi° s.); II, 122. 133. 134. 135? 136. 137 et 138. 139. 140. 141. 142. 145. 146. 147. 149. 152. 157. 158. 175. 177. 180. 204. 207. 262 et 263. 296. III, 28 et 29. 247. 308. IV, 71. V, 28. 51.
Carrache (Paul), peintre de l'école bolonaise (xvi° s.); II, 175. III, 28 et 29.
CARRAIA (pont *alla*) à Florence; III, 171.
Carrara (le comte Jacques) de Bergame, fondateur de l'école de peinture et d'architecture qui porte son nom; I, 235.
CARRARE, ses carrières de marbre; V, 33 et suiv.
Carroccio, char sacré, arche d'alliance des républiques italiennes du moyen âge; I, 241. IV, 271 et 272.
Casa (Jean *della*), ses manuscrits à la *Barberiana*; IV, 161.
Casanova, prisonnier des *Plombs*, fenêtre par laquelle il s'évada, I, 390.
Casarini (M. Louis), son projet de mettre Venise en terre ferme; I, 357 et 358.
CASCATELLES DE TIVOLI; IV, 222.
CASCINES, promenade près Florence; III, 177.
Casella, l'ami, le maître de musique du Dante; I, 281.
CASERTE, palais, jardins, aqueduc; III, 408 et 409.
Casimir (Mme), cantatrice; I, 173.
Casino, littéraire de Côme; I, 218.
Casolani (Alexandre), peintre de l'école de Sienne (xvi° s.); I, 203. IV, 274. 275. 277. 282.
Cassan (M. Armand), traducteur français des *Lettres de Marc-Aurèle et de Fronton;* I, 143 note.
Cassana (Jean-François), peintre de l'école génoise (xvii° s.); II, 41.

166   TABLE ANALYTIQUE.

Cassana (Augustin) fils du précédent, peintre d'animaux; II, 41.
Cassandrino, personnage principal des *Burattini* de Rome; IV, 193.
Cassi (le comté), traducteur de la *Pharsale*; III, 269. 270.
Castagno (André *del*), peintre-assassin, de l'école florentine (xv° s.); III, 133. 307.
Castaldi (cardinal). Trait de sa vanité et de son mauvais goût en architecture; II, 131 note.
CASTEL-FRANCO, bourg; I, 352 et 353.
CASTEL-DI-SANGRO, ville; III, 286.
CASTEL-FUSANO, casin près d'Ostie; IV, 149. 239 et suiv.
CASTEL-GANDOLFO, bourg; III, 433.
CASTELLACCIO ou CASTEL-D'ASSO (vallée de), près Viterbe. Ses tombeaux étrusques; IV, 254.
CASTELLAMARE, ville; III, 405 et 406.
CASTELLAZZO, château près Milan. Ses bas-reliefs du Bambaja; I, 193.
Castelli (Benoît). Ses manuscrits à la *Barberiana*; IV, 161.
Castelli (François), sculpteur; I, 372.
Castelli (Valerio), peintre de l'école génoise (xvII° s.); V, 39.
Castello (Bernard), peintre de l'école génoise (xvI° s.); V, 67. 68.
Castello (Jean-Baptiste), le Bergamasque, peintre de l'école génoise (xvI° s.); I, 233. V, 53. 67.
CASTELLO, palais près Florence; III, 186.
CASTEL-NUOVO (le), à Naples; III, 294.
Castiglione (le comte Balthasar), auteur du *Cortegiano*; II, 112 et note. 249. — Son ancienne maison à Mantoue; 272. — Son mausolée et celui de son épouse; 279 et suiv. — Sur le *Cortegiano*; 281 et suiv. III, 86 note. 138. 255. 269. IV, 30 note. 42. 135. 236 et 237 note. 319 et 320. — Ses Lettres inédites aux archives de Turin; V, 93 note.
CASTIGLIONE, ville; IV, 340 et 341.
Castiglioni (M. le comte); I, 340 note.
Castor et *Pollux*, colosses de la place Montecavallo, à Rome; IV, 155.
CASTRENSE (amphithéâtre), à Rome; IV, 194.
Castruccio Castracani, souverain de Lucques; V, 23. — Son tombeau; 26. 36.
Casuccini (M.), de Chiusi. Son musée; IV, 339.

CATACOMBES DE S.-JANVIER, à Naples; III, 362 et 363.
CATACOMBES S.-SÉBASTIEN, à Rome; IV, 129 et 130.
CATAIO, château près Padoue; II, 49.
CATHÉDRALE D'AMALFI; III, 407.
CATHÉDRALE D'ANCÔNE; III, 275.
CATHÉDRALE D'AREZZO; IV, 345 et suiv.
CATHÉDRALE D'ASTI; V, 86.
CATHÉDRALE DE BOLOGNE; II, 132.
CATHÉDRALE DE CAPOUE; III, 424.
CATHÉDRALE DE CHIUSI; IV, 339 et 340.
CATHÉDRALE DE CÔME; I, 216 et 217.
CATHÉDRALE DE CORTONE; IV, 336 et 337.
CATHÉDRALE DE CRÉMONE; II, 286 et 287.
CATHÉDRALE DE FAENZA; III, 237.
CATHÉDRALE DE FERRARE; II, 60 et suiv.
CATHÉDRALE DE FIESOLE; III, 180 et 181.
CATHÉDRALE DE FLORENCE. Prix de vers qui lui est décerné; III, 45 et 46. — Description; 64 et suiv.
CATHÉDRALE DE FOLIGNO; IV, 312.
CATHÉDRALE DE FORLI; III, 257 et 258.
CATHÉDRALE D'IMOLA; III, 235.
CATHÉDRALE DE MANTOUE; II, 256 et suiv.
CATHÉDRALE DE MODÈNE; II, 186 et 187.
CATHÉDRALE DE MONTEFIASCONE; IV, 256.
CATHÉDRALE DE NAPLES; III, 317 et suiv.
CATHÉDRALE D'ORVIETTO; IV, 257 et suiv.
CATHÉDRALE DE PADOUE; II, 9 et suiv.
CATHÉDRALE DE PARME; II, 207 et suiv. — Son baptistère; 210 et 211.
CATHÉDRALE DE PESARO; III, 271.
CATHÉDRALE DE PESCIA; V, 19.
CATHÉDRALE DE PLAISANCE; II, 295 et 296.
CATHÉDRALE DE POUZZOLE, ancien temple; III, 369.
CATHÉDRALE DE PRATO; V, 1 et suiv.
CATHÉDRALE DE RAVENNE; III, 239 et suiv.
CATHÉDRALE DE SARZANE; V, 35.
CATHÉDRALE DE SIENNE; IV, 265 et suiv.
CATHÉDRALE DE SPOLETTE; IV, 310 et 311.
CATHÉDRALE DE TORTONE; V, 83.
CATHÉDRALE DE VÉRONE; I, 286 et suiv.

CATHÉDRALE DE VICENCE; I, 335.
CATHÉDRALE DE VOLTERRE; IV, 299 et 300.
CATHERINE (Ste.-), église de Pise; III, 218 et 219.
CATHERINE (Ste.-), église de Venise; I, 454 et 455.
CATHERINE *de' Funari* (Ste.-), église de Rome; IV, 128.
CATHERINE DE SIENNE (Ste.-), église de Rome; IV, 106.
Catherine de Sienne (Ste.-). Maison de son père; IV, 181 et 182. — Manuscrit de ses *Lettres* à la bibliothèque; 296. 297.
CATHERINE (Ste.-) *Strada maggiore*, église de Bologne; II, 150.
Catholicisme italien; I, 216. — Pièces curieuses sur les tentatives du rétablissement du catholicisme en Angleterre, à la *Barberiana;* IV, 161 et 162.
Cattaneo (Danese), de Carrare, sculpteur et poète (XVI° s.); I, 395. II, 16. V, 34 note.
Cattaneo (M.), conservateur du cabinet des médailles de la bibliothèque Brera; I, 150.
Cattani da Diacceto (François), un des *députés* chargés de l'examen du *Décaméron;* III, 59 note.
Cattani (le P. don Étienne), de Novare. Ses sentences philosophiques et morales à l'ancienne bibliothèque du monastère S.-Jean; II, 213 et 214.
CATTOLICA (la), village; III, 268.
Catulle. Ruines dites de sa maison; I, 265 et 266. 268. 278. III, 289. — Sa prétendue maison près de Tivoli; IV, 223.
CAVA (la), près Naples; III, 394 et suiv.
Cavagna (Jean-Paul), de Bergame, peintre de l'école vénitienne (XVII° s.); I, 230 et 231. 233. 234. 235.
Cavalcanti (Barthélemi), florentin, savant, orateur, guerrier, politique, exilé volontaire après la perte de la liberté de sa patrie. Son tombeau; II, 26.
Cavallini (Pierre), peintre romain et mosaïste (XIV° s.); IV, 4. 134. 317 et 318.
Crescenzi (Barthélemi Cavarozzi, dit le), peintre de l'école romaine (XVII° s.); IV, 250.
Cavazzola (Paul), peintre de l'école vénitienne, surnommé le second Paul de Vérone (XVI° s.); I, 292.
Cavedone (Jacques), peintre de l'école bolonaise (XVI° s.); II, 125. 135. 137. 138. 139. 142. III, 29.

Cavino, fondeur et graveur de Padoue, surnommé le *Prince des faussaires*; II, 23. 41.

Cecco Bravo (François Montelatici, dit), peintre de l'école florentine (xvii° s.); III, 110. 147.

Cécile (Ste.), église de Pise; III, 221.

Cécile (Ste.-), église de Rome; IV, 132 et 133.

Cecilia-Metella. Son sarcophage; IV, 184. — Son tombeau; 205.

Celabene (Alexis), évêque de Trébisonde. Sauve un *Évangéliaire* du pillage, et l'offre à Jules II comme souvenir des malheurs de la nation grecque; III, 48.

Celesti (cavalier André), peintre de l'école vénitienne (xvii° s.); I, 253.

Célestins, église de Bologne; II, 142.

Célibat. Embrassé à Venise, vers la fin de la république, par les aînés; I, 398.

Cellerier (M. le pasteur). Ses *Discours familiers d'un Pasteur de campagne*; I, 10. — Son imitation de Massillon; *ibid*.

Cellini (Benvenuto), sculpteur, orfévre et fondeur florentin. Manuscrit de ses traités de l'orfévrerie et de la sculpture à la bibliothéque S.-Marc; I, 388. II, 117. 132. 262. III, 14. — Son *Persée*; 18. 21. 31. 76 note. 96 note. 110. 127 note. — La maison où il naquit; 156. — Sa maison; *ibid*. 171. 188.

Cenci (la). Son portrait; sa prison.; IV, 160.

Cento, patrie du Guerchin. Sa maison; ses peintures; traits de la vie qu'il y menait; II, 107 et suiv. et notes.

Cento Camerelle; III, 375.

Ceppo, hôpital de Pistoie; V, 11.

Ceracchi, sculpteur romain. Voulait terminer le *Brutus* de Michel-Ange. Guillotiné pour avoir conspiré contre Bonaparte; III, 27.

Cerani, sculpteur; I, 105.

Cerano (Jean-Baptiste Crespi, dit le), peintre de l'école milanaise (xvi° s.); I, 108. 109. 114. 115. 116. 133.

Ceresa (Charles), de Bergame, peintre de l'école vénitienne (xvii° s.); I, 231.

Cervandoz, bénédictin, copiste de la Bible du vi° siècle de la bibliothéque Laurentienne; III, 48.

CERTALDO, séjour, maison de Boccace; III, 198 et suiv. — Goût des nouvelles populaires dans le pays; 199.
CERVARA, monastère; V, 39.
Cesalpin (André), d'Arezzo; IV, 342 et 343 note. V, 19.
Cesari (le P.). Visité par l'auteur; I, 171.
Cesarotti, poète, académicien de Padoue; II, 8. — Son tombeau; 16 et 17.
CÉSÈNE, ville; III, 258 et 259.
Cesi (Barthélemi), peintre de l'école bolonaise (XVI° s.); II, 137. 145. 146. 157. 170. 177.
Cesi (Pierre-Donat). Élève la *Colonne des Français* à Ravenne; III, 255 note.
Cestius. Sa pyramide; IV, 206.
Chabrol (M. le comte de). Son *Mémoire sur le Golfe de la Spezia*; V, 37 note.
Chalcondyle (Démétrius), grec réfugié. Son tombeau et son épitaphe; I, 111 et 112. III, 178.
Chambers, architecte anglais, imitateur de Palladio; I, 337 note.
Champollion jeune; V, 99. 105.
CHANCELLERIE (palais), à Rome; IV, 183.
Charité. De ses établissemens et des instituts philanthropiques; I, 260 et 261.
Charles d'Anjou. Appelé au royaume de Naples; III, 116 note. — Son tombeau; 319. — Sa statue au Capitole; IV, 61. — Excite une émeute pour faire élire pape Martin IV, 251.
Charles VIII. Rapidité de son invasion en Italie; II, 39 note. III, 134. — Gouverne Rome; IV, 153.
CHARLES (S.-), église de Rome; IV, 74.
CHARLES (S.-), théâtre à Naples; III, 315 et 316.
CHARLES A' CATINARI (S.-), église de Rome; IV, 140.
CHARLES AUX QUATRE FONTAINES (S.-), église de Rome; IV, 106.
CHARLES BORROMÉE (S.-), église de Turin; V, 109.
Charles-Quint. Médaillon qu'il portait; I, 250. — Son admiration pour le *Campanile* de Florence; III, 73 et 74. — Pour les figures des tombeaux de la nouvelle sacristie de S.-Laurent; 87. 134. IV, 116. — Pour les aquéducs de Sienne; 284.
CHARTREUSE DE FLORENCE; III, 192 et suiv.
CHARTREUSE DE PAVIE; I, 200 et suiv. — Frais de son entretien;

ibid. — Impressions différentes qu'elle peut produire; 204. — Projet d'une nouvelle destination ; 205.

CHARTREUSE DE PISE; III, 228 et 229.

Chartreux de Rome; IV, 111.

Chasteler, général autrichien, enterré à l'église S.-Jean-et-Paul de Venise; I, 450.

CHATEAU OU PALAIS MADAME, à Turin : V, 89.

CHATEAU DE FERRARE ; II, 56 et 57.

CHATEAU DE MANTOUE ; II, 266 et 267.

CHATEAU DE L'OEUF, à Naples; III, 295.

Chateaubriand (M. de). Sa rencontre à Genève; mot populaire sur sa renommée ; I, 26. — Ses articles contre les montagnes; 44. — Sa rencontre à Lausanne; 59. — Aime autant le carton de l'*École d'Athènes* que le tableau; 149. II, 84 note. 173. III, 120. 122. 384. IV, 41. — Élève le mausolée du Poussin; 74 et 75. 96. 122. — Célèbre la fête du Roi à Rome ; *ibid.* et 123. 224 note.

Châteauvieux (M. de), auteur des *Lettres nouvelles sur l'Italie* et des *Lettres de Saint-James*; I, 33. III, 229.

Chaupy (abbé); III, 426. IV, 220. 223.

Chenda (Alphonse Rivarola, dit le), peintre de l'école ferraraise (xviie s.); II, 67. 70.

Chêne extraordinaire du Monte-Lucco; IV, 310.

Cherbuliez (M.), libraire de Genève ; I, 27.

Cherichini (Barduccio), banquier et magistrat de Florence. Son tombeau ; III, 130.

Chevaux de Venise; I, 366.

Chiabrera. Manuscrit autographe de ses *Canzoni* et de ses *Rime* à la bibliothèque Riccardi de Florence; III, 56. 382. — Ses quarante discours autographes sur la Passion à la *Barberiana*; IV, 161. — Son inscription latine-italienne; V, 74, 75 et 76.

Chiappe (Jean-Baptiste), peintre de l'école génoise (xviiie s.); V, 85.

CHIAVARI, ville; V, 38.

CHIARAVALLE (église et monastère de), près Milan; I, 194 et 195.

CHIERICATO (palais), de Vicence; I, 334.

CHIESA-NUOVA, d'Assise; IV, 315.

CHILLON, château; I, 50 et 51.

CHINOIS (collége des), à *Capo-di-Monte*; III, 362.

TABLE ANALYTIQUE.

Chinzica, femme de Pise. Repousse la descente nocturne des corsaires sarrasins ; sa petite statue ; III, 227 et 228.

CHIUSA. Probablement la ruine mentionnée par le Dante ; I, 272 et 273.

CHIUSI, ville ; IV, 338 et suiv.

Christianisme à sa naissance. Ses traces à Rome ; IV, 86 et 87.

Christine, reine de Suède. Lègue sa bibliothéque à la Vaticane ; I, 15. — Sa visite au Guerchin, à Cento ; II, 109 et 110. III, 280. — Son tombeau ; IV, 11. 29 note. — Ses notes marginales sur divers ouvrages ; 76. — Détails nouveaux sur la lecture de son testament ; 179 et 180 note. 181.

CHRISTINE (Ste.-), église de Bologne ; II, 149 et 150.

CHRISTINE (Ste.-), église de Parme ; II, 215 et 216.

CHRISTINE (Ste.-), église de Pise ; III, 223.

CHRISTINE (Ste.-), église de Turin ; V, 110.

CHRISTOPHE (S.-), église de Lucques ; V, 27.

CHRYSOGON (S.-), église de Rome ; IV, 137.

Ciampi (M.), professeur helléniste ; III, 61. 224. V, 7 et 8.

Ciarla (Raphaël), peintre sur porcelaine (XVIe s.) : III, 280.

Cibei, chanoine primicier et sculpteur ; V, 34 note.

Ciccione (André), sculpteur et architecte napolitain (XVe s.) ; III, 324. 339. — Son mausolée du roi Ladislas ; 347 et 348.

Cicéron ; III, 369. — Ses maisons ; 371 et 372. 374. 384. 387 et 388. 420. — Emplacement de sa maison à Arpino ; 421. 423 et 424. — Sa villa ; son tombeau près de Gaëte ; 426 et 427. 433 note. IV, 6. 55. 69. 221 note. — Sa maison à Tusculum ; 233. 238. V, 79.

CICCIAPORCI (Palais), à Rome ; IV, 169.

Cicogna (le), peintre ; II, 69.

CICOGNA (palais), de Milan ; I, 103.

Cicognara (le comte Jérôme), podestat de Ferrare. Fait acheter et réparer la maison de l'Arioste ; II, 88.

Cicognara (le comte Léopold), auteur de la *Storia della Scultura*. Principale autorité de l'auteur pour la sculpture ; I, j. 262. 294. 308. 357. 364. 366. 370. 388. 406 et 407. 414. 417. 472. II, 21. 22. 23. 30 et 31. 104 note. 105. 131 et note. III, 75. 78. 80 note. 82 note. 117 note. 119. 157 note. 205 note. 262 note. — Sa bibliothéque d'art passée à la Vaticane ; IV, 35 et 36. 186 note. 258 note. 269. 288. 292.

TABLE ANALYTIQUE. 173

Cignani (Charles), peintre de l'école bolonaise (xvii° s.); II, 150. 152. 156. 228. III, 33. 244. 257 et 258.

Cignaroli, de Vérone, peintre de l'école vénitienne (xviii° s.); I, 231. 232. 233. 287. II, 66. 105. 214. 222. 257.

Cigogna (M. Emmanuel-Antoine). Son recueil des *Inscriptions vénitiennes;* I, 357.

Cigoli (Louis Cardi, dit), peintre de l'école florentine (xvi° s.); III, 12. 20. 29. 35. 109. 113. 123. 148. 218 note. IV, 338. V, 9 et 10. 11.

Cimabué (Jean Gualtieri), fondateur de l'école florentine (xiii° s.); I, 405. — Sa *Madone;* III, 115 et 116. 119 et 120. — Ses fresques de S.-François d'Assise; 318.

CIMETIÈRE ANGLAIS de Livourne; III, 233 et 234.

Cinelli Calvoli, médecin et philologue. Matériaux de sa *Biblioteca degli Scrittori fiorentini e toscani* à la bibliothéque *Magliabecchiana;* III, 60.

Cini (Laurent), peintre (xvi° s.); IV, 277.

Cino da Pistoia, poète, jurisconsulte; III, 197 note. — Son mausolée; V, 7.

Ciacca (Christophe), peintre de l'école milanaise (xvi° s.); I, 128.

Cioli (Valerio), sculpteur toscan (xvi° s.); III, 101.

Cipriani (Joseph), peintre de Pistoie (xviii° s.); V, 10.

CIRQUE (le grand), à Rome; IV, 202 et 203.

CITADELLE DE MANTOUE; II, 258.

CITTADELLA (la), palais de Plaisance; II, 294 et 295.

CITTADELLA, bourg; I, 345.

CIVITA-CASTELLANE, ville; IV, 305.

Civerchio ou *Verchio*, dit *le Vieux*, de Crème, peintre de l'école milanaise (xvi° s.); I, 255.

Civitali (Mathieu), habile sculpteur et architecte lucquois (xiv° s.); V, 20. 26. — Son tombeau; 27. 31. 62.

Civitali (Nicolas), sculpteur lucquois, neveu du précédent; V, 25. 31.

CLAIRE (Ste.-), église et couvent d'Assise; IV, 315.

CLAIRE (Ste.-), église à Naples; III, 335 et suiv.

Clarac (M. le comte de), auteur du *Musée de Sculpture*. Ses explications raisonnables sur les bas-reliefs du mausolée Turriani; I, 294 note.

CLARENS, village; I, 51 et 52.

CLÉMENT (S.-), église de Brescia ; I, 259.
CLÉMENT (S.-), oratoire de Florence ; III, 99.
CLÉMENT (S.-), église de Padoue ; II, 27.
CLÉMENT (S.-), église de Rome ; IV, 86 et 87.
CLÉMENT (S.-), île près Venise ; I, 475.
Clementi (Prosper), sculpteur de Reggio (xvi° s.) ; II, 209. — Son tombeau de l'évêque George Andreasi à Mantoue ; 260.
Clercs réguliers de la Mère de Dieu, congrégation enseignante à Lucques ; V, 23 et 24.
Clergé italien, en général plein de convenance et de bon sens ; I, 197. — Diminution de la population ecclésiastique à Venise ; 418 note. — A Naples ; III, 338 note.
CLITUMNE, rivière ; IV, 308. 312.
CLOACA MAXIMA ; à Rome ; IV, 202.
Clotilde, reine des Francs. Ancienne porte de son palais à Genève ; I, 10 et 11.
Clôture des églises d'Italie. Ses inconvéniens ; I, 134 et 135.
Clovio (Dom Giulio), peintre miniateur de l'école florentine (xvi° s.) ; IV, 33.
Coccaie (Théophile Folengo, dit Merlin). Son tombeau ; I, 345.
Cocchi (Antoine), médecin et antiquaire. Son tombeau ; III, 108. 164. 231.
Cocchi, premier bibliothécaire de la *Magliabecchiana*. Son catalogue systématique ; III, 58.
Cochin. Ses faux jugemens sur les arts ; I, j. III, 206. 220. IV, 280.
COCOMERO, théâtre de Florence ; III, 162 et 163.
Cogni-dal-Borgo-a-S.-Sepolcro (Pierre), peintre ; IV, 299 et 300.
COGOLETO, village. Prétendue patrie de Colomb ; V, 73 et 74.
Cokerell (M.), architecte anglais. Sa conjecture sur la destination du groupe de Niobé ; III, 24.
Colà (Gennaro di), peintre de l'école napolitaine (xiv° s.) ; III, 348.
Colizzi (M. le professeur), directeur du collége *Pio*, de Pérouse ; IV, 331.
COLLE, ville ; IV, 298.
COLLÉGE BORROMÉE, de Pavie ; I, 209.
COLLÉGE CACCIA, de Pavie ; I, 209.
COLLÉGE CARLO-LODOVICO, de Lucques ; V, 30.

TABLE ANALYTIQUE.- 175

COLLÉGE CICOGNINI, de Prato; V, 3.
COLLÉGE D'ESPAGNE, à Bologne; II, 169 et 170.
COLLÉGE DES FLAMANDS, à Bologne; II, 170.
COLLÉGE FORTEGUERRI ou SAPIENZA, de Pistoie; V, 16 et 17.
COLLÉGE GHISLIERI, de Pavie; I, 209.
COLLÉGE LALATTA, de Parme; II, 232.
COLLÉGE MILITAIRE, de Milan; I, 161 et suiv.
COLLÉGE DES NOBLES, à Parme; II, 232.
COLLÉGE DE PADOUE, dit SÉMINAIRE. Son imprimerie; sa bibliothéque; II, 35 et suiv.
COLLÉGE PIO, de Pérouse; IV, 330 et 331.
COLLÉGE ROMAIN; IV, 75 et 76.
COLLÉGE TOLOMEI, à Sienne; IV, 276.
COLLÉGE VENTUROLI, à Bologne; II, 171.
Collenuccio (Pandolphe), historien et poète dramatique. Étranglé dans sa prison comme agent de Borgia. Ses manuscrits à la bibliothéque de Pesaro; III, 271.
Colleone (Jérôme), de Bergame, peintre de l'école vénitienne (XVI° s.); I, 232.
Colleoni, un des fondateurs de l'art de la guerre en Europe. Sa chapelle; son mausolée à Bergame; I, 231 et 232. 369. — Sa statue à Venise; 453. IV, 61.
COLLINE DE TURIN; V, 113 et 114.
COLOGNOLA, près Vérone. Habité par Bonfadio; I, 328 et 329.
Colomb (Christophe), de la ville même de Gênes; V, 73 note.
Colombes de la place S.-Marc; I, 359.
Colombes (mosaïque des), au musée du Capitole; IV, 64.
COLONIA, sur le lac de Côme. Son origine grecque; I, 220.
Colonna (Antoine), architecte; II, 269.
Colonna (Ange-Michel), peintre de l'école bolonaise (XVII° s.); II, 134. 135. 220.
Colonna (frère François), auteur du roman de l'*Hypnerotomachia*; IV, 117 note.
COLONNA (la), village près Palestrine; IV, 226.
COLONNADE DE LA PLACE S.-PIERRE; IV, 2.
Colonne (Victoire); III, 377 et 378.
COLONNE ANTONINE, à Rome; IV, 149 et 150.
COLONNE DES FRANÇAIS, près Ravenne; III, 255.
COLONNE DE PHOCAS; IV, 56.
COLONNE TRAJANE; IV, 197.

COLONNE (palais), à Rome ; IV, 154 et 155.
COLONNES DITES DU TEMPLE DE JUPITER STATOR ; IV, 56.
COLORNO (château), près Parme ; II, 241.
COLYSÉE DE ROME ; IV, 51 et suiv. — Au clair de lune, 53.
CÔME, ville ; I, 216 et suiv.
CÔME ET DAMIEN (Saints-), église de Milan ; I, 110.
Comelli (Mme), cantatrice ; I, 173.
Comines (Philippe de). Point partisan des congrès ; I, 311. — Admire le gouvernement de Venise ; 371. 474. — Loue Côme de Médicis ; III, 83. 93 note. 10.
Comino (Jean), de Trévise, sculpteur (XVIIe s.) ; II, 30.
Como (Guido da), sculpteur (XIIIe s.) ; V, 10.
Comolli (M. le professeur), piémontais, sculpteur ; I, 223. II, 210.
Compare (Pierre), ami de Pontano. Mausolée qu'il en reçoit ; III, 324 et 325.
Conca (le P.), bibliothécaire du couvent de S.-Philippe-de-Néri à Rome ; IV, 126.
Conca (Sébastien), peintre de l'école romaine (XVIIe s.) ; III, 220. 337. IV, 82. 91. 273.
CONCEPTION (la), église de Sienne ; IV, 277.
CONCHES, lieu d'exercice de la garde civique de Genève ; I, 6.
Concile de Florence, véritable époque de l'émigration littéraire et philosophique des Grecs en Italie ; I, 384 et 385.
Condamine (M. de La) essaie de rayer le *Sacro Catino* ; V, 63. note.
Condé (le grand), au siége de Dôle ; I, 3.
Condivi, biographe de Michel-Ange ; IV, 10 et 11 note.
Condottieri. Leurs prétendues campagnes ; II, 38 et 39. III, 242. — Influence funeste de leur introduction sur le courage italien ; IV, 271.
Conegliano (Jean-Baptiste Cina, dit le), peintre de l'école vénitienne (XVIe s.) ; I, 332. 425. 455. 456.
Configliacchi (M.), professeur de l'université de Pavie ; I, 206.
Confréries de Venise. La magnificence de leurs édifices annonce l'aisance du peuple ; I, 438.
Conradin. Son tombeau ; III, 350. — Colonne mise au lieu de son supplice ; 351. 427.
Consalvi (le cardinal). Son tombeau ; IV, 78.

TABLE ANALYTIQUE. 177

Conseil des Dix à Venise ; I, 375. — Ses archives à peu près détruites ; 458.

Conservateurs de Rome; IV, 67. 68.

Consolata, église de Turin, V, 110.

Conspirations républicaines contre les chefs populaires qui s'élèvent, funestes à la liberté ; III, 73.

Constance (Ste.-), église de Rome; IV, 112.

Constantin (M.), peintre sur porcelaine ; III, 143 note.

Consulta (palais de la) à Rome; IV, 155.

Contarini (cav. Jean), peintre vénitien ; I, 372. 436. II, 20.

Contarini (palais) de Venise ; I, 409.

Contarini, ancienne famille vénitienne. Étymologie de leur nom; I, 399 note. — Leur chapelle ; 456.

Contavalli (théâtre) à Bologne ; II, 168.

Conti (François), peintre de l'école florentine. (xviiie s.); III, 82.

Conti (Jean-Marie), peintre de l'école de Parme (xviie s.); II, 215.

Conti-Crespi (palais) à Ferrare ; II, 104.

Contre-sens des traducteurs de cabinet, relevés par l'aspect des lieux ; I, 228.

Contucci (le P.) augmente le musée du P. Kircher ; IV, 77.

Contucci da Sansavino (André), sculpteur florentin (xve s.); III, 78. 278. IV, 73. 123. V, 62.

Convenevole da Prato, grammairien, premier maître de Pétrarque, compare le roi Robert à Jésus-Christ; III, 59 et 60.

Cooper (lord Nassau Clevering comte), pair d'Angleterre, à la tête de la souscription pour le tombeau de Machiavel ; III, 101.

Coppa (Antoine Giarola, dit le cav.), de Vérone, peintre de l'école vénitienne (xviie s.); I, 296.

Coppet ; I, 3. — Son château ; 38.

Coppi (Jacques), peintre de l'école florentine (xvie s.); II, 141.

Cordellina (palais) de Vicence ; I, 335.

Cordes (Euthichius), d'Anvers, un des pères du concile de Trente, ami des arts; II, 31.

Cordier, sculpteur lorrain (xvie s.); IV, 84. 90.

Corenno sur le lac de Côme. Son origine grecque ; I, 220.

Corenzio (Bélisaire), grec, peintre de l'école napolitaine (xviie s.); III, 321. 325. 340. 355. 356. 412.

Cori, l'ancienne Cora. Ses temples; III, 431.
Corilla Olimpica (Madeleine Morelli Fernandez, dite), paysanne improvisatrice. Sa couronne de laurier consacrée à la Madone; V, 12.
Cori-Paltoni (Mme), cantatrice; I, 173.
Cornacchini (Augustin), sculpteur de Pistoie (xviie s.); IV, 3. V, 12.
Cornara (Charles), peintre de l'école milanaise (xviie s.); I, 119. — Sa fille, 127.
Cornaro, reine de Chypre. Son singulier portrait par le Titien; I, 261. — Restes de son habitation; 348. — Son autre portrait, du Titien; 404.
Cornaro, chapelle à Venise; I, 440.
Cornaro (comte Louis), auteur de la *Vita Sobria*, ami du grand architecte Falconeto; II, 46 et 47.
Cornaro-Piscopia (Hélène-Lucrèce), femme érudite, religieuse bénédictine, docteur en philosophie à l'université de Padoue; II, 3. — Son tombeau; 31.
Corner-de-la-Ca-Grande (palais), de Venise; Ier, 402.
Corner de la Reine (palais), de Venise; I, 403.
Corniani d'Algarotti (palais), de Venise; I, 408 et 409.
Cornigliano (pont de), près Gênes; V, 71 et 72.
Corona (Léonard), de Murano, peintre de l'école vénitienne (xvie s.); I, 433. 440. 443.
Corona (Santa-), église de Vicence; I, 335 et 336.
Corpus Domini ou la Santa, église de Bologne; II, 141 et 142.
Corpus Domini, église de Turin; V, 109.
Corradi (Bernardin), capitaine, politique et helléniste. Son tombeau, II; 279.
Corradini, sculpteur vénitien (xviiie s.); III, 327.
Corrége (Antoine Allegri, dit le), peintre de l'école de Parme (xvie s.); I, 114. — Son *S. Jérôme*; II, 201. 202. 203. — Son *Assomption* de la coupole de Parme; 207 et 208. 212. 213. 217. — Ses fresques de l'ancien couvent de S.-Paul; 223 et 224. III, 34. 247. 308. 310. IV, 49. 121. 168. 230. V, 28. 52.
Corridor qui traverse Florence; III, 170.
Corsini (palais), à Florence; III, 143.
Corsini (palais), à Rome; IV, 179 et suiv.
Corso de Pérouse; IV, 326.

Corso de Rome; IV, 143 et 144.
Corso (Jean-Vincent), peintre de l'école napolitaine (xvi⁰ s.); III, 330.
Cortellini (le), peintre; II, 69.
Cortone, ville; IV, 335 et suiv.
Corvetto (M.), ministre. Son tombeau, à Nervi; V, 39.
Cosimo (le P.), jésuite, peintre; IV, 79.
Cosmate (Jean), sculpteur romain (xiv⁰ s.); IV, 13. 99.
Cosmè (Côme Tura dit), peintre de l'école ferraraise (xv⁰ s.); II, 58. 62.
Cossa (Balthasar), pirate, général, poète et pape sous le nom de Jean XXII. Son tombeau au baptistère de Florence; III, 79 et 80. 145. 283.
Cossale ou Cozzale, de Brescia, peintre de l'école vénitienne (xvii⁰ s.); I, 252. 256.
Cossali (Pierre), académicien de Padoue; II, 8.
Cosselli (M.), chanteur; II, 167. 168. IV, 192.
Costa (M. le professeur Paul), de Bologne; II, 130 note. 178 note.
Costa (Hippolyte), peintre de l'école de Mantoue (xvi⁰ s.); II, 264.
Costa (Laurent), peintre de l'école de Mantoue (xvi⁰ s.); II, 258. 261. 264. 277.
Costa (Louis), peintre de l'école de Mantoue (xvi⁰ s.); II, 258. 265.
Costaguti (palais), à Rome; IV, 175.
Cotignola (François Marchesi ou Zaganelli da), peintre de l'école bolonaise (xvi⁰ s.); II, 217 et 218. III, 244.
Cotignola (Bernardin), peintre; I, 214.
Coupin (M. P.-A.). Sa notice sur David; II, 208 note. — Éditeur des OEuvres posthumes de Girodet; III, 359 note. IV, 164 note.
Courayer (le P. le), traducteur français de l'*Histoire du Concile de Trente* de Fra Paolo; I, 387 et 388.
Courier (Paul-Louis). Son pâté d'encre sur le *Longus* de la Laurentienne; III, 40. IV, 30 note. 250.
Couronne de fer, première curiosité de Monza; I, 198.
Courtisanes de Venise; I, 466 et 467.
Cousin (M. le professeur V.); I, 54 note. 142 note. 383 et 384 note.
Cozzarelli (Benoît), sculpteur et fondeur; IV, 287.

Cozzarelli (Guidoccio), architecte (xve s.); IV, 273.
Cozzarelli (Jacques), sculpteur et peintre de l'école de Sienne (xve s.); IV, 282.
Crapelet (M.). Ses *Anciens monumens de l'Histoire et de la Langue françoise*; II, 167 note. — Son édition des *Lettres d'Anne Boleyn*; IV, 34 note.
Crébillon. La maison où il est né à Dijon; I, 2.
Credi (Laurent), peintre de l'école florentine (xv s.); III, 70. V, 6. 10.
CRÉMONE, ville; II, 286 et suiv.
Cremonese (Joseph Caletti dit le), peintre de l'école ferraraise (xviie s.); II, 65.
Cremoni (Pierre), architecte milanais (xviiie s.); IV, 278.
Crescentini (M.), professeur au conservatoire de Naples; III, 316. 317.
Crescenzio di Mario, sculpteur siennois; IV, 269.
Crespi (Daniel), peintre de l'école milanaise (xviie s.); I, 110. 112. 118. 119. 128. — Ses fresques de la chartreuse de Garignano; 192. 194. 203. 215.
Crespi (le cav. Joseph), dit l'Espagnol, peintre de l'école bolonaise (xviie s.); I, 232. II, 136.
Crespi (Louis), peintre de l'école bolonaise (xviiie s.); II, 300.
Creti (le cav. Donat), peintre de l'école bolonaise (xviie s.); II, 132.
CRICOLI (villa) de Trissino, près Vicence; I, 338.
Cristoforo Romano, sculpteur. Termine le mausolée du duc Jean Galeaz Visconti; I, 202.
Crivelli, peintre de Spolette (xvie s.); IV, 311.
Crivelli (M.), chanteur; III, 162.
Croce (Balthasar), peintre de l'école bolonaise (xvie s.); IV, 249.
CROCE (porte *alla*), à Florence; III, 168.
CROCETTA, près Ravenne; III, 252.
Croisées génoises. Leurs cuirasses vendues; V, 46.
CROIX (Ste.-), église, place de Florence; III, 100 et suiv.
CROIX (Ste.-), église de Padoue; II, 28.
CROIX-EN-JÉRUSALEM (Ste.-), église de Rome; IV, 95 et 96.
CROIX (Ste.-), église de Turin; V, 110.
CROIX (Ste.-), église de Vicence; I, 336.
Croma (Jules Cromer, dit le), peintre de l'école ferraraise (xvie s.); II, 68.

Cronaca (Simon), architecte florentin (xvᵉ s.); III, 11. 99. 125.
— Son entablement du palais Strozzi; 144. 192.
Crosato (Jean-Baptiste), peintre vénitien (xviiiᵉ s.); V, 90.
CRUCIFIX DE' BIANCHI (S.), église de Lucques; V, 22.
Crucifixs parlant; II, 136. III, 330. IV, 321.
CRUSCA (Académie de la); III, 135.
Culte réformé. Dignité, douceur de ses exercices; I, 10. — Semble neuf et embarrassé au milieu des vieilles basiliques; 58. — Antipathique aux mœurs, aux coutumes et à l'esprit de la nation italienne; II, 59 et 60.
CUMES; III, 373 et 374.
Curés italiens. Érudition de quelques uns; II, 217.
Curia (François), peintre de l'école napolitaine (xviᵉ s.); III, 319. 349.
Currado (François), peintre de l'école florentine (xviᵉ s.); III, 29. 90. 91. 122. 222. IV, 299.
Curtius (Lancinus), poëte, élève de George Merula, consacre le tombeau de son maître, et fait son épitaphe; I, 120.
Cusani (maison), de Milan; I, 104.
CUSANI (palais), à Parme; II, 229.
Custine (Mᵐᵉ de); I, 63 et 64.
Custode. Son intelligence pour l'explication des tableaux; IV, 142.
Cuvier (M. le baron). Ses *Recherches sur les ossemens fossiles;* I, 330 et 331.
Cyprès nombreux dans le Véronais, y perdent, comme en Grèce, leur caractère funèbre; I, 328.

D.

Dalmasio (Lippo), dit des Madones, peintre de l'école bolonaise (xivᵉ s.); II, 142. 145. 147. 150. 151. 175.
DALMAZIO (S.), église de Turin; V, 109.
DAMIEN (S.), église d'Assise; IV, 321.
Damini (Pierre), de Castelfranco, peintre de l'école vénitienne (xviiᵉ s.); I, 233. II, 13. 25. 26. 27. 30. 31. 40.
Dandini (Octavien), peintre de l'école florentine (xviiiᵉ s.); III, 82.
Dandini (Pierre), peintre de l'école florentine (xviiᵉ s.); III, 92. 96. 121. 123. 219.

TABLE ANALYTIQUE.

Dandini (Vincent), peintre de l'école florentine (xviie s.); III, 121.

Dandolo (Henri), doge de Venise, conquérant de Constantinople; I, 362. 441.

Dandolo (André), doge, historien, ami de Pétrarque. Son tombeau; I, 362.

Dandolo (M. le comte). Ses *Lettere su Venezia*; I, 365.

Dante (Alighieri); I, 210. 270. 272 et 273. 274. 275. 276. 279. — Scènes qu'il fait à un forgeron et à un muletier qui estropiaient ses vers en les chantant; 281. — Ses poésies accompagnées de musique et de danse; *ibid.* 283. — Sa thèse sur *la terre et l'eau* soutenue dans une église; 291. — Autel de sa famille; 294 et 295. 300. 312 et 313. 324. 386. 461. II, 22. 35. 110. 123. 174 192. 219. 284. 288. III, 6 note. 7 note. 24. — Sa lettre par laquelle, exilé, il refuse de retourner à Florence; 42. — Sa supériorité sur son siècle; 43. — Son portrait; 44 et 45. — Le Dante interrogé par l'inquisiteur de Florence; 52. — Quatrain et anecdote; *ibid.* note. 68 note. 71 et 72. 75. — Son banc de pierre à Florence; 81. — Son nouveau monument à l'église Ste.-Croix; 102 et 103. III, 143. 197 note. 212. — Son tombeau à Ravenne, 248 et suiv. — Proportion de ses éditions pendant les quatre derniers siècles; 249 note. 250 251. 254. 255. 313. 315 note. 334. 336. 351 note. 413. 418. IV, 12. 13. 114. 254. 262. 271. 274. 283. 284. 290. 291. 314. 317. 319. 327. 342. 350. V, 35. 75. — Traduit interlinéairement en vers français au xve siècle; 97. 119.

Danti (le P. Ignace), dominicain, mathématicien et astronome; III, 115. — Ses cartes géographiques; IV, 44.

Danti (Vincent), sculpteur de Pérouse (xvie s.); III, 12. 78. IV, 327 et 328. V, 2.

Danti (Jules), architecte (xvie s.); IV, 314.

D<small>ARIO</small> (palais), de Venise; I, 399.

Daru (M. P.), auteur de l'*Histoire de Venise*; I, 320 note. 33●. 365 note. 375. 376 et 377. — Ses *Notions statistiques sur* ●*Librairie*; 411 note. ●8 note. 419. 449. 458. 459 note. 460 note. 467 note. 474. II, 4 et 5.

Dati (Goro), historien; III, 8.

Dauphin (le cav. Charles), peintre français (xviie s.); V, 109.

Davanzati (Mariotte), un des concurrens au prix du poëme sur la *Véritable Amitié*, décerné à la cathédrale de Florence; III, 45 et 46.

David, peintre français. Impression qu'il reçoit des fresques de la coupole de Parme; II, 208. — Ses ouvrages à l'église de S.-André du noviciat des Jésuites, de Rome; IV, 106 et 107.

Davila, l'historien, assassiné. Son tombeau retrouvé; I, 325 et 326. 372.

De Bret (M.), architecte français, éditeur des *OEuvres de Vignole*; IV, 245 note.

Degerando (M.). Témoignage qu'il reçoit de la reconnaissance de la ville de Pérouse, pour avoir contribué à étendre l'enseignement de l'Université; IV, 328 et 329.

Degerando (M. Gustave). Sa dissertation sur la peine de mort; I, 169 note.

Degola (le R. P.), un des bibliothécaires de la *Casanatense*; IV, 120.

Delarive, professeur de Genève. Fait un cours gratuit de chimie appliquée aux arts industriels, peu de temps après avoir été premier syndic; I, 5.

Delatour (M.), traducteur de la *Christiade* de Vida; II, 289 note.

Delavigne (M. Casimir); I, 369 et 370. 401. II, 93. III, 359 note. 372.

Delécluse (M.), traducteur de la nouvelle de *Roméo et Juliette*, de Luigi da Porto; I, 279 note.

Delfico (Melchior). Ses *Memorie storiche della Repubblica di San Marino*; III, 264. 266. 373.

Delille (Jacques); I, 39 et note. III, 346.

Demarini, bon comédien; I, 176. 180.

Demin (M.), peintre à Padoue; II, 46.

Denis (le P.), maître, directeur et ami de Pétrarque. Comme la plupart des lettrés de son temps, croyait à l'astrologie judiciaire; II, 238 et 239.

Dentone (Antoine), peintre de l'école bolonaise (xviie s.); I, 451. II, 151. 220.

Desaix (général). Son tombeau à l'église du grand Saint-Bernard; I, 83 et 84. V, 84.

Descartes. Ses *Méditations* et presque tous ses ouvrages encore à l'index; IV, 119 et 120 note.

Deschamps (M. Émile). Sa traduction de *Roméo et Juliette* de Shakspeare ; I, 278.

Desgotti, peintre ; V, 100.

Desiderio da Settignano, sculpteur toscan (xvᵉ s.); III, 23. 82. — Son tombeau de Marsuppini ; 108. 122. 179. 257.

Desmarais (feu), peintre français mort en Italie ; V, 18.

Desmoulins (Guyart), écrivain français du xiiiᵉ siècle, traducteur de la *Scolastica Historia* de Pierre Comestor ; IV, 161.

Detroy (Jean), peintre de l'école française (xviiiᵉ s.); II, 232.

Devonshire (duchesse de). Offre un exemplaire de son *Virgile* à la bibliothéque de Mantoue ; II, 254.

Diderot. Bon conseil qu'il donne à Rousseau sur son Discours couronné par l'Académie de Dijon ; I, 3.

Didier, abbé du Mont-Cassin, depuis le pape Victor III, prépare l'époque de la renaissance ; III, 411 et 412.

Didier (S.-), ancienne église de Pistoie ; V, 9.

Dielai (Jean-François Surchi, dit le), peintre de l'école ferraraise (xviᵉ s.). Son tombeau ; II, 69. 70. 105.

Dijon, ville distinguée par l'instruction ; I, 2. — Du programme de son Académie sur les effets du rétablissement des sciences et des arts ; 3.

Dimesse, église de Padoue, II, 28.

Dimidoff (M.), russe. Ses comédiens à Florence ; III, 163.

Dino di Tura, poète burlesque ; III, 167.

Diotisalvi, architecte du Baptistère de Pise (xiiᵉ s.); III, 208. 221.

Diotti (M.), peintre ; I, 166. 261.

Diplovatazio (Thomas), jurisconsulte grec. Ses manuscrits à la bibliothéque de Pesaro ; III, 271.

Dolci (Carlo), peintre de l'école florentine (xviiᵉ s.); II, 157. III, 26. 29. — Sa *Poésie*; 143. 149. V, 2. 48 et 49. 52.

Dôle. Anecdote militaire de sa prise ; I, 3.

Domaso, près du lac de Côme. Les femmes de la montagne voisine vêtues en capucins, et appelées *frate ;* I, 224.

Dôme de Bergame ; I, 230 et 231.

Dôme de Pise ; III, 205 et suiv.

Dôme de Salerne ; III, 397 et 398.

Dôme neuf de Brescia ; I, 252.

Dôme vieux de Brescia ; I, 251 et 252.

Dôme de Milan. Description, 104 et suiv. — Vue, 109.

Domenico, de Bologne, peintre de l'école bolonaise (xvi⁰ s.);
II, 291.
DOMINICAINES de Rome; IV, 105 et 106.
Dominici (François), de Trévise, peintre de l'école vénitienne
(xvi⁰ s.); I, 353.
Dominiconi (M.), acteur; I, 177.
DOMINIQUE (S.-), église d'Ancône; III, 275.
DOMINIQUE (S.-), place, église de Bologne; II, 143 et suiv.
DOMINIQUE (S.-), église de Brescia; I, 255.
DOMINIQUE (S.-), couvent à Cortone; IV, 338.
DOMINIQUE (S.-), église de Crémone; II, 288.
DOMINIQUE (S.-), église de Ferrare; II, 66.
DOMINIQUE MAJEUR (S.-), église à Naples; III, 328 et suiv.
DOMINIQUE (S.-), église de Pérouse; IV, 323.
DOMINIQUE (S.-), église de Pistoie; V, 13 et 14.
DOMINIQUE (S.-), église de Prato; V, 3 et 4.
DOMINIQUE (S.-), église de Ravenne; III, 242.
DOMINIQUE (S.-), église de Sienne; IV, 282.
DOMINIQUE (S.-), église de Spolette; IV, 311.
DOMINIQUE (S.-), église de Turin; V, 110.
DOMINIQUE (S.-), église de Vicence; I, 336.
Dominiquin (Domenechino Zampieri, dit le), peintre de l'école
bolonaise (xvi⁰ s.); I, 164. — Son *Martyre de Ste. Agnès*;
sa *Madone du Rosaire*; II, 124 et 125. 163. 213 note.
III, 29. 150. 247. 310. 320. 321. — Sa *Communion de
S. Jérôme*; IV, 47. 70. 71. — Sa *Flagellation de S. André*;
84. 102. 105. 110. 112 et 113. 121. 128. 134. 138 et 139.
140. 156. 167 et 168. 174. 175. 232. — Sa chapelle de
S.-Nil, à Grotta-Ferrata; 234 et 235. 299. V, 28. 50. 51 et 52.
Domo d'Ossola, bourg; I, 73.
DONAT (S.-), église de Bologne; II, 139.
DONAT (S.-), église de Gênes; V, 68 et 69.
DONAT (S.-), dit le Dôme de Murano, église près Venise; I,
470 et 471.
Donatello, sculpteur florentin (xv⁰ s.); I, 416. II, 14. 15. 16.
24. — Sa statue de Gattamelata; 38 et 39. 46. 62. — Sa
Judith; III, 17 et 18. 21. 70. — Son *Zuccone*; 74. 79. 80.
85. 108. 109. 112. 121. 125 et 126. 134. — Son *David*;
139. 142. 194. — Son mausolée *Brancaccio*; 328. 339. IV,
260. 269. 274. V, 2. 18.

Donato (Marcello), botaniste mantouan. Son tombeau; II, 260.
Dondi dall' Orologio (Lucrèce). Assassinée la nuit, victime de sa pudeur; son monument; II, 42.
Dondo de Mantoue (Louis), peintre (xvi⁰ s.); IV, 282.
Doni (Adone) peintre de l'école romaine (xvi⁰ s.); IV, 320.
Donison, moine, auteur du poëme sur la comtesse Mathilde; III, 216 et 217. IV, 33.
DONNA REGINA, église de Naples; III, 323.
Donzelli (Pierre et Hippolyte), peintres de l'école napolitaine (xv⁰ s.); III, 331.
Doria (André). Son palais à Gênes; V, 55 et suiv. — Son tombeau; 68.
DORIA (palais), à Rome; IV, 152.
DORIA (villa), à Pegli; V, 73.
Dosio, sculpteur; IV, 140.
Dossi Dosso, peintre de l'école ferraraise (xvi⁰ s.); II, 57. 65. 68. 69. 180. IV, 70.
Dotto (Vincent), de Padoue, architecte (xvi⁰ s.); II, 40.
DOUANE DE BOLOGNE, ancien couvent des Pères mineurs de S. François; II, 169.
DOUANE DE GÊNES; V, 43 et 44.
DOUANE DE ROME, temple antique; IV, 150 et 151.
DOUANE DE VÉRONE, bel édifice; I, 309.
Douane. Ses gênes; sa critique; II, 55 et 56.
Dow (Gérard), peintre de l'école hollandaise (xvii⁰ s.); V, 89.
Duca (Jacques *del*), architecte; IV, 103.
Duccio della Buoninsegna, peintre de l'école de Sienne (xiv⁰ s.); IV, 267. 268.
Duchino (Camille Landriani, dit le), peintre de l'école milanaise (xvii⁰ s.); I, 111. 119. 127.
Ducs de Bourgogne (les) Jean-Sans-Peur et Philippe-le-Hardi. Leurs tombeaux au musée de Dijon; I, 2.
Dumont, de Genève; I, 33.
Dupaty (le président); IV, 303. V, 52.
Dupré (M.), peintre français; IV, 114.
Duprez (M.), chanteur; I, 173.
Durand (Guillaume). Son *Rationale*; I, 24. II, 7 note. — Son tombeau; IV, 117 et 118. 148. V, 97.
Duras (Mᵐᵉ la duchesse de); I, 54 note. V, 81.
DURAZZO (palais Jacques-Philippe), à Cornigliano; V, 72.

Durazzo (palais Marcel), à Gênes; V, 48.
Durazzo (palais Philippe), à Gênes; V, 49 et 50.
Durelli (frères), artistes milanais. Leur description de la Chartreuse de Pavie; I, 205 note.
Durer (Albert), peintre de l'école allemande (xv° s.); I, 235. 394. 408. II, 151. III, 32. — Ses *Avares;* IV, 152. 180. 250 et 251. V, 48. 51. 107.
Durini (palais), de Milan; I, 103.
Duval (Valentin Jameray), érudit; III, 168.

E.

École vénitienne; I, 414. — Ferraraise; II, 69. — Florentine; III, 34. — Siennoise; IV, 293.
École pittoresque historique. Son système appliqué par l'auteur à la relation de ses voyages; I, ij.
Écoles élémentaires autrichiennes en Italie; I, 155 et suiv.
Edesia (Andrino d'), de Pavie, peintre de l'école milanaise (xiv° s.); I, 214.
Éducation française des femmes en Italie; III, 364.
Educatorio, maison d'éducation à Sienne; IV, 278.
Égérie (vallée d'); IV, 203.
Egidio (Sant'), église de Mantoue; II, 265 et 266.
Egnazio (Baptiste), de l'Académie aldine; I, 410.
Elbe (île d'); III, 287 et 288.
Elci (le cav. Ange d'). Sa collection des premières éditions des classiques grecs et latins passée à la Laurentienne; III, 49 et 50.
Emblèmes païens mêlés aux symboles chrétiens; II, 210.
Émile (l'). Sa condamnation; I, 12. — Manuscrit de l'*Émile* possédé par M. le docteur C******, de Genève; 26 et 27.
Emo (Angelo), amiral vénitien. Son mausolée; I, 463. — Son caractère; 464.
Empoli (Jacques Chimenti *da*), peintre de l'école florentine (xvi° s.); III, 20. 35. 82. 91. 96. III, 218 note. IV, 337. 338. V, 13.
Encyclopédie (l') dans un couvent de Franciscains; II, 300. — Réimprimée à Lucques; V, 32.
Engelberge (l'impératrice). Son *Psalterium* autographe à la bibliothèque de Plaisance; II, 295. — Son monument à l'église S.-Sixte; 298.

Enseignement primaire à Rome ; IV, 190 et 191.

Enzius (le roi), fils naturel de l'empereur Frédéric II. Son tombeau ; II, 145. — Sa prison ; 154 et note.

Epicuro (Antoine), de l'Académie napolitaine ; III, 336.

Épitaphe politique d'un Français émigré ; II, 32.

ÉPOMÉE, volcan éteint de l'île d'Ischia ; III, 376 et 377.

Equicola (Mario), historien de Mantoue. Son inscription. II, 283.

Érasme. Son passage ingénieux sur la fatigue littéraire, au sujet du proverbe *Herculei labores;* II, 244 et 245.

ÉRASME (S.-), église de Bergame ; I, 232.

ERBA ODESCALCHI (palais), de Milan ; I, 103.

Estrées (Gabrielle d'). Ses vers ; I, 152.

EREMITANI, église de Padoue ; II, 23 et 24.

Escalade, entreprise nocturne tentée par le duc de Savoie contre Genève ; I, 11 et 12. — Monument consacré aux Genevois qui y périrent ; *ibid.*

ESCALIER DE LA TRINITÉ DU MONT, à Rome ; IV, 113.

Esmenard. Sa mort près Fondi ; III, 428.

Espagnolet (Ribera, dit l'), peintre de l'école napolitaine (XVIIe s.); III, 306. 309. 320. — Ses peintures à la Chartreuse S.-Martin de Naples ; 345 et 346. 356. IV, 146. 186. 275. V, 22. 50. 51.

ESPRIT (S.-), ancien couvent de Bergame, devenu maison de travail ; I, 234 et 235.

ESPRIT (S.-), église de Florence ; III, 124 et suiv.

ESPRIT (S.-), église de Parme ; II, 219.

ESPRIT (S.-), église de Pistoie ; V, 8.

ESPRIT (S.-), église de Turin ; V, 110.

ESQUILIN (mont), à Rome ; IV, 196.

Este (Alphonse d'), duc de Ferrare. Son artillerie ; II, 74 et 75.

Este (Borso d'), premier duc de Ferrare, célèbre par son faste, fondateur de la Chartreuse ; II, 104 et 105. IV, 153.

Este (cardinal Hippolyte d'), l'ancien. Son portrait ; II, 72 et 73. — Sur sa fameuse répartie à l'Arioste au sujet de son poëme ; 74. IV, 224.

Este (cardinal Hippolyte d'), le jeune, fondateur de la villa d'Este, à Tivoli ; IV, 224. 225.

TABLE ANALYTIQUE. 189

Este (le cardinal Louis d'). Dégradation de son ancienne villa de *Belriguardo;* II, 106. IV, 224.

Este (maison d'). A moins mérité des lettres que les Médicis; II, 65.

Este (villa d'), sur le lac de Côme; I, 226. — A Tivoli; IV, 224.

Étienne (S.-), église très ancienne de Bologne; II, 151.
Étienne (S.-), église de Florence; III, 113.
Étienne in pane (S.-), église près Florence; III, 185.
Étienne (S.-), église à Gênes; V, 67.
Étienne-Majeur (S.-), église de Milan; I, 112.
Étienne (S.-), église de Pise; III, 218.
Étienne-le-Rond (S.-), église de Rome; IV, 86.
Étienne (S.-), église de Venise; I, 444.
Étienne (S.-), église de Vérone; I, 299.
Étienne (S.-), église de Vicence; I, 336.
Euphémie (Ste.-), église de Brescia; I, 254.
Euphémie (Ste.-), église de Milan; I, 115.
Euphémie (Ste.-), église de Vérone; I, 291 et 292.
Eusèbe (S.-), église de Rome; IV, 97.
Eustorge (S.-), église de Milan; I, 118 et suiv.

Exposition des produits de l'industrie vénitienne en 1827; I, 394.

Expositions des ouvrages exposés au musée de Brera pour les années 1827 *et* 1828; I, 164 et suiv.

F.

Fabre (M.), peintre français; III, 32. — Élève le tombeau de la comtesse d'Albani, 107.

Fabriano (Gentile da), peintre de l'école romaine (xv⁰ s.); III; 132 et 133. IV, 258.

Fabroni (Ange), biographe et historien. Ses manuscrits à la bibliothèque de l'Université de Pise; III, 225.

Facini (Pierre), peintre de l'école bolonaise (xvi⁰ s.); II, 145.

Faenza, ville; III, 236 et suiv.

Falcone (théâtre *del*), à Gênes; V, 61.

Falconet, sculpteur français (xviii⁰ s.), détracteur de la statue équestre de Marc-Aurèle; IV, 61.

Falconetto (Jean-Marie), de Vérone, devenu par dépit, de

peintre, grand architecte (xve s.); I, 297. II, 13. 39. 45.
— Sa maison Giustiniani *al Santo* ; 46 et 47.

FALCONIERI (palais), à Rome; IV, 186.

Falconieri (Octave). Sa lettre sur le goût du pape Alexandre VII pour les manuscrits; IV, 147.

FALCONIERI (villa), à Frascati; IV, 233.

FALIER (palais), à Asolo; I, 349.

Faliero (Marino), doge décapité; I, 369. 377.

Fancelli, sculpteur (xviie s.); IV, 170.

Fancelli (M. Pierre), peintre de Bologne; II, 166.

FANO, ville; III, 273.

Fantastici-Sulgher-Marchesini (Mme), de Florence, improvisatrice, traducteur de Bion et d'Anacréon; III, 139.

FANTIN (S.-), église de Venise; I, 443.

Fantoccini, marionnettes de Milan; I, 183 et suiv. IV, 192.

Fanzaga (Côme), bergamasque, sculpteur (xviie s.); III, 292. 323. 333. 411.

Fanzago (M.), professeur à l'Université de Padoue; II, 2. 8.

Farinati (Paul), peintre de l'école vénitienne, surnommé le IIIe Paul de Vérone (xviie s.); I, 292. 296. 297. 298. 301. II, 257.

Farnèse (Alexandre). Son tombeau à Parme; II, 222 et 223.

FARNÈSE (palais). Le plus beau palais de Rome; IV, 184 et 185.

FARNESINE (la), palais à Rome; IV, 181 et 182.

FARSETTI (palais) de Venise; I, 402 et 403.

Fasano (Gabriel), poète napolitain, traducteur de la *Jérusalem;* III, 354.

Fasolo (Jean-Antoine), de Vicence, peintre de l'école .vénitienne (xvie s.); I, 332.

Fasolato (Augustin), sculpteur de Padoue (xviiie s.). Sa *Chute d'Anges* extraordinaire; II, 45 et 46.

FAVA (palais), à Bologne; II, 156 et 157.

FAVORITE (palais de la), à Résine; III, 379.

Fazio (Barthélemi), de l'Académie napolitaine; III, 324. V, 37.

Fè (M. le chevalier Nicolas), de Brescia, possesseur du *Dyptique* de Boëce; I, 250.

Fea (l'abbé); I, 302. — Sa justification de S. Grégoire d'avoir détruit les monumens anciens; IV, 85 note. 145. 149. 241 note.

Fedele (San-), église de Côme ; I, 217.
Federici, auteur dramatique piémontais ; V, 105.
Federighi (Antoine), peintre de l'école de Sienne (xv° s.); IV, 267.
Fei (Alexandre), peintre de l'école florentine (xvi° s.); V, 12.
Félicité (Ste.-), église de Florence; III, 129 et suiv.
Félix (S.-), église de Florence; III, 128 et 129.
Félix (S.-), église de Venise; I, 457.
Feltro (Morto *da*), peintre de l'école romaine (xvi° s.); III, 29 et 30.
Femmes de Bologne. Leur savoir; II, 116 et note.
Femmes de Brescia. Vers d'Alfieri sur leur caractère ; I, 242.
Femmes de Modène faisant exécuter à leurs frais, au xii° siècle, une copie des *Lettres de S. Jérôme*; II, 182.
Femmes illustres de la renaissance appartenant aux premières classes de la société ; I, 322 et 323. — Leur caractère public, leur influence, III, 54 et 55.
Fenice (théâtre), à Venise ; I, 465.
Ferentina (vallée); IV, 235.
Ferretti (Jean-Dominique), dit d'Imola, peintre de l'école florentine (xvii° s.); V, 11.
Fermo, ville; III, 281.
Fermo (S.-), église de Padoue; II, 35.
Fermo (S.-), église de Vérone ; I, 293 et suiv.
Ferney; I, 3. — Description; 34 et suiv. — Vieux jardinier; 36. — Anecdote du braconnier; *ibid*. note.
Ferracino (Barthélemi), scieur de bois, grand ingénieur (xviii° s.); I, 341. — Son tombeau; 344. 346.
Ferramola (Fioravante), de Brescia, peintre de l'école vénitienne (xvi° s.); I, 257. 258.
Ferrare; II, 56 et suiv. — Sa décadence exagérée; 56 et 57 note. — Tête épique des habitans de l'état de Ferrare; 77 et note. — Ferrare, un des foyers de l'imprimerie en Italie ; 82. — Goût des représentations théâtrales à Ferrare ; 89. — Éclat de son ancien carnaval, 98 note.
Ferrari (Gaudence), peintre de l'école milanaise (xv° s.); I, 110. 113. 114. 121. 127. 129. 163. 192. 214. 217.
Ferrari (maître), de Ferrare, troubadour. Son recueil de *Poésies provençales;* II, 182 et 183.
Ferrata (Hercule), sculpteur (xvii° s.); IV, 116 et 117. 268.

Ferreri (André), sculpteur bolonais (xviiie s.); II, 61. 66. 70.
Ferretti (Jean-Dominique), peintre de l'école florentine (xviiie s.); III, 111.
Ferri (Cyrus), peintre de l'école romaine (xviie s.); I, 131. 231. III, 148. — Son tombeau; IV, 134.
Ferri (M.), peintre de décorations, bolonais; II, 167.
Ferrucci (André), de Fiesole, sculpteur (xve s.); III, 69. 70. 118. 180. V, 7.
Ferrucci (Nicodême), peintre de l'école florentine (xviie s.); III, 181.
Fesch (M. le cardinal), titulaire de l'église Ste.-Marie-de-la-Victoire; IV, 109. — Sa galerie; 186.
Festus Pompeius, grammairien; IV, 203.
Fête de Ste.-Marie-di-piè-di-Grotta, à Naples; III, 295 et 296.
Fête nationale de Ste.-Marie, à Venise; I, 446 et 447.
Fêtes de Parme, plus importantes et plus célébrées que son histoire; II, 227 et 228.
Fiammetta, maîtresse de Boccace. Erreur sur son prétendu portrait; III, 119 note.
Fiamminghini (Jean-Maure Rovère, ou Rossetti, dit le), peintre de l'école milanaise (xviie s.); II, 296.
Fiamminghino (Ange Everardi, dit le), de Brescia, peintre de l'école vénitienne (xviie s.); I, 110. 112. 118. 119. 130. 131. 255. II, 296.
Fiammingo (François de Quesnoy, dit le), de Bruxelles, sculpteur (xviie s.); III, 350. IV, 7. 103.
Ficin (Marsile), directeur de l'Académie platonicienne de Florence. Ses manuscrits inédits à la Laurentienne; III, 43. — Son tombeau; 68 et 69. 184.
Fidèle (S.-), église de Milan; I, 133.
Fiera (Baptiste), poète et médecin de Mantoue. Arc de triomphe qu'il consacre à Virgile et au Mantouan; II, 257.
Fieschine, religieuses de Gênes. Leur fabrique de fleurs; V, 70.
Fiesole, près Florence; III, 180 et 181.
Fiesque justifié par Bandello; V, 44 et 45.
Figini (Ambroise), peintre de l'école milanaise; I, 109. 116. 128.

TABLE ANALYTIQUE.

Figini (Jean-Pierre), ciseleur milanais; I, 106.
Filangieri, auteur de la *Science de la Législation*. Habite la Cava; III, 394.
Filarète (Antoine, ou Averulino), architecte et sculpteur florentin (xv° s.). Manuscrit de son *Traité d'Architecture*; I, 154. — Son grand hôpital de Milan; 186. IV, 4.
Filicaja (le sénateur). Son tombeau; III, 108.
Filippi (Alexandre), peintre; IV, 17.
Filippi (Laurent), architecte; III, 65.
FINALE, ville; V, 76.
Finelli (M.), de Carrare, sculpteur; IV, 155.
Finiguerra (Maso, pour Tommaso), habile orfévre et sculpteur florentin (xv° s.); III, 22 et 23. 80.
Fiore (Agnolo Aniello), sculpteur napolitain (xv° s.); III, 330 et 331.
Fiore (Colantonio *del*), peintre de l'école napolitaine (xv° s.); III, 307. 347.
Fiorentino (Horace Vaiano, dit le), peintre de l'école milanaise (xvII° s.); I, 116.
Fiorini (Mme Élisabeth), auteur de la *Flore des Marais Pontins*; III, 431.
Fioroni (M. Ado), graveur. Obtient la médaille d'or au concours de l'Académie des Beaux-Arts de Milan; I, 113 et 114.
FIRENZE (S.-), église de Florence; III, 112.
Firmian (le comte), sage administrateur de la Lombardie. Son tombeau; I, 131 et 132.
FIUME-LATTE, torrent; I, 223.
Fiumicelli (Louis), de Trévise, peintre (xvI° s.); II, 24.
FIUMICINO, petite ville sur le Tibre; IV, 149. 178.
FLAVIEN (S.-), église près Montefiascone; IV, 256.
Fleury. Son *Catéchisme historique* encore à l'index; IV, 119 et 120 note.
Flore Farnèse, au musée de Naples; III, 300.
FLORENCE; III, 5 et suiv. — Son ancien gouvernement; 11.
— Activité et grandeur des travaux publics au temps de la Seigneurie; 64. — Ses monumens dus à des motifs religieux ou patriotiques; 77. — Sa population d'Anglais; 140.
Florentins; III, 5 et suiv. 124.
FLORIAN (café), de Venise; I, 360.

v. 13

FLORIDIANA, villa près Naples; III, 346.
Florigerio ou *Florigorio* (Sébastien), d'Udine, peintre de l'école vénitienne (xvi⁰ s.); II, 39.
Florus; III, 424.
Foggini (Jean-Baptiste), sculpteur toscan (xvii⁰ s.); III, 102. 128.
Fogolino (Marcel), de Vicence, peintre; I, 332.
Foire de Bergame; I, 230.
Foire de Senigallia; III, 274.
Foires (considérations sur les); I, 229 et 230. — La vie humaine comparée par le Tasse aux embarras d'une foire; 236 et 237.
Foix (Gaston de). Dispersion de son mausolée; I, 193 et 194.
Folchi (M.), professeur à la Sapience; IV, 189.
FOLCO, dit FRANCESCHINI (palais), de Vicence; I, 335.
FOLIGNO, ville; IV, 312.
Folli (Sébastien), peintre de l'école de Sienne (xvii⁰ s.); IV, 281. 282. 289.
Follini (M. l'abbé), bibliothécaire de la *Magliabecchiana;* III, 58. 135.
FOLLONICA (fontaine *di*), à Sienne; IV, 289.
FONDI, ville; III, 427 et 428.
FONDO (théâtre *del*), à Naples; III, 317.
Fontana (Annibal), sculpteur milanais (xvi⁰ s.); I, 113. 114.
Fontana (Charles), architecte; IV, 78. V, 48.
Fontana (Dominique), architecte (xvi⁰ s.); III, 291. 318. IV, 2. 6 note. 15. 27. 52. 72. 73. 88. 89. 98. 99. 156. 183. V, 78 et 79.
Fontana (François), architecte (xviii⁰ s.); IV, 101. 150.
Fontana (François), astronome napolitain; III, 362.
Fontana (Jean), de Côme, architecte (xvii⁰ s.); IV, 276.
Fontana (Jean), ingénieur hydraulique (xvi⁰ s.); IV, 232.
Fontana (M.), ancien gonfalonier de Spolette; IV, 311.
FONTANA-GRANDE, à Viterbe; IV, 249.
Fontanes (M. de); I, 92. III, 405.
FONTE-BRANDA, fontaine à Sienne; IV, 289 et 290.
Fontebuoni (Anastase), peintre de l'école florentine (xvii⁰ s.); V, 10.
FONTE-GIUSTA, église de Sienne; IV, 282 et 283.
FONTE-NUOVA, fontaine à Sienne; IV, 289.

Fontenelle. Son passage sur la modestie à laisser aux éloges leur cours naturel, au lieu de les refuser; II, 146. III, 334. 360 et 361. IV, 215.

Foppa (Vincent), de Brescia, peintre de l'école vénitienne (xv° s.); I, 235. 247. 255.

Forabosco ou *Ferabosco* (Jérôme), peintre de l'école vénitienne (xvii° s.); II, 11.

Forbin (M. de); III, 378.

Forcellini. Manuscrit de son Dictionnaire latin; II, 36 et 37.

Forestiere (du) (étranger); I, 92 et 93. — Étrangers à Rome; IV, 164.

Forli, ville; III, 257 et 258.

Formie. Ses restes; III, 426.

Formigine (André *da*), architecte et sculpteur du Modenois (xvi° s.); II, 130.

Forteguerri (maison), à Pistoie; V, 18.

Forteguerri (le cardinal Nicolas). Son mausolée; V, 6 et 7.

Fortis (M. de), littérateur; III, 61.

Fortunato (dom), hôtelier de la Chartreuse de Florence; III, 194 et 195.

Forum Boarium; IV, 201 et 202.

Forum romain. Conservé par l'extension de la Rome nouvelle dans l'espace du Champ-de-Mars; II, 223. — Description; IV, 54 et suiv.

Forum de Nerva; IV, 196.

Forum de Trajan; IV, 197.

Fosca (S.-), petit temple près Venise; I, 472.

Foscari (palais), de Venise; I, 400.

Foscolo (Ugo). Voulait écrire la vie du général Teulié; I, 162. II, 184 note. III, 42 note. 104 et 105.

Fossano (Ambroise), peintre de l'école milanaise (xv° s.); I, 202. 203.

Fossi (Ferdinand), bibliothécaire de la *Magliabecchiana*. Son catalogue des éditions du xv° siècle; III, 58.

Fossombroni (M. le comte de). Ses Mémoires sur le val de Chiana; IV, 340 note.

Fra-Bartolommeo (*della Porta*, ou *il frate*), peintre de l'école florentine (xv° s.); I, 164. III, 35. 92. 127. 150. 160. 218. 310. IV, 71. 180. 278. 294. V, 13. 21. 22.

Fracastor (Aventin), ancêtre de Jérôme, médecin de Can-Grandè Ier. Son tombeau; I, 294.

Fracastor (Jérôme), poète, médecin; I, 314 et suiv. — Sert la politique de Paul III, en faisant transférer le concile de Trente à Bologne, sous prétexte de la contagion; II, 160.

Fraja (dom Ottavio), bibliothécaire-archiviste du Mont-Cassin; III, 414.

Français. Causes de l'antipathie que les Italiens leur ont autrefois portée, et qui a cessé; I, 178. — Vers du Dante sur la vanité française; IV, 284.

Francavilla (Pierre), sculpteur français (XVIe s.); III, 109. 206.

Francesca (Pierre *della*), peintre de l'école florentine (XVe s.); IV, 346.

FRANCESCA-ROMANA (S.-), église de Rome; IV, 84.

Franceschini (Marc-Antoine), peintre de l'école bolonaise (XVIIe s.); II, 133. 142. 221. 295. III, 244.

Franceschinis (M.), professeur à l'Université de Padoue; II, 3.

Francesconi (l'abbé Daniel); IV, 3 note. 236 note.

Franchi (Joseph), de Carrare, sculpteur; I, 103. 132.

Franchini (Nicolas), peintre de l'école de Sienne (XVIIIe s.); IV, 299.

Franchis (de), jurisconsulte. Son monument; III, 329.

Francia (François Raibolini, dit), fondateur de l'école bolonaise (XVe s.); II, 122 et note. 138. 139. 163. 174. 180. 204. 213. 270. III, 26. 259. V, 25. 28.

Francia (Jacques), fils du précédent, peintre bolonais; II, 138.

Franciabigio, peintre de l'école florentine (XVIe s.); III, 90. 95. 142. 182. IV, 346.

Franco (Ange), peintre de l'école napolitaine (XVe s.); III, 329.

François, peintre français; IV. 144.

François Ier. Pris dans le parc de la Chartreuse de Pavie; I, 204. — Se fait conduire à l'église; *ibid*. — *Pétrarque* qui lui fut pris à cette bataille; II, 198 et 199. — Combien, avant lui, la France paraissait grossière et barbare à l'Italie; 281 et 282. — IV, 145 et 146. V, 39. 108.

François (S.). Son caractère; son influence; IV, 318 et 319. — Son tombeau retrouvé; *ibid*.

FRANÇOIS DE PAUL (S.-), nouvelle église à Naples; III, 292.

François de Sales (S.), aux glaciers; I, 45 et suiv. — S'oppose aux violences d'un régiment envoyé pour convertir les habitans de Thonon; 67. 90. IV, 148. V, 96.

FRANÇOIS (S.-), église et couvent d'Assise; IV, 315 et suiv.

FRANÇOIS (S.-), église de Brescia; I, 256.

FRANÇOIS (S.-), église de Castiglione; IV, 341.

FRANÇOIS (S.-), église de Chiusi; IV, 340.

FRANÇOIS (S.-), couvent à Cortone; IV, 337 et 338.

FRANÇOIS (S.-), église de Ferrare. Son écho; II, 64 et 65.

FRANÇOIS (S.-), église de Lucques; V, 25 et 26.

FRANÇOIS (S.-), église de Padoue; II, 25 et 26.

FRANÇOIS DEL PRATO (S.-), église de Parme; II, 214.

FRANÇOIS (S.-), église de Pavie; I, 215.

FRANÇOIS (S.-), église de Pérouse; IV, 324 et 325.

FRANÇOIS (S.-), église de Pistoie; V, 14 et 15.

FRANÇOIS-LE-GRAND (S.-), église de Plaisance; II, 296 et 297.

FRANÇOIS (S.-), église de Ravenne; III, 245.

FRANÇOIS (S.-), église à Rimini; III, 261 et 262.

FRANÇOIS (S.-), église de Rome; IV, 133.

FRANÇOIS (S.-), église de Sienne; IV, 280.

FRANÇOIS DE LA VIGNE (S.-), église de Venise; I, 422 et 423.

FRANÇOIS (S.-), église de Viterbe; IV, 252.

Françoise de Rimini. Conjectures sur l'emplacement de sa demeure; III, 263.

FRARI, église de Venise; I, 435.

FRASCATI, ville; IV, 231 et 232.

Fratellini (Jeanne), peintre florentine (xviie s.); III, 30.

Frati. Ennemis qu'ils s'attirent dès leur origine; IV, 316. 319 et 320.

Frédéric Barberousse (l'empereur). Les restes de son palais à Monza; I, 200. — Place de son entrevue et de sa fausse réconciliation avec le pape Alexandre III; 365.

Frédéric-le-Grand. Ses lettres originales à Algarotti, à Venise; I, 400.

FREDIAN (S.-), église de Lucques; V, 24 et 25.

FREDIAN (S.-), église de Pise; III, 219.

Fregose (Janus), génois, général au service de Venise Son autel; I, 289.

Frisi (chanoine). Son enthousiasme pour le papyrus de Monza. I, 198.

Frisi (Paul), barnabite, grand mathématicien et physicien. Son tombeau; I, 118. — Son médaillon, 169.
Friso (Alvise Benfatto, dit *dal*), peintre de l'école vénitienne (XVIe s.); I, 429.
Frugoni, poète du dernier siècle. Son tombeau; II, 225.
Frulli (M. Jean), professeur à l'Académie des Beaux-Arts de Bologne; II, 121.
Fuccio, sculpteur florentin (XIIIe s.); IV, 316 et 317.
Fucin, lac. Travaux de son émissaire; III, 422.
Fuga (Ferdinand), architecte (XVIIIe s.); IV, 97. 98. 155. 179 et 180.
Fuger, évêque allemand. Explication de son épitaphe; IV, 256 et 257.
Fullonica, à Pompéi; III, 390.
Fumagalli, savant milanais. Son médaillon; I, 169.
Fumiani (Jean-Antoine), peintre de l'école vénitienne (XVIIe s.); I, 433.
Fungai (Bernardin), peintre de l'école de Sienne (XVIe s.); IV, 277.
Furia (M.), bibliothécaire de la Laurentienne; III, 37. 135.
Furlanetto (l'abbé Joseph), de Padoue; I, 302. — Nouvel éditeur du Dictionnaire de Forcellini; II, 36 et 37.
Fusina (André), sculpteur milanais (XVe s.); I, 109. — Son mausolée du prélat Daniel Birago; 111. IV, 271.

G.

Gabrielli (Ange) de l'Académie Aldine; I, 410.
Gaddi (Bernard), peintre florentin (XIVe s.); III, 169.
Gaddi (Jacques), peintre; IV, 318.
Gaddi (Thadée), peintre et architecte florentin (XIVe s.); III, 65. 80. 109. 112. 118. 119. 170.
Gaetan (S.-), église de Florence; III, 123.
Gaetan (S.-), église de Padoue; II, 20.
Gaetan (S.-), église de Vicence; I, 336.
Gaetani (Scipion), peintre; IV, 105. 125. 128.
Gaete, ville; III, 425 et suiv.
Gaggini (M.), sculpteur génois; V, 38.
Gagliuffi (M. le professeur), ragusain, improvisateur latin; V, 38. 39. 73 et 74.

TABLE ANALYTIQUE. 199

Gain des artistes; II, 143 et 144. 202. 212 note. 213 note. IV, 46. 47. 185. 272. 277. 286. 289.

Galateo, de l'Académie Napolitaine; III, 324.

Galeotti (Sébastien), peintre de l'école génoise (xviiᵉ s.); II, 215. 219.

GALERIE, avenue de chênes, qui conduit d'Albano à Castel-Gandolfo; I, 228 note. III, 432.

GALERIE DE BOLOGNE; II, 121 et suiv. — Beauté des figures de femmes de cette galerie; 127.

GALERIE DU CAPITOLE; IV, 70 et 71.

GALERIE DE FLORENCE; III, 20 et suiv.

GALERIE DE NAPLES; III, 306 et suiv.

GALERIE PITTI; III, 148 et suiv.

GALERIE DU VATICAN; IV, 46 et suiv.

Galiana (la belle), Hélène de Viterbe; IV, 250.

Galilée. Sa vertèbre au cabinet de physique de l'Université de Padoue; II, 3 et 4. — Exemplaire de ses *Dialogues* annoté par lui; 36. — Son doigt à la bibliothéque Laurentienne; III, 49. — Autographe de son *Traité de Fortification et d'Architecture militaire* à la bibliothéque Riccardi de Florence; 56. — Son mausolée à l'église *Ste.-Croix* de Florence; 102. 124. — Ses manuscrits à la bibliothéque du palais Pitti; 152 et 153. — Sa maison à Florence; 159. — Son télescope, sa lunette; 166. — Sa maison à Arcetri, 175 et 176. 210. — Ses manuscrits à la *Barberiana;* IV, 161.

Galilei (Alexandre), architecte florentin (xviiiᵉ s.); IV, 90. 91. 336.

GALINARA, île; V, 77.

Galizia (Foi), femme peintre de l'école milanaise (xviiᵉ s.); I, 116.

GALLIA (maison), ancien *Musée* de Paul Jove à Côme; I, 226.

Gallini (M.), professeur à l'Université de Padoue; II, 2. 8.

Galvani (M. Jean), de Modène. Ses *Osservazioni sulla Poesia de' Trovatori;* II, 183 note.

Gamba (M. Barthélemi), de Bassano, bibliographe, auteur de l'ouvrage *Serie dei testi di lingua italiana;* I, 388. 413. III, 60 note. 249 note.

Gambara (Lactance), de Brescia, peintre de l'école vénitienne (xviᵉ s.); I, 256. 259. 261. — Sa maison peinte par lui; 262. II, 208. 232. 277. III, 218.

Gambara (M.), auteur du poëme des *Geste de' Bresciani;* I, 244.

Gambara (Véronique). Son deuil perpétuel et bizarre pour la perte de son époux; I, 321.

Gamberelli (Crescenzio), peintre (xviie s.); IV, 282.

Gandini (Antoine), de Brescia, peintre de l'école vénitienne (xviie s.); I, 252. 255. 256.

Gandolfi (Gaetan), peintre de l'école bolonaise (xviii. s.); II, 141.

Garbieri (Laurent), peintre de l'école bolonaise (xviie s.); II, 263.

Garbo (Raffaellino *del*), peintre de l'école florentine (xvie s.); III, 84. 160. IV, 117.

GARGAGNAGO, près Vérone, séjour du Dante; I, 312 et 313.

Gargallo (M. le marquis), académicien de la Crusca, traducteur d'Horace; III, 135. 297.

GARIGLIANO, ancien Liris. Son pont de fil-de-fer; III, 424 et 425.

GARIGNANO, près Milan. Sa chartreuse; I, 192.

GARISENDA, tour à Bologne; II, 174.

Garofolo (Benvenuto Tisio *da*), peintre de l'école ferraraise (xvie s.); I, 164. II, 57 et 58. 61. 63 et 64. 66. — Son tombeau; 69. 141. 180. 270. III, 33. 148. 308. 310. IV, 70. 71. — Son *Ascension;* 146. 151. 152. 167.

Garzi (Louis), peintre de l'école romaine (xviie s.); V, 19.

Gasparoni, brigand romain; III, 429.

Gasse (MM.), architectes de Naples; III, 343. 362.

Gatta (Barthélemi *della*), camaldule, peintre miniateur, architecte; IV, 341.

Gatti (Gervais), peintre de l'école de Crémone (xvie s.); II, 297 et 298.

Gattola (dom Érasme), restaurateur de l'archive du Mont-Cassin; III, 418.

Gavassetti (Camille), peintre de l'école de Modène (xviie s.); II, 297. 300.

Gavazzi (Jean-Jacques), peintre; I, 233.

Gay (Delphine); I, 54. IV, 53.

GAZOLA (casin), de Vérone; I, 310 et 311.

Gazzera (M. l'abbé), sous-bibliothécaire de la bibliothèque de l'Université de Turin; V, 97.

Gazzeri (M.), chimiste, professeur à l'Université de Pise; III, 62. 224.

Gelli, académicien, poète comique et bonnetier de Florence; III, 120.

Gence (M.). Son édition de l'*Imitation de Jésus-Christ*; V, 94 note.

GÊNES (port de); V, 41 et suiv.

GENÈVE; I, 3. — Son mérite, sa distinction; 4 et 5. — Goût de lecture du peuple de Genève; 25. — Société; 32 et 33. — Contraste sur la route d'Italie, *ibid*.

Genga (Jérôme), peintre de l'école romaine (xvie s.); IV, 106.

Genlis (Mme de); I, 3 note. III, 291. 379. V, 77 note.

Gennari (Benoît), peintre de l'école bolonaise, neveu du Guerchin; II, 109.

Gennari (César), peintre de l'école bolonaise, neveu du Guerchin; I, 233. II, 109.

Gennari (Jean-Baptiste), peintre de l'école bolonaise (xviie s.); II, 149.

Genovesini (Marc ou Barthélemi), peintre de l'école milanaise (xviie s.); I, 117.

Gens de lettres en Italie; IV, 92 et 93. — Médiocrité de leur gain, *ibid*. et 94 note.

Gentilis (Valentin), adversaire de Calvin, condamné à mort, et après sa rétractation, à faire amende honorable; I, 11 note.

GENZANO, ville; III, 432.

GEORGE (Banque S.-), de Gênes; V, 43.

GEORGE (S.-), église de Bologne; II, 140.

GEORGE (S.-), église de Brescia; I, 258.

GEORGE (S.-), église de Gênes; V, 68.

GEORGE (S.-) AL PALAZZO, église de Milan; I, 121.

GEORGE IN VELABRO (S.-), église de Rome; IV, 129.

GEORGE (S.-), église de Sienne; IV, 278 et 279.

GEORGE GREC (S.-), église de Venise; I, 422.

George-des-Esclavons (S.-), confrérie à Venise; I, 422.

GEORGE-MAJEUR (S.-), belle église de Venise; I, 425 et suiv.

GEORGE-MAJEUR (S.-), église de Vérone; I, 299 et suiv.

GEORGE (salle S.-) à la douane de Gênes; V, 43.

Giorgio (François di), de Sienne, sculpteur, architecte (xve s.); IV, 289. 294. 338.

Gérard (M.); III, 292. 378.

Gerdil (cardinal). Son tombeau; IV, 140.
Gerini-Gerino, peintre de Pistoie (xvi⁰ s.); V, 9. 12.*
GERVAIS (S.-), église de Mantoue; II, 264.
GERVAIS (S.-) ET S.-PROTAIS, église de Venise; I, 431 et 432.
Gessi (Jean-François), peintre de l'école bolonaise (xvi⁰ s.), surnommé le *Second Guide;* II, 141. 150. 151. 174. III, 321. 326. V, 24.
GESU, église de Cortone; IV, 337.
GESU, église de Ferrare; II, 70.
GESU, église de Rome; IV, 79 et 80.
GESU NUOVO, ou la Trinité-Majeure, église de Naples; III, 337 et 338.
GHERARDESCA (palais), à Florence; III, 136 et 137.
Gherardi (Christophe), peintre de l'école florentine (xvi⁰ s.); IV, 324.
Gherardini (Alexandre le vieux), peintre de l'école florentine (xvii⁰ s.); I, 109. 132. III, 92.
Gherardo delle Notte (Hundhorst, dit), peintre de l'école romaine (xvii⁰ s.); III, 131. IV, 159. V, 28.
GHETTO de Mantoue, II, 274. — D'Ancône, III, 275. — De Rome, IV, 177 et 178.
Ghezzi (Pier-Leone), peintre de l'école romaine (xviii⁰ s.); IV, 233.
Ghiberti (Laurent), sculpteur florentin (xv⁰ s.); III, 22. — Sa châsse de S.-Zanobi à la cathédrale de Florence, 69 et 70. — Ses portes du Baptistère de Florence, 76 et suiv. 112. 262. 274.
Ghigi (Augustin), banquier; IV, 126. 181.
Ghigi (le prince don Augustin); IV, 146. 240.
GHIGI (palais), à Larricia; III, 432.
GHIGI (palais), à Rome; IV, 146 et suiv.
Ghigi (Théodore), peintre de l'école de Mantoue (xvi⁰ s.); II, 256. 257.
Ghirlanda, sculpteur; V, 34 note.
Ghirlandaio (Dominique), peintre de l'école florentine (xv⁰ s.); III, 20. 35. 67. 80. 111. — Ses fresques de *Ste.-Marie-Nouvelle;* 116. — Son tombeau; 118. 121. 122. 133. 142. 168. 220. 307. IV, 17. 299. V, 14. 21.
Ghirlandaio (Rodolphe), fils de Dominique, peintre florentin; III, 35. V, 2. 9.

Ghisolfi (Jean), peintre de l'école milanaise (xvıı⁰ s.); I, 120. 203.

Ghiti (Pompée), de Brescia, peintre de l'école florentine (xvıı⁰ s.); I, 254.

Giacarolo (Jean-Baptiste), peintre de l'école de Mantoue (xvı⁰ s.); II, 258.

Giachetti (frères), imprimeurs à Prato; V, 1 note.

Giacometti (Paul), sculpteur et fondeur de Recanati (xvı⁰ s.); III, 237.

Giacomo de Viterbe (Laurent *di*), peintre de l'école romaine (xv⁰ s.); IV, 252.

Giacomone ou *Jacomone*, peintre de l'école romaine (xvı⁰ s.); III, 237.

Giacomone da Budrio (Jacques Lippi dit), peintre de l'école bolonaise (xvıı⁰ s.); II, 175.

Giadod, architecte lorrain; III, 168.

Giambullari, historien, l'Hérodote florentin. Son tombeau; III, 118.

Gianduja, bouffon turinois; V, 106.

Gianelli (M.), conservateur des manuscrits de la bibliothèque des *Studj*; III, 298.

Gianotti (Silvestre), de Lucques, sculpteur (xvıı⁰ s.); II, 129.

Giaquinto (Conrad), peintre de l'école romaine (xvııı⁰ s.); V, 109.

Gibbon l'historien. Sa maison à Lausanne ; I, 58.

Gibbs (Jacques), architecte anglais, imitateur de Palladio; I, 337.

Gigli (Jérôme), éditeur de Ste. Catherine de Sienne; IV, 295.

Gilardini (Pierre), peintre de l'école milanaise (xvıı⁰ s.); J, 114.

Gilles (Pierre), ancien naturaliste français enterré à Rome ; IV, 78.

Ginguené, auteur de l'*Histoire littéraire d'Italie;* I, iij. 269. 425. 452. II, 42. 59. 73. 79 note. 92 et note. 94 et note. 101 note. 116, 117 et note. 162 et 163 note. 199 et 200. 257 et 258. 280 note. — Fait restituer à Alfieri ses manuscrits; III, 47. 199 note. 274. 349 note. 351 note. IV, 224. V, 64 note.

Giobert (M.), professeur à l'Université de Turin; V, 92.

Gioffredo. Son *Histoire* inédite *des Alpes maritimes* aux archives de Turin; V, 93 note.

Gioja, compositeur de ballets; I, 175. II, 167.

Gioja (Flavio), inventeur de la boussole; III, 362.

Giolfino (Nicolas), véronais, peintre de l'école vénitienne (xv° s.); I, 289. 292. 298. 299.

Giordani (M. Pierre); II, 88. 112. 121. 301. III, 13 note. 61. 135. 137. 200. IV, 144 note.

Giordano (Luc), peintre de l'école napolitaine (xvii° s.); I, 231. 409. 424. 427. 434. II, 30. III, 134. 149. 307. 323. 326. 328. 331. 340. 343. 350. 351. 356. 412. V, 23.

Giorgetti (Jacques), peintre de l'école romaine (xvii° s.); IV, 318.

Giorgion (Giorgio Barbarelli, dit le), peintre de l'école vénitienne (xvi° s.); I, 164. 235. 352. 395. 404. II, 159. III, 29. 30. 31. IV, 155. 168.

Giottino, un des petits-fils de Giotto; III, 107 et 108. 307.

Giotto (di Bondone di Vespignano), peintre de l'école florentine (xiv° s.); I, 275. 405. II, 22. 42. III, 26. 65. 67 note. — Son tombeau; 68. 74. 91. 109. 110. 111. 112. 117. 181. 190. 213 et 214. 243. 329 et 330. 335. 341 et 342. — Sa mosaïque de la *Navicella* à S.-Pierre; IV, 3 et 4. 81. 92. 117. 129. 225. 282. 315. — Ses fresques de S.-François d'Assise; 317. 318. 348. 349. V, 23.

Giovanni, voiturin d'Ancône; III, 276 et 277. 282.

Giovanni di Stefano, sculpteur siennois; IV, 269.

Giovanni (Étienne), peintre de l'école de Sienne; IV, 294.

Giovanni (Mathieu di), peintre (xv° s.); IV, 277. 278.

Giovanni (Pierre di), peintre de l'école de Sienne; IV, 294.

Giovanni (Ser) *Fiorentino*. Son histoire sur la vertu des colonnes de porphyre du baptistère de Florence de montrer son voleur à celui qui avait été volé; III, 79 note.

Giovannini (Charles-César), peintre restaurateur (xviii° s.); II, 136.

Giovannino (S.-), église de Florence; III, 89 et 90.

Giovannino in Pantaneto (S.-), église de Sienne; IV, 279 et 280.

Giovanozzi da Settignano (M.), sculpteur italien; III, 107.

Giovio (Cassandra), petite-nièce de Paul Jove. Ses vers le jour de sa noce; I, 226 et 227 note.

Giovio (Paul), évêque de Nocera, écrivain vénal. Son *Histoire*, ses *Éloges*, son *Musée* à la *Gallia*; I, 226 et 227. II, 16. — Tombeau et statue qu'il s'était décernés; III, 88. — Ses inscriptions des tombeaux de Lautrec et de Pierre Navarre; 340 et 341 notes. IV, 86 note.

Giovio (Jean-Baptiste), auteur des *Lettere Lariane*, ne fut point le dernier de sa famille; I, 217. 227. II, 232.

Giraldi (Giglio), mythologue. Singularité de son épitaphe faite par lui; II, 62 et 63. — Son tombeau; 105 et note.

Girardin (M. Saint-Marc). Son *Discours sur les progrès et la marche de la Littérature française au* xvie *siècle;* I, 8 note.

Giraud (le comte), le Dancourt romain. Comment sa vocation comique lui fut révélée; II, 70 et 71.

Girodet. Son mépris pour les jugemens d'art de Cochin; I, j. — Son imitation probable des vers de Tassoni sur Endymion; II, 187 note. 164 et 165. — Refait la tête du *S. Étienne* de Jules Romain; V, 67.

Gironi (M. l'abbé), bibliothécaire de Brera; IV, 144 note.

Giudici (François *de'*), érudit, d'Arezzo ; IV, 343 note.

Giudici (place *de'*), à Florence; III, 169.

Giulia-Nova, village; III, 281 et 282.

Giulini (le comte George), historien milanais. Son médaillon; I, 169. 195.

Giusti (palais), à Vérone; I, 308.

Giustiniani (villa), à Gênes; V, 58.

Giustiniani al Santo (maison), à Padoue; II, 46.

Giustiniani aux Zattere (palais), de Venise; I, 405.

Giustiniani-Lolin (palais), de Venise; I, 400.

Giustizia, oratoire de Pérouse; IV, 324.

Giustolo (Pier-François), poète. Sa peinture des ermitages du Monte-Luco; IV, 309.

Glaciers; I, 44.

Gladiateur, statue du Musée du Capitole; IV, 66.

Gnocchi (Pierre), peintre de l'école milanaise (xvie s.); I, 128. 129. 131.

Gnomon de la cathédrale de Florence; III, 72.

Gobbo (Christophe Solari, dit le), sculpteur (xvie s.); I, 108. 109. 114. 201 et 202. 203.

Goeschen (M.), un des éditeurs des Commentaires des *Institutes* de Gaius; I, 302.

Goëthe. Son aventure à Malsesine; I, 271. — N'admet point la tradition de la prison du Tasse; II, 94.

Goldoni. Sa comédie des *Petegolezzi delle Donne;* I, 177. II, 228 et 229. V, 61.

GOLDONI, théâtre à Florence; III, 163.

Gonfalone, étendard vénéré à Pérouse; IV, 325.

Gonnelli (Jean), sculpteur toscan (xviie s.); III, 114.

Gonzaga (François), marquis de Mantoue. Sa magnificence; II, 249.

Gonzague (les), souverains de Mantoue. Délivrent leur patrie au lieu de l'opprimer; II, 249 et 250.

Gori, antiquaire. Ses manuscrits à la bibliothèque Marucelli de Florence; III, 57. 80. — Son tombeau; 94.

Gori-Gandellini, ami d'Alfieri. Son épitaphe par celui-ci; IV, 279 et 280.

Goritz, allemand, membre de l'Académie romaine sous Léon X. Sa chapelle; IV, 123.

Goro di Gregorio, sculpteur siennois (xive s.); IV, 258. V, 7.

Gozzadini (Bethisie), docteur en droit à l'Université de Bologne; II, 162 et 163.

GOZZADINI (palais), à Bologne; II, 162.

Gozzi (Gaspard), critique et philosophe enterré à S.-Antoine de Padoue; II, 17.

Gozzi (M.), peintre; I, 166.

Gozzoli (Benozzo), peintre de l'école florentine (xve s.); III, 135. — Ses fresques du *Campo-Santo* de Pise; 214 et suiv. — Enterré au *Campo-Santo;* 216. 259.

GRACES (les), église de Padoue; II, 31.

Grado (François *da*), sculpteur parmesan (xvie s.); II, 209. 211. 213. 222. 229.

GRADI, couvent des Dominicains près Viterbe; IV, 248 et 249.

GRANATELLO, petit fort près Portici; III, 378.

GRAND-CANAL DE VENISE. Son aspect; I, 397.

GRAN-GUARDIA (palais *della*), à Vérone; I, 307.

Grandi (dom Guido), camaldule, grand mathématicien. Son monument; III, 220. — Ses manuscrits à la bibliothèque de l'Université de Pise; 225.

Grandonio, guerrier de Pistoie. Sa masse de fer; V, 16.

Granet (M.), peintre français; III, 378. 428.

Grange d'Arquien (le cardinal de la), mort à 105 ans. Son tombeau; IV, 122.
GRASSI (palais), à Bologne; II, 158 et 159.
Grassi (le P.), jésuite; IV, 76.
GRATA (*Santa*), église de Bergame; I, 234.
Grati (Jean-Baptiste), peintre de l'école bolonaise (xviie s.); II, 137.
GRAVEDONA, sur le lac de Côme. Son palais; I, 224.
GRAVINA (palais), à Naples; III, 298 et 299.
Graziani, peintre de l'école romaine (xviie s.); IV, 110.
Graziani (Hercule) jeune, peintre de l'école bolonaise (xviie s.); II, 132.
GRAZIANI (villa), près Terni; IV, 306.
Grechetto (Jean-Benoît Castiglione, dit le), peintre de l'école génoise (xviie s.); V, 49. 67. 68.
GRECO, près Monza; I, 196.
GRÉGOIRE (S.-), église de Bologne; II, 140.
GRÉGOIRE AU MONT COELIUS (S.-), église de Rome; IV, 84 et suiv.
Grégoire de Nazianze (S.). Son prétendu tombeau à Mantoue; II, 262. — Son corps à S.-Pierre de Rome; IV, 12.
Grégoire (S.) le grand. N'a point détruit les monumens anciens; IV, 84 et 85. — Sa chaire; 129.
Grégoire VII. Mort et enterré à Salerne; III, 397 et 398. IV, 345 et 346.
Grégoire XIII, pape. Inscription par laquelle il absout de tous leurs crimes ceux qui visiteront l'église de S.-George de Venise; I, 426. — Son tombeau; IV, 11. — Sa chapelle à S.-Pierre; 12. 15. 155. 188. 209.
Grégoire de Spolette, maître de l'Arioste, mort dans l'exil. Vers latins et italiens que lui a consacrés l'Arioste; II, 90, 91 et notes.
GREGORIO ARMENO (monastère de *San*), à Naples; III, 356 et suiv.
Grenier (le général). Fonde une chapelle militaire à Mantoue; II, 263.
Grétry. Conseils qu'il reçoit du P. Martini; II, 164 note.
GRILLO-CATANEO (palais), à Gênes; V, 53 et 54.
Grimaldi (le P.), théatin, architecte (xviie s.); III, 320.

Grimaldi-Durazzo (M™° Clélie). Ses connaissances en botanique; V, 73.

GRIMALDI (villa), à Pegli; V, 73.

GRIMANI A S.-LUC (palais), de Venise; I, 402.

GRIMANI A STE.-MARIE-FORMOSE (palais), de Venise; I, 407 et 408.

Gritti (messire André). Ce qu'il dit du courage français; son éloge de Bayard; I, 243.

Grosso Caparra (Nicolas), habile serrurier florentin; III, 144.

Grotius. Ses notes manuscrites sur un Plutarque; IV, 33.

GROTTA-FERRATA (abbaye de); IV, 234 et 235.

GROTTE DE NEPTUNE, à Tivoli; IV, 222.

GROTTE dite DE PYTHAGORE, à Cortone; IV, 336.

GROTTE DE LA SIBYLLE; III, 372.

GROTTE DES SIRÈNES, à Tivoli; IV, 222.

GROTTE DU CHIEN; III, 368.

GROTTES DU VATICAN; IV, 12 et 13.

Grotto (Louis), auteur dramatique aveugle. Joue le rôle d'OEdipe sur le théâtre Olympique de Vicence; I, 333 et 334.

Gruamonte, sculpteur (XII° s.); V, 15.

Gruet (Jacques), adversaire de Calvin. Décapité; I, 11.

GUADAGNI (villa), près Florence; III, 178.

Gualbert (S. Jean), fondateur de l'abbaye de Vallombreuse; III, 188 et 189.

Gualtieri de Padoue, peintre de l'école vénitienne (XVI° s.); II, 6. 47.

Guariento de Padoue, peintre de l'école vénitienne (XIV° s.); II, 24. 47.

Guarini. Premier manuscrit de son *Pastor fido* à la bibliothéque S.-Marc; I, 388. — Son portrait sous les traits de S. Guirini; 67. — Autre manuscrit de son *Pastor fido*; 78. 79 et notes. — Sa maison à Ferrare; 92.

Guarini (Alexandre). Son inintelligible énigme latine; II, 68.

Guarini (M. Raymond), archéologue; III, 298.

Guarini (le P.), architecte (XVII° s.); V, 90. 107.

GUASTA-VERZA (palais), à Vérone; I, 307.

Guarnacci (monsignor), fondateur de la bibliothèque du musée de Volterre; IV, 301 et 302.

GUASTALLA; II, 244. — Sa volumineuse histoire; *ibid.*

Gueffier (Étienne), ancien secrétaire d'ambassade de France à Rome. Élève l'escalier de la Trinité-du-Mont ; IV, 113.

Guelfes et *Gibelins*. Leurs guerres ; héroïsme maternel d'une femme guelfe ; IV, 311 et 312.

Guerchin (Gianfrancesco Barbieri, dit le), peintre de l'école bolonaise (XVIIe s.) ; I, 91. — Son *Agar renvoyée par Abraham*; 163. 199. 203. 233. 272. 298. II, 58. 70. — Sa maison, ses peintures à Cento, sa patrie; 107 et suiv., et notes. 110. 126. 134. 140. 142. 145. 149. 150. 151. — — Le registre de ses commandes; 160 et suiv. 163. 180. 203. 295. III, 33. 244. 247. 258. 259. 273. 292. 337. IV, 48. 70. — Sa *Ste. Pétronille*; 71. 100. 102. 109. 123. 146. 152. — Son *Aurore* de la villa Ludovisi; 158. 160. 175. 180. 185. 186. 235. 277. V, 26. 51. 54. 66. 108. 110.

Guerci (Luc), peintre de Pistoie (XVIIIe s.) ; V, 14.

Guerrieri (M. le marquis), de Mantoue ; II, 268.

Guicciardini (Agnolo), un des *députés* chargés de l'examen du *Décaméron*; III, 59 note.

Guichardin (François), historien ; III, 131. — Sa maison à Montici ; 176 et 177. 255. 341 note.

Guide (Reni Guido, dit le), peintre de l'école bolonaise (XVIIe s.) ; I, 164. 185. 405. 408. II, 24. 110. 123. 124 et notes. 140. — Sa *Réception de l'âme de S. Dominique au ciel* à l'église du saint, à Bologne ; 144. — Son tombeau ; 145. 146. 150. 151. 152. 157. 162. 163. 170. 177. 180. 270. III, 29. 237. 239. 247. 258. 273. 292. 321. 326. 346. IV, 48. 49 et 50. 70. 71. 74. 84. 109. 112 et 113. 121. 125. 140. 151. 152. 155. — Son *Aurore* du palais Rospigliosi; 156. 158. 160. 180. 185. 235. 277. 300. 330. V, 23. 28. 49. 51. 55. 66. 68.

Guides; I, 43. — Guide des montagnes ; *ibid*.

Guidetto, sculpteur (XIIIe s.) ; V, 20. 25.

Guidi (Alexandre), poète lyrique ; IV, 11. — Son tombeau ; 139. — Sa mort bibliographique ; *ibid.* note.

Giudiccioni (Jean), poète de Lucques. Son tombeau ; V, 25 et 26.

Guidobono (Dominique), peintre de l'école génoise (XVIIe s.) ; V, 107.

Guido di Ghezzo, peintre de l'école de Sienne (XIIIe s.). — Sa *Madone*, le plus ancien tableau italien ; IV, 182.

Guidoccio, peintre de l'école de Sienne (xiiie s.); IV, 293.
Guidoni (Jean-Baptiste), peintre; III, 121.
Guidoni (Galeaz), son frère, peintre; III, 121.
Guigniaut (M.), traducteur des *Religions de l'antiquité* de Creuzer. Sa note sur le culte de Sérapis; III, 370 note.
Guillaume, moine et sculpteur napolitain (xve s.); III, 294.
Guillaume de Bergame, architecte et sculpteur (xvie s.); I, 371. II, 45.
Guillaume d'Inspruck, architecte (xiie s.); III, 209.
Guillaume de Marseille, peintre et dominicain français (xvie s.); IV, 346.
Guillaume (frère), de Pise, dominicain, architecte et sculpteur (xiiie s.); III, 218. 220.
Guillelmine, femme hérétique. Prétend fonder un apostolat de femmes; I, 195.
Guillon (l'abbé A.); I, 121. 129 note.
Guisoni ou *Ghisoni* (Fermo), peintre de l'école de Mantoue (xvie s.); II, 257. 261.
Guizzardi (M. Joseph), peintre bolonais restaurateur; II, 152.
Guyton d'Arezzo (le frère), inventeur du solfége; IV, 342 note.
Guyton d'Arezzo, poète chanté assez durement par Pétrarque; IV, 342 note.

H.

Hackert (Philippe), paysagiste, peintre du roi de Naples; III, 379.
Hammer (M. de) visite le Baptistère de Parme. Conjectures qu'il tire des divers emblèmes à l'appui de son système sur le culte du feu; II, 211.
Hancarville (d'), savant français. Véritable époque de sa naissance et de sa mort; II, 21 note. 22. IV, 24 et 25.
Haxo (M. le général); I, 274 note.
Hayez (M.), de Venise, peintre; I, 165. 166. 261.
H<small>EINZELMANN</small> (maison) de Venise a l'*Hébé* de Canova; I, 408.
H<small>ÉLÈNE</small> (Ste.-), église de Vérone; I, 290.
Hélène (la grande duchesse). Son voyage à Ostie; IV, 149.
Héloïse (*Nouvelle*). Sa topographie; I, 52 et 53.
Henri de Pistoie, sculpteur (xiiie s.); V, 15.
Henri II. Son livre d'*Heures* à la bibliothéque de Parme; II, 197 et 198.

Henri III. Son portrait par le Tintoret; I, 372.

Henri IV. Sa lettre aux Genevois sur l'*escalade;* I, 12..— Son éloquence ; *ibid.* — Son armure, moins l'épée, à l'arsenal de Venise, 462. IV, 9. — Chanoine de S.-Jean-de-Latran ; 90. 147.

Henri VII, empereur, loué par le Dante; I, 386. — Son tombeau ôté du dôme de Pise, et mis au *Campo Santo;* III, 206. IV, 264. 350.

Henri VIII, roi d'Angleterre. Sa signature autographe sur un exemplaire de son livre contre Luther, dédié à Léon X ; II, 117 et note. IV, 34. — Ses lettres à Anne Boleyn ; *ibid.* 35. 148.

HERCOLANI (palais) à Bologne ; II, 160 et 161.

HERCULANUM ; III, 383.

Hercule Farnèse au musée de Naples; III, 301.

Hermann (le P. Joseph), jésuite flamand, facteur d'orgues ; V, 8.

Hess (M.), auteur d'une *Vie de Zwingle;* I, 33.

Heurtaud, architecte français. Sa restauration du château de Fontainebleau ; I, 123 note.

HILARION (S.-); église de Parme ; II, 218.

Hildebert, évêque de Tours. Ses vers sur les statues antiques, découvertes à Rome; IV, 37.

Hœschel (David). Livres annotés de sa main à la *Barberiana;* IV, 162.

Hofer (André), chef de l'insurrection du Tyrol. Son embarquement à Limone; I, 271.

Holbein, peintre suisse (XVIe s.); I, 235. III, 26. 29. 32. 307. IV, 152. V, 48. 51. 89.

Holstenius (Luc), préfet de la Vaticane ; IV, 124. — Son tombeau ; 127. — Livres annotés de sa main à la *Barberiana;* 162.

Holweg (M.), un des éditeurs des commentaires des *Institutes* de Gaius; I, 302.

Homme (l') de pierre (*Uomo di pietra*), statue de Milan; I, 103.

Hôpital (grand) de Milan, représente l'histoire et les révolutions des états italiens au XVe siècle; I, 186. — Un des plus beaux édifices de ce genre, *ibid.*

Horace; I, 133. 201. 224. 276. III, 163. 274. 286. 374. 409.

429. IV, 56. 145. 196. 221. 222. — Sa villa à Tibur; 223. 228.

Houdon, sculpteur français. Sa statue de *S. Bruno;* IV, 111.

Howard. Son *Appendix to the state of prisons in England*, etc. Loue la salubrité des prisons de Venise; I, 391. III, 165.

Hugford (Ignace), peintre de l'école florentine (xviiie s.); III, 132.

Hugford (le P. Henri), recteur de l'ermitage des *Celle* de Vallombreuse, artiste en *Scagliola;* III, 189.

Hugo (M. V.); I, 184 et 185. IV, 59.

Hugues, marquis de Toscane, un des fondateurs de la *Badia* de Florence. Son tombeau; III, 111.

I.

Idéal des arts d'imitation; I, 334.

IGNACE (S.-), église d'Alexandrie; V, 85.

IGNACE (S.-), église de Rome; IV, 75.

IGNACE (S.-), église de Viterbe; IV, 251.

Imitation de Jésus-Christ (manuscrit de l'), dit le *manuscrit d'Arone*, à la bibliothèque de Turin; V, 94 et 95.

Imitation française en Italie; II, 243 et 244.

IMOLA, ville; III, 235 et 236.

Imparato (Jérôme), peintre de l'école napolitaine (xviie s.); III, 340.

Imperia, célèbre courtisane romaine; IV, 85 et 86. — Mort pudique de sa fille; 86 note.

Imperiale (Michel). Son legs consacré à faire dire des messes pour le salut de l'âme de Judas; V, 58.

IMPERIALE (palais), à Gênes; V, 58.

IMPERIALE (villa), près Gênes; V, 71.

IMPERIALE, ancienne villa des ducs d'Urbin, près Pesaro; III, 271 et suiv.

Impôt sur le sel (l') payait à Venise les travaux des artistes; I, 458.

Impressions différentes, mais vraies, doivent paraître moins opposées; I, iv.

Imprimerie florissante, à Milan; I, 158 et 159. — Imprimerie, art à sa naissance, devenue fabrication; 411. — Imprimerie

actuelle de Venise; 412 et 413. — Imprimerie, à Rome; IV, 173 et 174.
Imprimerie royale de Milan; I, 314.
Imprimerie royale de Naples; III, 314.
Improvisateurs; III, 8 et suiv.
INCAFFI, près Vérone, demeure de Fracastor; I, 314 et suiv.
Inconséquences naturelles au voyageur; I, iij.
INCORONATA, église de Naples; III, 341 et 342.
Index; IV, 119 et 120.
India (Bernardin), de Vérone, peintre de l'école vénitienne (XVIe s.); I, 298.
Ingegno (André d'Assise, dit l'), peintre de l'école romaine (XVIe s.); IV, 318. 327.
Inghirami (le P. Jean), grand astronome actuel. Mérite de sa carte géométrique de la Toscane; III, 90.
Inghirami (M.), antiquaire, dessinateur, graveur et lithographe, directeur de la *Poligrafia fiesolana;* III, 178.
Ingres (M.), peintre français; IV, 114.
Inhumations, à Rome; IV, 134 et 135.
Innocent d'Imola, peintre de l'école bolonaise (XVIe s.); II, 120 et 121. 122. 138. 140. 141. 150. 160. III, 237. 258.
Innocent X, représenté par le Guide sous les traits de Lucifer; IV, 112 et 113. 169 et 170. 171.
Innominati (Académie des), à Sienne; IV, 276.
Inquisiteurs d'état de Venise. Leurs statuts publiés apocryphes; I, 376. — Opposition de Venise; *ibid.*
Inscriptions. Abus, vanité de certaines inscriptions; II, 50 et suiv.
Institut des Beaux-Arts de Sienne; IV, 293 et 294.
Institut du Miracle, à Naples; III, 364.
Internari (Mme), actrice; I, 177.
Intronati (imbécilles), académie de Sienne; IV, 295.
Invasions des Barbares (des); I, 89 et 90.
Iorio (M. le chanoine), de Naples; III, 298.
Isaac, arménien. Son tombeau; III, 241.
Isabey (M.); V, 84.
Isiaque (table), au musée de Turin; V, 99.
ISCHIA, île; III, 376 et 377.
ISERNIA, ville; III, 286.
ISIDORE (S.-), église de Rome; IV, 113.
Isler (P.), poète piémontais; V, 107.

Isola Bisentina, île du lac Bolsène; IV, 262.
Isola Martana, île du lac Bolsène; prison et lieu du supplice de la reine Amalasonte; IV, 262.
Isola Sacra, à l'embouchure du Tibre; IV, 239. 241.
Isotte (la grande) *Nogarola*. Son plaidoyer pour Eve contre Adam; I, 319 et suiv.
Italie. Celui qui n'y serait point retourné ne serait guère digne d'y avoir été; I, j. — Accessible depuis les nouvelles routes, l'est encore davantage depuis l'établissement des bateaux à vapeur; iv. — Premier aspect de l'Italie; 73. — De l'époque du voyage d'Italie, 96 et suiv. — La peinture perpétuelle en Italie; 236. — L'Italie, le tombeau des Français; II, 263 et 264. — Intéressante sous le rapport géologique; 420.
Italiens. Le génie militaire jamais éteint parmi eux; I, 232. — Leur patriotisme d'art et de cité; 235. III, 246 et 247. — Peuple maçon; I, 252. — Les premiers navigateurs, italiens; II, 44. — Forte nature de ce peuple, toujours dépendant sans être dégradé; 173. — Moins crédules et moins dupes que d'autres peuples; III, 263. — S'occupèrent les premiers de l'antiquité; IV, 161.
Italiennes. Leur instruction; profonde quand elle n'est point nulle; sans pédantisme; I, 322 et 323. III, 138 et 139. IV, 94 note. — Lois somptuaires contre le luxe de leur toilette au moyen âge, 326 et 327.
Italinski (M. le chevalier d'), ministre de Russie à Rome; IV, 171 et 172.
Itri, ville; III, 427.
Ivrée, ville; I, 88.

J.

Jabalot (le Rév. P.), d'origine française, un des premiers prédicateurs italiens; I, 138.
Jacobello (frères), sculpteurs, élèves de l'école de Pise (xive s.); I, 363.
Jacone, peintre de l'école florentine (xvie s.); IV, 337.
Jacopino da Tradate, sculpteur (xve s.); I, 107.
Jacques de Camerino, mosaïste (xiiie s.); IV, 92.
Jacques (S.-), édifice de ce nom à Naples; III, 343.
Jacques-des-Espagnols (S.-), église de Naples; III, 342.

Jacques di Pietro, sculpteur (xive s.); III, 17.
JACQUES-MAJEUR (S.-), église de Bologne; II, 138.
JACQUES (S.-), cathédrale de Pistoie; V, 5 et suiv.
JACQUES (S.-) DALL'ORIO, église de Venise; I, 434.
JACQUES (S.-) DE RIALTO, église de Venise; I, 440.
Jacques, de Vérone, peintre (xive s.); II, 34 et 35.
JANVIER (S.-). Sa chapelle; III, 320. — Son miracle; 321 et suiv.
Japelli (M.), habile architecte de Padoue; II, 41 et 42. 48.
JARDIN AGRARIO DE BOLOGNE; II, 120 et 121.
JARDIN BOTANIQUE DE BOLOGNE; II, 120.
JARDIN BOTANIQUE DE NAPLES; III, 364.
JARDIN BOTANIQUE DE PADOUE; II, 7 et 8.
JARDIN BOTANIQUE DE PÉROUSE; IV, 329.
JARDIN BOTANIQUE DE PISE; III, 225.
JARDINS DU VATICAN; IV, 50 et 51.
Jean, de Bruges, peintre; III, 294.
Jean de Nola, sculpteur napolitain (xvie s.).; III, 294 et 295. 319. 323. 326. 328. 329. 330. 331. 336. — Son mausolée de Pierre de Tolède, 342. 348. 355 et 356.
Jean, de Pise, sculpteur (xve s.); II, 24. III, 67. 207. 210 et 211.— Enterré au *Campo-Santo*; 216. 220. 223. IV, 258. 327. 337. 346 et 347. V, 7. 13. 15. 20.
Jean (frère), olivetain, de Vérone, habile ouvrier en marqueterie (xvie s.); I, 299. — Son portrait; *ibid.* IV, 269.
Jean (frère), religieux des *Eremitani* de Padoue, architecte et ingénieur (xiiie s.); II, 23. 41.
JEAN (S.-) IN MONTE, église de Bologne; II, 150.
JEAN (S.-), église de Brescia; I, 256 et 257.
JEAN (S.-), baptistère de Florence; III, 74 et suiv.
JEAN (S.-), église de Lucques; V, 21 et 22.
JEAN (S.-) ALLE-CASE-ROTTE, église de Milan; I, 132.
JEAN-L'ÉVANGÉLISTE (S.-), église de Naples; III, 324.
JEAN-DI-VERDARA (S.-), église de Padoue; II, 33.
JEAN (S.-), église de Parme; II, 212.
JEAN-BAPTISTE (S.-), église de Pistoie; V, 14.
JEAN-ÉVANGÉLISTE (S.-), église de Pistoie; V, 12 et 13.
JEAN-ROTONDO (S.-), église de Pistoie; V, 7 et 8.
JEAN-DU-CANAL (S.-), couvent et église de Plaisance; II, 297 et 298.

Jean-Carbonara (S.-), église à Naples; III, 347 et 348.
Jean (S.-), église de Ravenne; III, 242 et 243.
Jean-Baptiste (S.-), église de Ravenne; III, 241.
Jean-de-Latran (S.-), église de Rome; IV, 90 et suiv. — Son cloître; 94. — Hôpitaux de S.-Jean-de-Latran; *ibid.* et 95. — Porte, *ibid.*
Jean-des-Florentins (S.-), église de Rome; IV, 140 et 141.
Jean-Baptiste (S.-), baptistère de Sienne; IV, 274.
Jean (S.-), cathédrale de Turin; V, 107.
Jean-l'Aumônier (S.-), église de Venise, I, 440.
Jean-Chysostôme (S.-), église de Venise; I, 440.
Jean-en-Bragoa (S.-), église de Venise; I, 424 et 425.
Jean et Paul (S.-), église de Venise; I, 448.
Jean-in-Fonte (S.-), église de Vérone; I, 290.
Jean (S.-), église de Volterre; IV, 300.
Jean-de-Dieu (S.-), petit hôpital, à Florence; III, 165.
Jean-Baptiste de Vérone, sculpteur; I, 295.
Jeanne de Naples (la première reine). Son tombeau; III, 336. 341 et 342.
Jeanne de Naples (la seconde reine); III, 348. — Son tombeau; 355.
Jérôme (le P.), de Brescia, bénédictin, architecte (xvie s.); II, 29.
Jérôme (S.-), église de Forli; III, 258.
Jésuites, à Naples; III, 337 et 338. — A Rome; IV, 75 et 76.
Jésuites, église de Venise; I, 454.
Jésus (S.-), oratoire de Bergame; I, 233.
Joconde (le frère), dominicain, littérateur, antiquaire et architecte (xvie s.); IV, 2.
Jones (Inigo), architecte anglais, imitateur de Palladio; I, 337 note.
Joseph (S.-), oratoire de Bassano; I, 346.
Joseph (S.-), église de Bologne; II, 135.
Joseph (S.-), église de Brescia; I, 258 et 259.
Joseph (S.-), église de Florence; III, 110.
Joseph (S.-), église de Milan; I, 132.
Joseph (S.-), église de Padoue; II, 34.
Joseph (S.-), église de Rome; IV, 81.
Joseph (S.-), oratoire de Sienne; IV, 276.

Joseph (S.-), église de Venise; I, 424.
Joseph, patriarche grec, mort à Florence après le concile. Son tombeau; III, 118.
Journal arcadique, de Rome; IV, 144.
Juifs. Habitent le plus beau quartier de Ferrare; II, 57. — Leurs maisons de refuge et de travail à Mantoue; 274 et 275. — Leurs écoles à Livourne; III, 233.
Jules II. Épée mise par son ordre à sa statue de Michel-Ange; II, 131. — Boulet de canon qu'il consacre à N. D. de Lorette; III, 278 et 279. IV, 50. 72. 73. 101. — Son tombeau; *ibid.* et 102. 238. — Son palais à Savone; V, 74.
Jules III. Sa villa ou casin; IV, 213 et 214. 224. 243. — Sa statue; 327.
Jules Romain (Giulio Pippi, dit), peintre de l'école romaine (XVIe s.); I, 164. II, 130. 169. 221. 249. 250. 251. 256. 259. 261. 262. — Son tombeau et son épitaphe; 265. 268. 269. 270. 271. — Sa maison à Mantoue; 272. 274. — Son palais du Té; 275. 276. 277. 279. III, 29. 267. 309. IV, 20. 22. 25. 26. 47. 48. 59. 69. 81. 86. 100. 127. 160. 168. 169. 182 et 183. 213. 311. — Sa partie du *Martyre de S. Etienne*; V, 67.
Julien (S.-), église de Venise; I, 441.
Juliette. Son prétendu sarcophage à Vérone; I, 278 et 279.
Junte, de Pise, peintre de l'école florentine (XIIIe s.); IV, 281. — Son portrait contemporain de S. François; 318.
Just (S.-), oratoire de Sienne; IV, 277.
Justine (Ste.-), église de Padoue; II, 29 et suiv. — L'ancienne bibliothèque du couvent hôpital d'invalides; 31.
Juvara (Philippe), architecte (XVIIIe s.); V, 90. 108. 109. 110. 111. 113. — Son temple de la *Superga*; 114.
Juvénal; IV, 6 et 7. 145. 203.

K.

Kara-Mustapha (le visir), défait devant Vienne. Son Coran à la bibliothèque de Parme; II, 196 et 197.
Kauffmann (Angélica), peintre; I, 232. III, 29. IV, 68. — Son tombeau; 113.
Kaunitz (baron de), enfant, seigneur d'Austerlitz, enterré au temple de S.-Pierre, à Genève; I, 9.

Keller. Utilité de sa carte de Suisse; I, 41.
Kircher (le P.). Son musée à Rome; IV, 77 et 78.
Koller (général autrichien). Ses obsèques à Naples; III, 293 et 294.

L.

Lablache (M.), chanteur; I, 175. III, 316.
Labus (le docteur), éditeur des œuvres complètes d'Ennius Quirinus Visconti; I, 159. — Sa Dissertation sur les monumens antiques découverts à Brescia; 239.
Lac d'Agnano; III, 368.
Lac Averne; III, 371.
Lac Bolsène; IV, 262.
Lac de Côme; I, 219 et suiv.
Lac de Genèvr; I, 4. 5 et 6. 64 et 65.
Lac Garda. Coucher, lever du soleil sur ses bords; I, 264 et 265. 267 et 268.
Lac de Loppio; I, 272.
Lac Lucrin; III, 371.
Lac Majeur; I, 77. Fête, 78 et 79.
Lac de Pérouse; IV, 333.
Lac de Piè-di-Luco; IV, 307.
Lacretelle (M. Ch.). Trait de son discours à l'Académie sur la mort d'Esmenard; III, 428.
Ladislas, roi de Naples, conquérant de l'Italie. Son tombeau; III, 347 et 348. IV, 238.
La Fontaine; III, 195. 199. 228.
Lagomarsini (le P.). Ses énormes travaux sur Cicéron; IV, 77.
Lalande. Son voyage, déjà ancien; I, j. — Son faux jugement sur le clocher de Chiaravalle; 194. — Sur la cathédrale de Modène; II, 186. 293. III, 4 note. 72. — Son erreur de quatre siècles sur deux bas-reliefs des portes de bronze du dôme de Pise; 206. 424. IV, 278. 280.
Lama (Jean-Bernard), peintre de l'école napolitaine (XVIe s.); III, 326. 342.
Lama (de). Sa *Vita del cav. Giambattista Bodoni*. Anecdote singulière sur Napoléon; II, 230 note.
Lamarque (général). Sa prise de Caprée; III, 405.
Lamartine (M. de); I, 39. 84 note. 93. 203 et 204. III, 188.
Lambertini (palais), à Bologne; II, 162.

Lamberto Lombardo, de Liége, établi à Venise, peintre de l'école vénitienne (xvi° s.); II, 38.
Lami (docteur). Ses *Delizie degli eruditi Toscani*; III, 13 note. — Ses ouvrages inédits à la bibliothéque Riccardi de Florence; 56. — Son tombeau; 108. — Sa maison; 179.
Lamo (Pierre), auteur du bizarre manuscrit intitulé *Graticola* (le Gril); II, 115 note.
Lana (Louis), peintre de l'école de Modène (xvii° s.); II, 180.
Lancellotti (ancien palais), à Velletri; III, 432.
Lanci (M.), professeur à la Sapience; IV, 190.
Landi (M. le chevalier Gaspard), de Plaisance, peintre; I, 261. II, 296. 298. IV, 152.
Landino (Christophe), commentateur du Dante. Phénomène de son cadavre; III, 58 et 59 note. 107.
Landino (Thadée), sculpteur florentin (xviii° s.); IV, 175.
Lando di Pietro, architecte militaire de la commune de Sienne; IV, 286.
Lanfranc (Jean), peintre de l'école de Parme (xvii° s.); II, 211. 232. III, 337. 345. 349. IV, 128. — Son tombeau; 134. 141. 151. V, 8. 11.
Lanfranchi (M.), professeur à l'Université de Pavie; I, 206.
Lanfranchi (palais), à Pise; III, 226.
Lanfrani (Jacques), sculpteur et architecte vénitien (xiv° s.); II, 145. 147.
Lanfreducci (palais), à Pise; III, 226 et 227.
Lanino (Bernardin), peintre de l'école milanaise (xvi° s.); I, 91. 116. 117. 126. 192.
Lante (cardinal), surnommé *Carino* (Charmant); IV, 136.
Lante (villa), à Bagnaia; IV, 253.
Lante (villa), à Rome; IV, 182 et 183.
Lanterne (la), phare de Gênes; V, 57.
Lanzani (André), peintre de l'école milanaise (xvii° s.); I, 116. 126. 132.
Lanzi. Principale autorité de l'auteur pour la peinture; I, j. 256. 300. 301. II, 14. 47. 252 note. 300. — Son tombeau; III, 105 et 106. 118. 121. IV, 258. 280. 286. 318. 338. V, 9. 14. 51. 110.
Laocoon, groupe du Musée du Vatican; IV, 40 et 41.
Lapi (Nicolas), peintre de l'école florentine (xvii° s.); III, 82.

Lapo (Arnolfo di), architecte, créateur de l'école d'architecture florentine (XIIIe s.); III, 10. 64 et 65. 100.

Lapo (Jacques de) ou l'Allemand, père d'Arnolfo, architecte; IV, 316.

Larauza (J.-L.); I, 53 et 54.

Largillière (Nicolas), peintre de l'école française (XVIIe s.); III, 32. V, 52.

LARGO DEL CASTELLO, place à Naples; III, 292.

LARRICIA; III, 432.

Lasca ou *Grozzini*, poète bernesque et apothicaire florentin; III, 70 et 71 note. 120.

Lasinio (M.), graveur de Florence; III, 135 note.

Latini (Brunetto), maître du Dante; I, 283. III, 52. 124. 248 et 249.

Latini (Latino), critique et érudit de Viterbe. Ses livres annotés à la bibliothèque du chapitre; IV, 251.

LATTE, village; V, 79.

Laudivio, poète tragique. Manuscrit non imprimé de sa pièce *De Captivitate ducis Jacobi*; II, 184.

Laurati (Pierre Lorenzetti, dit), peintre de l'école de Sienne (XIVe s.); III, 212.

Laure (la belle). Question de son célibat; II, 53. — Sans littérature; *ibid*. — Un de ses plus authentiques portraits à la bibliothèque Laurentienne; III, 48. — Erreur au sujet de son portrait sous la figure de la Volupté; 118 et 119. IV, 288.

LAURENT (colonnes antiques de l'église S.-), de Milan; I, 120 et 121.

LAURENT (S.-), église de Crémone; II, 288 et 289.

LAURENT (S.-), église de Florence; III, 81 et suiv.

LAURENT (S.-), cathédrale de Gênes; V, 62 et suiv.

LAURENT (S.-), église de Naples; III, 325 et 326.

LAURENT (S.-), cathédrale de Pérouse; IV, 323.

LAURENT (S.-), église de Pistoie; V, 10.

LAURENT (S.-), basilique à Rome; IV, 96 et 97.

LAURENT IN DAMASO (S.-), église de Rome; IV, 140.

LAURENT IN LUCINA (S.-), église de Rome; IV, 74 et 75.

LAURENT (S.-), cathédrale de Tivoli; IV, 221 et 222.

LAURENT (S.-), église de Venise; I, 422.

LAURENT (S.-), cathédrale de Viterbe; IV, 250 et 251.

Laurent (la S.-), fête nationale à Florence; III, 5 et suiv.

LAURENT NEUF (S.-), village fondé par Pie VI; IV, 262.

Lauretti (Thomas), sicilien, peintre de l'école romaine (XVIe s.); II, 162. IV, 26. 69.

Lauriston (M. le maréchal de), petit-neveu de Law. Fait transférer le tombeau de celui-ci, lorsqu'il commandait à Venise; I, 442 et 443.

LAUSANNE. Description; I, 57. — Société; 60. — Environs; 62.

Lautrec. Tombeau du dernier de cette maison; I, 258 et 259. — Tombeau élevé à Lautrec par le duc de Sessa, à Naples; III, 340. — Mont de Lautrec; sa grotte; 364 et 365.

Laval (M. le duc de); IV, 90 note.

LAVINO, torrent voisin de l'île des Triumvirs, près Modène; II, 179 note.

Law. Son tombeau à Venise; I, 442 et 443.

Lawrence, peintre anglais; IV, 49.

Lazara (M. le chevalier Jean de), de Padoue, ami des lettres et des arts; II, 12. — Sa maison; 47.

LAZARE (S.-), église de Bergame; I, 233.

LAZARE (S.-), petite île près Venise. Son couvent; I, 473 et 474.

LAZARET DE LIVOURNE; III, 232 et 233.

Lazzarini da Murro (Dominique), lettré du dernier siècle; II, 20.

Lazzarini (Grégoire), peintre de l'école vénitienne (XVIIe s.); I, 379. 424. 450.

Lazzaroni. Leur changement; III, 291.

Léandre, peintre français; IV, 144.

Lebas (M.), architecte français, éditeur des OEuvres de Vignole; IV, 245 note.

Leblanc (M.), français. Vue de Florence, de son casin; III, 155.

Lebrun, sculpteur (XVIIIe s.); IV, 74.

Lebrun (M.); V, 56.

Lecchi, milanais. Son médaillon; I, 169.

Lecchi (le comte), de Brescia. Sa galerie; I, 261.

LECCHI, île du lac Garda; I, 270. — Son ancienne et florissante école de théologie; *ibid*.

LECCO, sur le lac de Côme. Son origine grecque; I, 220.

Leclerc (M. le professeur J. V.), premier éditeur des OEuvres complètes de Cicéron; I, 142 note. 302 note. IV, 77.

Lefèvre (Valentin), peintre (XVIIᵉ s.); I, 423.
LEGGINE, village; V, 75.
Legnago (Antoine da), savant, correspondant de Pétrarque. Son tombeau; I, 292.
Legnani (Etienne), dit aussi le *Legnanino*, peintre de l'école milanaise (XVIIᵉ s.); I, 91. 121. 126. 130. 131. 132.
Legros, sculpteur français (XVIIᵉ s.); IV, 75. 79. 107. V, 107.
Lenglet-Dufresnoy. Sa comique erreur bibliographique sur le *Cataio*; II, 49 note.
LENNO, sur le lac de Côme. Son origine grecque; I, 220. — Peut-être la *Tragedia* de Pline; 222.
Le Nôtre; IV, 212.
Lenzoni-Medici (Mᵐᵉ Charlotte), de Florence; III, 137 et 138. — Répare la maison de Boccace à Certaldo, 199 et 200.
LEO (S.-), château près Rimini, où fut enfermé et mourut Cagliostro; III, 263.
Léon (le pape S.), unique vainqueur romain à Ostie; IV, 237 et 238.
Léon X n'a point approuvé en même temps le *Furioso* et excommunié Luther; II, 81 et note. 284. III, 124. 134 note. 142 note. 168 note. 182. 184. 255. IV, 23. 24. 28. 42. 45. 86. — Son tombeau, 118. 181. 188. 238. 262. 350. V, 67.
Léon XI. Sa mort; son tombeau; IV, 9.
Léon XII. Acquiert la bibliothèque d'art du comte Cicognara et la donne à la Vaticane; IV, 35. — Son organisation de la Sapience, 189 et 190.
Léonard, de Milan, sculpteur et graveur (XVIᵉ s.); IV, 137 et 138.
Léonard di Ser Giovanni, orfévre florentin (XIVᵉ s.); V, 6.
LÉONARD (S.-), église de Bologne; II, 137 et 138.
LEONI (palais), aujourd'hui Sedazzi, à Bologne; II, 157 et 158.
Leoni (Pierre), médecin astrologue, précipité dans un puits d'après l'horoscope qu'il s'était tiré; III, 184 note.
Leopardi (M. le comte Jacques), un des bons poètes actuels de l'Italie; III, 103 et 104.
Leopardo (Alexandre), sculpteur vénitien. Ses *pili* en bronze

de la place S.-Marc; I, 361. 363. 449. — Son piédestal de la statue de Colleoni; 453. 454.

LERCARI-IMPERIALE, ancien palais, à Gênes; V, 53.

Lesli (Pierre), peintre; II, 159.

Lesueur, peintre français (XVIIe s.). Sa *Résurrection du docteur* inférieure à la fresque de Daniel Crespi; I, 192.

LEUCIO (S.-), grande filature de soie, près Caserte; III, 409.

Liberi (Pierre), de Padoue, peintre de l'école vénitienne (XVIIe s.); I, 231. 379. 424. 428. 433. 442. 450. 454. II, 11. 15. 17. 26. 28. 30. 33. 41.

Liberté des républiques modernes, sans éloquence; I, 374. — Liberté anarchique du moyen âge; II, 269.

Libertés de l'Église vénitienne, plus rapprochées du schisme grec que de l'esprit de la réforme; I, 419.

Librairie milanaise florissante; I, 158 et 159.

Librairie napolitaine languissante; III, 314.

Libri (Jérôme *da'*), de Vérone. Ainsi appelé de son talent comme miniateur de livres de chœur et d'office (XVIe s.); I, 300 et 301.

Libri (M.), ancien professeur de physique théorique à l'Université de Pise; III, 61. 224.

Licteris (M. de), sous-bibliothécaire de Naples. Son Catalogue des éditions du XVe s.; III, 311.

LIDO (le), près Venise; I, 472 et 473.

Ligorio (Pirro), peintre, antiquaire, architecte (XVIe s.); IV, 15. — Sa *villa Pia*; 51. 117. 225. — Ses manuscrits aux archives de Turin; V, 93 note.

Ligozzi (Jacques), peintre de l'école florentine (XVIe s.); III, 11 et 12. 26. 115. 121. 218 note. 221. 236. V, 21. 26.

LIMONE, sur le lac Garda; I, 271.

Lin (S.-), couvent de Volterre; IV, 300 et 301.

Lino (Pierrolino, ou Pierre de), peintre de l'école de Sienne (XIIe s.); IV, 293.

LINTERNO, près Milan, habité par Pétrarque; I, 189 et suiv.

Lion de S.-Marc; I, 366.

Lioni (Lione), d'Arezzo, sculpteur (XVIe s.); I, 108.

Lions d'Athènes, à l'arsenal de Venise; I, 461.

Lippi (Annibal), architecte; IV, 164.

Lippi (Philippe), l'ancien, peintre de l'école florentine (XVe s.); III, 127. 222. 310. — Son tombeau; *ibid.* et 311. V, 2, 17.

Lippi (Philippe), le jeune, peintre de l'école florentine (xv⁰ s.);
III, 109. 116. 125. V, 23.

Lippi (Philippin), peintre de l'école florentine (xvi⁰ s.); IV,
117.

Lippo (Laurent), peintre et poète (xvii⁰ s.). Son *Malmantile*
cité; II, 43. — Son tombeau; III, 118.

Litta (le comte Pompeo). Son ouvrage sur les *Famiglie celebri
italiane;* I, 159.

LITTA (maison), de Milan; I, 104.

Littérature (la), plus populaire avant l'invention de l'imprimerie que depuis; I, 256. 291. 328.

LIVOURNE; III, 232 et suiv.

Livres. Leur histoire peut servir à l'histoire des hommes; I, iij.
II, 197. 199.

LIZZA, promenade à Sienne; IV, 290.

Lizzaro (Guido Minio, dit), de Padoue, fondeur (xvi⁰ s.);
II, 12.

Lobero (M. Antoine). Ses *Mémoires historiques de la banque
S.-George;* V, 43.

Locatelli (M.). Son lustre d'opéra (*astro-lampe*) essayé à la
Fenice; I, 465.

LOGGIA DE' LANZI (la), à Florence; III, 16 et suiv.

Lolmo (Jean-Paul), de Bergame, peintre de l'école vénitienne
(xvi⁰ s.); I, 231.

Lomazzo (Jean-Paul), milanais; I, 110. — Son *Traité de la
Peinture; ibid.* 112. 113. 132.

Lombardi (M. Antoine), bibliothécaire de Modène. Sa *Storia
della Letteratura italiana nel secolo xviii;* II, 147 note.
181 note. 255 note.

LOMBARDIE. Description; I, 80. — Route, ponts, chemins; 99
et 100. — Dépense de l'entretien de ses routes par lieue;
ibid. note.

Lombardo (Alphonse), de Ferrare, sculpteur (xvi⁰ s.); II, 69.
128. 133. 135. 141. 144. 149. — Ses bas-reliefs des *Funérailles de la Vierge;* 153. 156.

Lombardo (Antoine), sculpteur vénitien (xv⁰ s.); I, 363.
II, 13.

Lombardo (Christophe), dit *Tofano* et *Lombardino,* architecte
et sculpteur milanais (xvi⁰ s.); I, 108. II, 130.

Lombardo (Jérôme), de Ferrare, sculpteur (xvie s.); I, 367. III, 278. — Ses fils; 277. 278.
Lombardo (Pierre), sculpteur et architecte vénitien (xve s.); I, 363. 404. 431. 444. 448. 454. III, 245. 248.
Lombardo (Thomas), sculpteur vénitien (xvie s.); I, 432.
Lombardo (Tullius), sculpteur vénitien (xve s.); I, 404. 424. 440. 454. II, 10. 13.
LOMELLINI (villa), à Pegli; V, 73.
Lomi (Aurèle), peintre de l'école génoise (xviie s.); II, 142. 95. 126. III, 218. 219. 221.
Longe (Robert la), dit aussi le *Fiammingo*, d'Anvers, peintre de l'école de Crémone (xviie s.); II, 297.
Longhena, architecte (xviie s.); I, 427. 428. — Son affreux mausolée de Valier; 449.
Longhena (M. F.), traducteur italien de l'*Histoire de la Vie et des Ouvrages de Raphaël, de M. Quatremère de Quincy*; I, 309 note. II, 21 note.
Longhi (Luc), de Ravenne, peintre de l'école bolonaise (xvie s.); II, 65. III, 242. 244.
Longhi (François), son fils, peintre; III, 244.
Longhi (Barbara), peintre, fille de Luc; III, 244.
Longhi, graveur, poète et écrivain. Sa galerie; I, 185. — Sa gravure commencée du *Jugement dernier*; ibid.
Lorenzetti (Ambroise), peintre de l'école de Sienne (xive s.); IV, 285 et 286.
Lorenzetti (Sano di Pietro), peintre (xve s.); IV, 285. 289.
Lorenzetto, sculpteur florentin (xvie s.). Son *Jonas* de l'église Ste.-Marie du Peuple, à Rome; IV, 73. 116. V, 6 et 7.
Lorenzi, poète et improvisateur de Vérone. Son cénotaphe; I, 290.
Lorenzini (Laurent), mathématicien, enfermé. Son tombeau; III, 123. IV, 302.
Lorenzo (don), camaldule, auteur des miniatures d'un *Missel* de la Laurentienne; III, 48 et 49. 122.
LORETTE; III, 277 et suiv.
Lorrain (Claude Gelée, dit le), peintre de l'école française (xviie s.); III, 307. 310. — Son paysage du *Moulin*; IV, 152.
Lorraine (duc de). Son ancien tombeau à S.-Pierre *in Ciel d'oro*; I, 211.

Loterie. Passion du peuple de Rome pour la loterie; IV, 150.
Loth (Charles), de Munich, peintre de l'école vénitienne (XVII° s.); II, 30.
Lotto (Laurent), de Bergame, peintre de l'école vénitienne (XVI° s.); I, 231. 233. 234 et 235. 236. 435.
Louis (S.-), église de Parme; II, 223.
Louis des Français (S.-), église de Rome; IV, 120 et suiv.
Louis (S.-), hôpital à Turin; V, 111.
Louis II, empereur. Son tombeau; I, 125.
Louis XIV. Pension faite par lui au professeur Octave Ferrari, de Padoue; II, 16. — Son médaillon, peint par Petitot, exposé sur un autel à Bologne les jours de fête; II, 152 et 153. — Fonde l'Académie de France à Rome; IV. 164 et 165.
Louve du Capitole; IV, 69.
Luc (S.), évangéliste, et, dit-on, peintre. Sur les images qu'on lui attribue; I, 258.
Luc (S.-), église de Gênes; V, 67.
Luc (S.-), église de Rome; IV, 82.
Luc (S.-), église de Venise; I, 428 et 429.
Luc de Montepulciano, architecte; IV, 280.
Lucain; I, 259. II, 278. III, 260. 375.
Lucano (pont de), sur la route de Tivoli; IV, 218 et 219.
Lucas (M.). Son discours sur la peine de mort; I, 169 note.
Lucchesini (feu M. le marquis César), auteur de l'*Histoire littéraire du duché de Lucques;* V, 29.
Lucchesino (Pierre Testa, dit le), peintre de l'école florentine (XVII° s.); V, 22.
Lucchino, guerrier, ami de Pétrarque; I, 292.
Luce III, pape chassé de Rome. Enterré à Vérone; I, 286.
Lucie (Ste.-), église de Bologne; II, 148 et 149.
Lucie de' Magnoli (Ste.-), église de Florence; III, 133.
Lucie sul Prato (Ste.-), église de Florence; III, 121.
Lucie (Ste.-), église de Padoue; II, 20.
Lucie (Ste.-), église de Sienne; IV, 275.
Lucie (Ste.-), église de Venise; I, 429.
Lucien. Sa description des *Noces d'Alexandre et Roxane,* du peintre Aëthion, imitée par Raphaël; IV, 216.
Lucques, ville; V, 20 et suiv.

Lucquois. Habiles cultivateurs; V, 31 et 32. — Éclairés; *ibid*.
Lucrèce, poète; III, 289. IV, 6.
Ludovisi (villa), à Rome; 157 et 158.
Ludlow (Edmond). Son tombeau à la cathédrale de Vevey; I, 55 et 56
Luini (Aurèle), peintre de l'école milanaise (xvi⁰ s.); I, 112. 121. 130.
Luini (Bernardin), peintre de l'école milanaise (xvi⁰ s.); I, 110. 112. 121. 122. 126. 128. 149. 163. 164. 192. 196. 199. 203. 214. 216. 217. III, 308.
Lullin (Ami), professeur d'histoire ecclésiastique. Lègue ses livres à la bibliothèque de Genève; I, 15.
Lunghi (Martin) le vieux, architecte (xvi⁰ s.); III, 432. IV, 167. 168 et 169.
Lunghi (Martin) le jeune, architecte (xvii⁰ s.); IV, 74. 144.
Lunghi (Onorio), architecte (xvi⁰ s.); IV, 74.
Luni. Ses ruines; V, 35.
Luther. Son *Psautier* hébreu à la bibliothèque de Parme; II, 198.
Luti (Benoît), peintre de l'école florentine (xvii⁰ s.); III, 207 et 208. IV, 71. 104. 106. V, 14.
Luxe des autels, conservateur et utile; I, 133.
Lycée de la ville de Côme; I, 217 et 218.
Lycée filarmonico de Bologne; II, 164 note.
Lycée de Lucques; V, 29 et 30.
Lyncei (Académie des nouveaux), à Rome; IV, 61 et 62.

M.

Mabila (F. de Mazo), sculpteur de Crémone (xv⁰ s.); II, 287.
Mabillon; III, 363. — Ses lettres au Mont-Cassin; 418. IV, 126. 267 note. 349.
Macchetti (Jérôme), peintre de l'école florentine (xvi⁰ s.); III, 82. 115. 222.
Macdonald (le général). Sa campagne des Grisons; I, 224. — Sa victoire à Borghetto; IV, 305.
Machiavel. Sa remarque sur la désobéissance des Romains aux papes; I, 287. II, 38. 263. III, 5 et 6 note. 10 note. 12. 13. 15 note. 55. 83 note. 93 note. — Son tombeau à l'église Ste.-Croix de Florence; 101 et 102. 125. 141 et 142. — Ses manuscrits à

la bibliothèque du palais Pitti; 152. — Sa maison à Florence; 159. 163 note. 168. — Son séjour et sa villa à *San-Casciano*; 195 et suiv. 257. — Sur sa présence au massacre de Senigallia; 274. 281. IV, 319. — Sa vie romanesque et incomplète de Castruccio Castracani; V, 26. 36.

Machirelli (M. le comte Odoard), de Pesaro; III, 270.

Macrino d'Alba (ou Jean-Jacques Fava), peintre piémontais (xve s.); I, 203.

MADAMA (palais), à Rome; IV, 168.

MADDALONI (palais), à Naples; III, 299.

MADELEINE (Ste.-), église de Bologne; II, 136 et 137.

MADELEINE DE' PAZZI (Ste.-), église de Florence; III, 110.

Maderne (Charles), architecte (xvie s.); III, 433. IV, 3. 6. 15. 174.

Maderne (Étienne), sculpteur (xviie s.). Sa figure de *Ste. Cécile;* IV, 132 et 133.

MADONE DEL SOCCORSO, église de Bologne; II, 136.

MADONE DEL MONTE, couvent, près Césène; III, 259.

MADONE DELLE CARCERI, église de Prato; V, 3.

Madones d'Italie, fondatrices de villes selon l'histoire fabuleuse de l'endroit; II, 61.

MADONNA DEL BARACANO, église de Bologne; II, 149.

MADONNA DI CAMPAGNA (*Tempio della*), près Vérone; I, 325 et 326.

MADONNA DELLA GHIARA, église de Reggio; II, 194.

MADONNA DI GALLIERA, église de Bologne; II, 133 et 134.

MADONNA DELLE GRAZIE, principal ermitage du Monte-Luco; IV, 309.

MADONNA DI S.-LUCCA, église, près Bologne; II, 176 et 177.

MADONNA DI MEZZARATTA, église, près Bologne; II, 175.

MADONNA DEL MONTE de Varèse; I, 216.

MADRE DI DIO (temple *alla*), à Turin; V, 112 et 113.

Maffei (le marquis Scipion). Son opinion sur la *Chiusa;* I, 273. — Sur le nombre des spectateurs de l'Amphithéâtre de Vérone; 280. 282. 290. 292. 294. 295. — Son tombeau; 296. 302. — Manuscrit de sa *Mérope;* 304. 305 et 306. 339. 419. II, 21. 45. 47. 232. 284 note. IV, 299. 332. V, 91.

MAFFEI (palais), à Vérone; I, 308.

Maffei (Jacques), peintre de l'école vénitienne (xviie s.); I, 256. 257. 431.

Maffei (Raphaël), dit le *Volterrano*, érudit. Son tombeau ; IV, 300 et 301.

MAGASIN DES HUILES, à Livourne ; III , 233.

Maganza (Alexandre), peintre de l'école vénitienne ; I , 116. 332. 335. 336. II , 265.

Mages (les trois), cercueil qui contenait leur prétendue relique, à l'église S.-Eustorge de Milan ; I, 120.

Maggi (Pierre), peintre de l'école milanaise (xviie s.); I, 118.

Magliabecchi, grand bibliographe, III , 57 et 58. — Son tombeau, I, 18.

MAGLIABECCHIANA (la), bibliothèque de Florence ; III , 57 et suiv.

Magnani, architecte (xvie s.); II , 229.

MAGNANI (palais), à Bologne ; II , 157.

Magno (le R. P.), un des bibliothécaires de la *Casanatense* ; IV, 119. 120.

Mahomet II. Sa correspondance avec le pape Nicolas V ; III, 416 et 417.

Mai (M^{gnor}); I, 141. 142. III , 37. 312. — Utilité de ses publications ; IV, 36.

Maiano (Benoît *da*), sculpteur et architecte florentin (xvie s.); III , 68. 72. 109. — Son mausolée de Philippe Strozzi, 117 et 118. 122. 144. 327. 339.

Maiano (Julien *da*), sculpteur et architecte florentin (xvie s.); III , 294. IV, 153.

Maidalchini-Pamfili (donna Olimpia); IV, 171. 212. — Son lit, ses mules et partie de son ameublement, 254.

Maifreida (l'abbesse), sectaire, vicaire prétendue de l'hérétique Guillelmine ; I , 195.

MAISON D'ACTÉON , à Pompéi ; III , 387.

MAISON DE DIOMÈDE, à Pompéi ; III , 385.

MAISON DE PANSA , à Pompéi ; III , 388 et 389.

MAISON DU POÈTE DRAMATIQUE , à Pompéi ; III , 389.

MAISON DE TRAVAIL de Florence ; III , 166 et 167.

MAISONS POSSÉDÉES par portions en Italie ; II , 92.

MAISONS DE JEU de Venise, tenues par des patriciens ; I , 398.

Maistre (M. le comte Xavier de), auteur du *Lépreux de la cité d'Aoste;* I , 86 et 87. V, 88.

Maitani (Laurent), architecte siennois (xiv° s.); IV, 257 et 258.

MALAMOCCO, île, près Venise; I, 475.

Malaria de Rome; IV, 143. 177.

MALASPINA (maison) de Pavie; I, 212 et 213.

Malaspina (M.). Son opinion sur l'antiquité de l'église S.-Michel de Pavie, contredite par M. Sanquintino; I, 213 et 214.

Malatesta, seigneur de Rimini, impotent, se faisait porter à Linterno chez Pétrarque; I, 191.

Malatesta Novello, fondateur de la *Malatestiana* de Césène; III, 258.

Malatesta (Sigismond-Pandolphe), seigneur de Rimini; III, 261. — Tombeaux de cette famille; 262.

Malatesta (Léonard), dit Léonard de Pistoie, peintre de l'école florentine (xvi° s.); III, 344. IV, 300. V, 9. 11.

Malebranche. Plusieurs de ses lettres et de ses traités encore à l'index; IV, 119.

Malecarni (François), un des concurrens au prix du poëme sur la *Véritable Amitié*, décerné à la cathédrale de Florence; III, 45 et 46.

Malherbe. Ses lettres à Peiresc; IV, 161 note. V, 80.

MAL-MARITATE (maison des), à Florence; III, 129.

Malosso (Jean-Baptiste Trotti, dit le), peintre de l'école de Crémone (xvi° s.); I, 116. 214. II, 225. 286. 288. 290. 296 et 297.

MALSESINE, bourg sur le lac Garda; 270 et 271.

MALVEZZI-BONFIOLI (palais), à Bologne; II, 163.

Mamiani de la Rovère (M. le comte), poète; III, 269.

Mancini (M.), ingénieur illustre; l'arc d'Auguste à Fano; III, 273.

Manera (le P.), jésuite, ancien professeur à l'Université de Turin; V, 92 et 93.

Manetti (Giannozzo), érudit. Sa dissertation sur les diverses couronnes des anciens, mêlée à son oraison funèbre de Bruni l'Arétin; III, 106 note.

Manetti (Dominique), peintre de l'école de Sienne (xvi° s.); IV, 285.

Manetti (Rutilius), peintre de l'école de Sienne (xvi° s.); III, 220. 221. IV, 276. 277. 280 et 281. 294.

Manfredi (frère André), de Faënza, général des servites, architecte (xiv° s.); II, 150.
Manin, dernier doge de Venise; I, 377 et 378.
Mancini (M.), employé de l'Ambrosienne; I, 139.
Manfredi (le P. Valentin), bibliothécaire de la bibliothèque Berio de Gênes; V, 61.
MANFRIN (palais), de Venise; I, 404.
MANGIA, tour de Sienne; IV, 285.
Mangoni (Fabius), architecte milanais; I, 103. 105.
Mannelli (Amaretto). Sa copie du *Décaméron*; III, 39. — Sa famille se prétendant issue de la famille *Manilia*; 131.
Mannetto (Juvénal), commissaire des antiquités à Rome; IV, 184.
Manno, sculpteur bolonais (xiv° s.). Sa statue de Boniface VIII; II, 117.
MANNO (tour de *San*), près Pérouse; IV, 332.
Mantegna (André), de Padoue, peintre de l'école de Mantoue (xv° s.); I, 163. 285. 310. 405. II, 13. 23. 24. 122 note. 180. 250. 251. 257. 259. — Sa chapelle; 260. 264. 267. 270. — Sa maison à Mantoue; 272. III, 258. IV, 47.
Mantouan (le). V. *Spagnuoli*.
Mantouan (Jean-Baptiste), sculpteur (xvi° s.); II, 265. 276.
MANTOUE, place forte; II, 249 et suiv.
Mantova (André), de Padoue, peintre amateur (xvii° s.); II, 25.
Mantova-Benavides (Marc), professeur de droit de Padoue. Tombeau qu'il se fait élever; II, 23. — Sa maison; 47.
Manuce (Alde) l'ancien. Son académie typographique; I, 409. — Inscription au-dessus de la porte de sa chambre; 410 et 411. — Son épitaphe du moine Eusèbe; 469.
Manuce (Paul); III, 258. 312 et 313. — Son tombeau; IV, 119. — Livres annotés de sa main à la *Barberiana*; 162.
MANUFACTURE DE FAÏENCE de Faënza; III, 237.
Manzoni (M.). Son écrit *Sulla Morale cattolica*; I, 171. II, 260. — La première édition de son *Adelchi* ne le couvre point de ses frais; IV, 94 note.
Marabelli (M.), professeur de l'Université de Pavie; I, 206.
MARAIS PONTINS; III, 430 et 431.
Maraldi, astronome; IV, 111.

Maratte (Carle), peintre de l'école romaine (xviie s.); III, 60. 433. IV, 73. 74. 79. 81. 106. — Son tombeau; 110. 113. 169. 181 et 182. 233. 251. 268. V, 108.

Marbres de Turin; V, 91.

MARC (S.-), église de Florence; III, 90 et suiv.

MARC (S.-), église de Milan; I, 132.

MARC (S.-), église de Rome; IV, 78 et 79.

MARC (S.-), confrérie de Venise; I, 454.

MARC (S.-), église de Venise; I, 361 et suiv.

MARC (place S.-), à Venise; I, 358 et suiv.

Marc de Sienne, peintre de l'école florentine (xve s.); III, 307. 328. 329. 331. 340. 342. 412.

Marca (Lactance *della*), peintre de l'école romaine (xvie s.); IV, 324.

Marc-Aurèle. Sa statue équestre; IV, 61.

MARCEL (S.-), église de Rome; IV, 78.

Marcel, provençal, mosaïste; III, 131 et 132.

MARCELLIN (S.-), église de Parme; II, 217.

Marcello, auteur de la musique des psaumes, poète, patricien de Venise, surnommé le prince de la musique. Son tombeau; I, 258.

Marchesi (M.), sculpteur; I, 150. 166. 188.

Marchione, sculpteur d'Arezzo (xiiie s.); IV, 343.

Marchioni (Mme), actrice; I, 177.

Marchisio (M. Stanislas), auteur dramatique piémontais; V, 105.

MARCONI (casin), à Frascati; IV, 231.

Marconi (Roch), de Trévise, peintre de l'école vénitienne (xvie s.); I, 450 et 451. II, 47.

Marcucci (Augustin), peintre de l'école de Sienne (xvie s.); IV, 287.

MARE MORTO, ancien port de Misène; III, 376.

MAREMNES DE SIENNE. Nouveaux travaux de desséchement; IV, 297 et 298.

MARENGO (champ de bataille de); V, 83 et 84.

MARESCALCHI (palais), à Bologne; II, 159. — La galerie, la bibliothèque à vendre; *ibid.*

Marescalco (Jean Bonconsigli, dit le), de Vicence, peintre de l'école vénitienne (xve s.); I, 332. 336. 434.

Marescotti, religieux gésuaté, fondeur (xv⁰ s.); II, 62.
Marforio, statue colossale du Musée du Capitole; IV, 63. 173.
Margaritone d'Arezzo, peintre de l'école florentine (xiii⁰ s.); IV, 342 note. 348.
Marguerite d'Autriche, fille naturelle de Charles-Quint. Son monument et son mausolée à l'église S.-Sixte de Plaisance; II, 298. IV, 213.
MARGUERITE (Ste.-), église et couvent près Cortone; IV, 337.
MARIA-DI-CAMPAGNA (Sta.-), église près Plaisance; II, 300.
MARIA MAGGIORE (Sta.-), église de Bergame; I, 231.
MARIA-LA-NOVA (Sta.-), église de Naples; III, 340 et 341.
MARIA-IN-PROVENZANO (Sta.-), collégiale de Sienne; IV, 280.
MARIA-IN-VALLICELLA (Sta.-), ou CHIESA-NUOVA, église de Rome; IV, 125 et 126.
Mariage. Importance politique que les premiers Vénitiens, comme les Romains, y attachaient; I, 445.
Mariano Fucci (Laurent *di*), sculpteur siennois; IV, 269.
MARIA-NUOVA (Sta.-), hôpital de Florence; III, 164.
Marie-Louise (l'archiduchesse). Fait monter un collier et des bracelets de la pierre du sarcophage de Juliette; I, 278. — Fête champêtre qui lui est donnée dans le *Salon* de Padoue; II, 41 et 42. — Fonde un hospice de la Maternité à Parme; 233. — Douceur et désordre de son administration; 234.
MARIE DES GRACES (Ste.-), près d'Arezzo; IV, 341.
MARIE DE LA MINERVE (Ste.-), à Assise; IV, 315.
MARIE DELLE CARCERI (Ste.-), église près d'Assise; IV, 321.
MARIE DES ANGES (Ste.-), ou la PORTIONCULE, église près d'Assise; IV, 314.
MARIE DES GRACES (Ste.-), église de Bergame; I, 234.
MARIE DU SÉPULCRE (Ste.-), église de Bergame; I, 234.
MARIE INCORONATA (Ste.-), église de Bologne; II, 137.
MARIE DELLA VITA (Ste.-), église de Bologne; II, 152.
MARIE-MADELEINE (Ste.-), église de Bologne; II, 136.
MARIE MAJEURE (Ste.-), église de Bologne; II, 134.
MARIE-DI-CALCHERA (Ste.-), église de Brescia; I, 253.
MARIE DES GRACES (Ste.-), église de Brescia; I, 257.
MARIE DES MIRACLES (Ste.-), église de Brescia; I, 256.
MARIE-DELLE-GRAZIE (Ste.-), église de Cortone; IV, 338.
MARIE DE LA CONSOLATION (Ste.-), église de Ferrare; II, 71.

MARIE DEL VADO (Ste.-), église de Ferrare; II, 67 et suiv.
MARIE MAJEURE (Ste.-), église de Florence; III, 123 et 124.
MARIE NOUVELLE (Ste.-), église de Florence; III, 114 et suiv.
MARIE DE CASTELLO (Ste.-), église de Gênes; V, 68.
MARIE DE LA CONSOLATION (Ste.-), église de Gênes; V, 69.
MARIE DES ANGES (Ste.-), église à Voltri; V, 73.
MARIE DES ÉCOLES PIES (Ste.-), église de Gênes; V, 68.
MARIE FORISPORTAM (Ste.-), église de Lucques; V, 26.
MARIE IN CORTE LANDINI (Ste.-), église de Lucques; V, 23 et 24.
MARIE DE' SERVI (Ste.-), église de Lucques; V, 26.
MARIE DELLE GRAZIE (Ste.-), église près Mantoue; II, 277 et suiv.
MARIE DEL CARMINE (Ste.-), église de Milan; I, 130.
MARIE DES GRACES (Ste.-), église de Milan; I, 129.
MARIE DELLA PACE (Ste.-), autrefois église et couvent de Milan; I, 113.
MARIE DE LA PASSION (Ste.-), église de Milan; I, 110 et suiv.
MARIE-PORTA (Ste.-), église de Milan; I, 122.
MARIE DE' SERVI (Ste.-), église de Milan; I, 109 et 110.
MARIE DE LA VICTOIRE (Ste.-), église de Milan; I, 120.
MARIE DU JARDIN (Ste.-), église de Milan, devenue magasin; I, 132.
MARIE INCORONATA (Ste.-), église de Milan; I, 131.
MARIE DEL CARMINE (Ste.-), église de Naples; III, 350 et suiv.
MARIE DELLA PIETA DE' SANGRI (Ste.-), chapelle à Naples; III, 327 et 328.
MARIE DEL PARTO (Ste.-), église de Naples; III, 343 et 344.
MARIE DE' MONTI (Ste.-), couvent à Naples; III, 365.
MARIE CORONATA (Ste.-), dite de *Canepanova*, église de Pavie; I, 214.
MARIE DU PEUPLE (Ste.-), église de Pérouse; IV, 324.
MARIE DEL CARMINE (Ste.-), église de Pise; III, 221 et 222.
MARIE DELLA SPINA (Ste.-), église de Pise; III, 223.
MARIE DES ANGES (Ste.-), église de Pistoie; V, 14.
MARIE DE L'HUMILITÉ (Ste.-), église de Pistoie; V, 12.
MARIE DEL LETTO (Ste.-), église de Pistoie; V, 10 et 11.
MARIE IN PORTO (Ste.-), église de Ravenne; III, 244.
MARIE DES ANGES (Ste.-), église de Rome; IV, 109 et suiv.
MARIE DELL' ANIMA (Ste.-), église de Rome; IV, 127.

TABLE ANALYTIQUE. 235

Marie de Lorette (Ste.-), église de Rome; IV, 102 et 103.
Marie della Pace (Ste.-), église de Rome; IV, 126 et 127.
Marie della Traspontina (Ste.-), église de Rome; IV, 141.
Marie de la Victoire (Ste.-), église de Rome; IV, 108 et 109.
Marie du mont Aventin (Ste.-), église de Rome; IV, 131.
Marie du Peuple (Ste.-), église de Rome; IV, 72 et suiv.
Marie in Cosmedin (Ste.-), ou Bocca della verita, église de Rome; IV, 132.
Marie in Trastevere, église de Rome; IV, 134 et 135.
Marie in Via lata (Ste.-), église de Rome; IV, 78.
Marie Majeure (Ste.-), église de Rome; IV, 97 et suiv.
Maria Scala-Dei (Sta.-), église près Rome; IV, 131.
Marie del Carmine (Ste.-), église de Turin; V, 109.
Marie dell'Orto (Ste.-), église à Velletri; III, 432.
Marie de la Piété (Ste.-), église de Venise; I, 425.
Marie dell'Orto (Ste.-), église de Venise; I, 455 et suiv.
Marie Mater Domini (Ste.-), église de Venise; I, 435.
Marie des Miracles (Ste.-), église de Venise; I, 448.
Marie Zobenigo (Ste.-), église de Venise d'un affreux goût; I, 444 et 445.
Marie della Scala (Ste.-), église de Vérone; I, 296.
Marie in Organo (Ste.-), église de Vérone; I, 298. — Sa sacristie citée comme la plus belle de l'Italie, 299.
Marie della Verita (Ste.-), église près Viterbe; IV, 252.
Marin (Cav.); II, 123 note. — Son sarcophage; III, 329. — Son tombeau; 350. V, 67.
Marin (S.-), république; III, 264 et suiv. — Du titre de citoyen de S.-Marin; 266.
Marin (S.-), église de Pavie; I, 214.
Marinali, sculpteur; I, 296. II, 28.
Marinari (Onorio), peintre de l'école florentine (xviie s.); III, 110.
Marini (Benoît), d'Urbin, peintre de l'école romaine (xviie s.); II, 296.
Marini (palais), à Milan; I, 103.
Marini (M^{gnor} Gaetan), savant; I, 288. II, 47. 119. 209 note. IV, 103.
Marino, ville; IV, 235.
Mario (mont), près Rome; IV, 213.
Marionnettes. Connues des anciens; I, 184 et 185.

Marius da Canepina, capucin et architecte ; IV, 74.

Marocco (l'avocat). Son éloge du général Teulié ; I, 162 note.

MAROSTICA, près Vicence ; I, 341. 345.

Marot, réfugié à Ferrare, près de la duchesse Renée ; II, 58 et 59.

Marsand (M. le professeur). Son édition des *Rime*, de Pétrarque ; I, 139. — Contribue à reconnaître et à fixer la position de Linterno ; 189. — II, 12. 53. IV, 288.

Marsigli (le général). Son monument à l'église S.-Dominique de Bologne ; II, 146, 147 et note. — Son Observatoire ; 160.

Marsollier. Sa *Vie de S. François-de-Sales*; I, 45 et 46.

Marsuppini (Charles); III, 68. 107. — Son tombeau ; 108. IV, 342 note.

Martelli (Louis), un des *députés* chargés de l'examen du *Décaméron* ; III, 59 note.

Martelli (Louis). Son duel avec Bandini ; III, 174.

MARTELLI (palais), à Florence ; III, 139.

Martelli (Laurent), peintre de l'école florentine (xviie s.); IV, 279.

MARTELLINI (palais), à Florence ; III, 142.

MARTIAL (S.-), église de Venise ; I, 457.

MARTIN (S.-), chartreuse, à Naples ; III, 344 et suiv.

MARTIN-MAJEUR (S.-), église de Bologne ; II, 139.

MARTIN (S.-), église de Florence ; III, 121.

MARTIN (S.-), église de Pise ; III, 221.

MARTIN (S.-), cathédrale de Lucques ; V, 20 et 21.

MARTIN (S.-), église de Pietra-Santa ; V, 32 et 33.

MARTIN DE' MONTI (S.-), église de Rome; IV, 100.

MARTIN (S.-), église de Sienne ; IV, 276 et 277.

MARTIN (S.-), église de Venise; I, 424.

MARTIN (palais de S.-), près Viterbe ; IV, 253 et 254.

Martin IV, élu pape à la suite d'une émeute ; IV, 251. 262.

Martin V (Colonne), grand pape. Son tombeau ; IV, 91. 154.

Martini (Antoine), peintre (xviie s.); II, 41.

Martini (le P.), franciscain, célèbre professeur de musique. Sa bibliothèque musicale ; II, 164 note.

MARTIGNY, bourg ; I, 48. 81.

Martinengo (Marc-Antoine *della Palata*), guerrier de Brescia. Étrangeté de son mausolée ; I, 259 et 260.

Martinengo-Colleoni, galerie, à Brescia; I, 261.
Martinetti (maison), à Bologne; II, 165 et 166.
Martini (M.), professeur à l'Université de Pérouse; IV, 328.
Marucelli, architecte; IV, 168.
Marucelli, fondateur de la bibliothéque de ce nom. Son recueil, dit *Mare Magnum*, à cette bibliothéque; III, 57.
Marucelli ou Maruscelli (Jean-Étienne), peintre de l'école florentine (xvii⁰ s.); III, 219. 229.
Marullo (Joseph), peintre de l'école napolitaine (xvii⁰ s.); III, 355.
Marzini (les frères Antoniolo et Bernardin-Jacomo), sculpteurs; IV, 269. 287.
Marzocchi (M.). Approbation donnée à son mode de fabrication des couleurs; IV, 270 note.
Masaccio, peintre de l'école florentine (xv⁰ s.); III, 127. 222. IV, 47. 87.
Mascarella, église de Bologne; II, 136.
Massa, ville; V, 33.
Massarello, peintre de l'école de Sienne (xiv⁰ s.); IV, 293.
Massari (Lucius), peintre de l'école bolonaise (xvi⁰ s.); II, 135. 142. 163. IV, 128.
Massarotti (Ange), peintre de l'école de Crémone (xvii⁰ s.); II, 288.
Masséna (général); I, 318. — Sa capitulation de Gênes, intitulée convention; V, 71 et 72.
Massillon. Son trait sur *Ste. Agnès*; III, 207.
Massimi (palais), à Rome; IV, 173.
Mastellata (Jean-André Donduzzi ou), peintre de l'école bolonaise (xvi⁰ s.); II, 137. 141. 144. 263.
Mastio (tour *del*), à Volterre; IV, 302.
Masuccio I*er*, sculpteur et architecte napolitain (xiii⁰ s.); III, 299. 318. 319.
Masuccio II, sculpteur et architecte napolitain; III, 323. 325. 328. 331. 335. 337. 347.
Matelots génois; V, 42.
Maternité (hospice de la), à Parme; II, 233.
Mathias (S.-), église de Bologne; II, 140.
Mathieu (S.-), église de Gênes; V, 67 et 68.
Mathieu (S.-), église de Padoue; II, 34.
Mathieu (S.-), église de Pise; III, 220.

Mathilde (comtesse); III, 229. 231. — Son tombeau; IV, 11. V, 5.

MATTEI (palais), à Rome; IV, 174.

MATTEI (villa), à Rome; IV, 154.

Mattei (Gabriel), servite de Sienne, miniateur; IV, 270 et 271.

Matteino, peintre; IV, 284.

Matteis (Paul de), peintre de l'école napolitaine (xvii⁰ s.); V, 13. 68.

Matteis (M. de), professeur à la Sapience; IV, 189.

Mattioli (Louis), graveur et peintre de l'école bolonaise (xvii⁰ s.); II, 135.

MAURICE (S.-), église de Mantoue; II, 262 et suiv.

MAURICE (S.-) ou MONASTERIO MAGGIORE, église de Milan; I, 122.

Maurice (M.), de Genève; I, 33.

Mauro (fra), camaldule, grand cosmographe vénitien du xv⁰ siècle. Sa mappemonde à la bibliothéque S.-Marc; I, 389.

Maury (le cardinal). Son *Essai sur l'éloquence de la chaire;* III, 93 note. — Sa lettre à l'abbé de Rozan; 396 note. IV, 18.

MAXIME (S.-), église de Padoue; II, 34.

Mazarin (le cardinal) achète le palais Rospigliosi pour devenir le palais de France. Son père y meurt; IV, 156.

MAZERF, maison près Bassano; I, 346.

Mazois (M.), architecte français. Sa restauration de l'église S.-Germain-des-Prés; I, 123 note. — Mérite de son ouvrage le *Palais de Scaurus;* III, 305 note. — Restaure la *Trinité du Mont;* 114.

Mazza (Ange), poète de Parme. Son tombeau; II, 241.

Mazza (Damien), de Padoue, peintre de l'école vénitienne (xv⁰ s.); I, 455.

Mazza (Joseph), sculpteur et peintre bolonais (xviii⁰ s.); II, 134. 137. 141.

Mazzarda (frères), pirates du lac Majeur chassés par les Borromées; I, 77.

Mazzaroppi (Marc), de San-Germano, peintre de l'école napolitaine (xvii⁰ s.); III, 412. 419.

Mazzini (frères), sculpteurs (xvi⁰ s.); IV, 283.

Mazzocchi (Alexis-Symmaque), savant antiquaire. Son tombeau; III, 320. — Ses lettres au Mont-Cassin; 418.
Mazzola (Jérôme), peintre de l'école de Parme (xvi⁰ s.); II, 205. 208. 212. 213. 215. 217. 220. 221. 222. 229. 256. 257. 269.
Mazzola delle Erbette (Philippe), peintre de l'école de Parme (xvi⁰ s.); II, 211.
Mazzucchelli (l'abbé), préfet de l'Ambrosienne; I, 139. 302.
Mazzuola (Joseph), sculpteur de Volterre (xviii⁰ s.); IV, 91. 269 et 270.
M°*Crie* (Thomas). Son *History of the Progress and Suppression of the Reformation in Italy;* I, 248 note. II, 59 et 60 note.
Mécènes. La villa de son nom à Tivoli; IV, 223 et 224.
Meda (Joseph), sculpteur et architecte lombard (xvii⁰ s.); I, 106.
Médailler de Bologne; II, 117.
Médailler du musée de Naples; III, 305.
Médailler de Ravenne; III, 246.
Médailler de Turin; V, 99.
Médecins. Inscription constatant la haine que Pétrarque leur portait; II, 36 note. — Ne paraissaient habiles au Tasse qu'autant qu'ils donnaient des médicamens agréables; 97. 98 et note.
Medici (M. le chevalier), ministre à Naples; III, 314.
Medici (M.), professeur à l'Université de Bologne; II, 113.
Medici (le P.), inquisiteur actuel de Bologne, raisonnable; II, 147.
Médicis (Jean-Jacques), marquis de Marignan. Son tombeau; I, 108. — Sa défense dans le château de Musso; 225.
Médicis (Côme), père de la patrie, réfugié à Venise. Son présent aux Bénédictins de S.-George; I, 425. — Lieu de la tour du vieux palais de Florence, où il fut enfermé; III, 12 et 13. — Son tombeau à l'église S.-Laurent; 82 et 83. 134. 141. 184.
Médicis (Jean), le *Grand Diable;* II, 263. III, 89.
Médicis (Jean), fils d'Averard. Son tombeau à l'église S.-Laurent; III, 83. — Son discours à ses enfans en mourant; 84 et 85 note.
Médicis (don Juan), père du grand-duc Ferdinand Ier; III, 87 et 88. 210 note.

Médicis (Laurent). Caractère de sa protection littéraire ; III, 44. 68. 124. 182. — Son séjour, sa mort à Careggi ; 184 et 185. IV, 310.

Médicis (Lorenzino), meurtrier de son cousin Alexandre ; III, 135 et 136.

Médicis (Pierre). Faisait sculpter des statues de neige à Michel-Ange ; I, 439.

MEDICIS (villa), Académie de France à Rome ; IV, 164 et suiv.

MÉDITERRANÉE (de la) ; III, 289 et 290.

Mehus (l'abbé), créateur de l'histoire littéraire de Florence ; III, 42 note.

Mei (Bernardin), peintre de l'école de Sienne (xvii* s.) ; IV, 287. 289.

MEILLERIE (rochers de). Toujours sauvages, malgré le passage de la grande route ; I, 68.

Mélancthon. Ses lettres inédites à la bibliothèque Ghigi de Rome ; IV, 148.

Melani (frères), peintres de l'école florentine (xviii* s.) ; III, 220.

Melissi (Augustin), peintre de l'école florentine (xvii* s.) ; V, 14.

MELLERIO (maison), de Milan ; I, 104.

Melon. Citation de son *Essai politique sur le Commerce* ; I, 201.

Melone (Altobello), peintre de l'école de Crémone (xvi* s.) ; II, 287.

Melozzo (F. François), de Forli, peintre de l'école bolonaise (xv* s.) ; III, 258.

MELZI (villa), sur le lac de Côme ; I, 223.

Memmi (Lippo), peintre de l'école de Sienne (xiv* s.) ; III, 222. V, 15.

Memmi (Simon), peintre de l'école de Sienne (xiv* s.) ; III, 118. 212 et 213. 222. IV, 317. V, 15.

Ménageot, peintre français du dernier siècle ; I, 338 et 339.

Mendians. Peu nombreux à Rome ; IV, 157.

Meneghelli (M. l'abbé), recteur de l'Université de Padoue, installe la vertèbre de Galilée dans le cabinet de physique ; II, 3 et 4.

Menganti (Alexandre), sculpteur, surnommé le *Michel-Ange inconnu* (xvi* s.) ; II, 155.

Mengs (Antoine-Raphaël), né en Bohême, peintre et écrivain du dernier siècle ; II, 132. 214. IV, 41. 68. 97. 217.
Menicucci, architecte ; IV, 74.
Mensini (maison), à Sienne ; IV, 289.
Menzini, poète florentin ; III, 169. IV, 179 et 180 note.
Mercurial (S.-), église de Forli ; III, 258.
Mercuriale ou *Mercurialis*, grand médecin ; ami, médecin du Tasse ; II, 97 et 98.
Mergellina, à Naples ; III, 360.
Meric-Lalande (Mme), cantatrice ; I, 172 et 173. III, 316.
Méridienne de l'église S.-Pétrone de Bologne ; II, 129.
Méridienne de l'église Ste.-Marie des Anges de Rome ; IV, 111.
Mersy (Mme Adélaïde), danseuse ; II, 168.
Merula (George), érudit querelleur de la renaissance. Ennemi de l'imprimerie ; I, 120. — Son épitaphe et son tombeau ; *ibid.*
Métastase. Ses lettres autographes à la bibliothèque de Sienne ; IV, 297. 315.
Metaxa (M.), professeur à la Sapience ; IV, 190.
Meucci (Vincent), peintre de l'école florentine (XVIIIe s.) ; III, 121. 142.
Mezzanotte (M.), poète, professeur à l'Université de Pérouse ; IV, 327. 328.
Mezzofanti (l'abbé), de Bologne ; I, 302. — Ancien professeur à l'Université ; II, 113. — Sa vaste connaissance des langues ; 120 et note. III, 236.
Micali (magasin), à Livourne ; III, 233.
Micali (M. Joseph), auteur de l'*Histoire des Anciens peuples italiens*; III, 61. IV, 329.
Michel in Bosco (S.-), ancien couvent près Bologne ; II, 175 et 176.
Michel de' Leprosetti (S.-), église de Bologne ; II, 151.
Michel Visdomini (S.-), église de Florence ; III, 99.
Michel (S.-), place et église de Lucques ; V, 23.
Michel (S.-), église de Pavie ; I, 213 et 214.
Michel in Borgo (S.-), église de Pise ; III, 220.
Michel (S.-), église de Plaisance ; II, 299.
Michel in Affricisco (S.-), ancienne église de Ravenne ; III, 242.

MICHEL IN MURANO (S.-), église près Venise. Mérite de ses arabesques et ornemens; I, 468 et 469.

MICHEL (S.-), hospice de Rome; IV, 133.

Michel-Ange Buonarotti, grand sculpteur, architecte et peintre (xve s.); I, 108. 418. 439. II, 9. 128 et 129. — Périls auxquels sont exposés ses ouvrages pendant les révolutions; 131 et 132. 143. 213 note. 253. 290. III, 12. — Son *David*; 14 et suiv. 17. — Son *Bacchus*; 21. 26. 27. 28. 33. 36. — *Piété*, son dernier ouvrage à la cathédrale de Florence; 72. 76. 79 note. — La nouvelle sacristie de S.-Laurent et ses tombeaux; 85 et suiv. 87. 93 note. — Son tombeau à l'église Ste.-Croix; 101. — Demande à élever le tombeau du Dante; 103. 114. 115. 118. 122. 124. 127. — Ses *Parques*; 149. 154. — Sa maison à Florence; 156 et suiv. 160. — Directeur général des fortifications; 171. 176. — Son bastion; 191 et 192. 226. 298. 301. 319. 337. 377. 378 note. 412. IV, 2. 6. — Sa coupole de S.-Pierre; 7 et 8. 10 et 11. 12. 13 et 14. — Son *Jugement dernier*; 15 et suiv. — Sa voûte de la *Sixtine*; 17. 18. 39. 41. 43. 60. 61. 65. 67. 69. 71. 84. — Son tombeau de Jules II; 101 et 102. 104. 110 et 111. 112. — Son *Christ* en pied; 117. 128. 137. 140 et 141. 159. 164. — Sa tête colossale au charbon de la *Farnesine*; 182. 184. 188. 213. 214. 225. 251. 252. 259. 271. 282. 284. 341 et 342; V, 28. 34. 69.

Michel-Ange des Batailles ou des Bamboches (Michel-Ange Cerquozzi, dit), peintre de l'école romaine (xviie s.); IV, 185.

Michele (Benoît de M.), d'Arezzo, un des concurrens au prix du poëme sur la *Véritable Amitié*, décerné à la cathédrale de Florence; III, 45 et 46.

Michelet (M.). Sa traduction de la *Scienza nuova* de Vico, et son *Discours sur le Système et la Vie de l'auteur*; III, 326 et 327 note.

Micheli (Dominique), ancien doge de Venise. Son armure; I, 403. — Son tombeau; 426 et 427.

Micheli (Alvise), orateur vénitien mort en parlant. Son tombeau; I, 450.

MICHELI DALLE COLONNE (palais), de Venise; I, 403.

Michelozzo di Bartolommeo, artiste (xive s.); III, 80.

Michelozzo Michelozzi, sculpteur et architecte florentin (xv⁰ s.); I, 103. 119. — Compagnon d'exil de Côme de Médicis; 425. III, 10. 80. 92. 109. 134. 179. 184.

Michiel (Mme Justine Renier). Son ouvrage sur l'*Origine des Fêtes vénitiennes;* I, 360 note. 369 note. 421 note. 446 et 447 note.

Migliara (M.), peintre; I, 166. 261. V, 100.

Mignard (Pierre), peintre français (xvii⁰ s.); III, 32. V, 88.

MILAN. Son aspect français; I, 101. — Description; *ibid.* et suiv. 175.

Milani (Aurélien), peintre de l'école bolonaise (xvii⁰ s.); II, 152.

Milizia. Ses *Memorie degli Architetti;* III, 4 note. 337. IV, 103.

Millin. Inadvertance de son *Voyage dans le Milanais;* I, 126 note.

Millingen (M.); IV, 329.

Mils (M. Charles), anglais; IV, 59.

Milton. Son imitation des ponts de l'Enfer du Dante; I, 324. — Ses vers sur Vallombreuse; III, 188.

Minardi (M.), de Rome. Son dessin du *Jugement dernier;* I, 185.

Minenti, gens du peuple de Rome; IV, 175 et 176.

MINERVA MEDICA (ruine dite de), à Rome; IV, 194.

Minerva Medica, statue du Musée du Vatican; IV, 38.

Minio (Titien), de Padoue, sculpteur (xvi⁰ s.); I, 367. II, 14. 40.

Mino de Fiesole, sculpteur (xv⁰ s.); III, 110. 111. — Ses sculptures de la cathédrale; 181. IV, 299. V, 2.

Minorello (François), d'Este, peintre de l'école vénitienne (xvii⁰ s.); II, 32. 35.

Minozzi (Flaminius), peintre de l'école bolonaise (xviii⁰ s.); II, 136.

MINTURNES. Ses restes; III, 425.

Miollis (général); II, 254. 273. — Sa fête et son bizarre temple en l'honneur de Virgile; 285.

Miséricorde (confrérie de la), à Florence; III, 164 et 165.

Miséricorde (ancienne confrérie de la), à Venise; I, 454.

Missirini (M. Melchior); III, 67 note. IV, 89 note. 214. V, 35 note.

Mitelli (Augustin), peintre de l'école bolonaise (xvii⁰ s.); II, 135.

Mitelli (Joseph), son fils, peintre bolonais; II, 150.
Mocchi (François), sculpteur d'Orviétto (XVII° s.), auteur de la *Véronique* de S.-Pierre; IV, 7 et 8. 260 et 261.
Mocchi (François), sculpteur toscan, auteur des chevaux de Plaisance (XVII° s.); II., 293 et 294. III. 206.
MOCENIGO (palais) à Venise, habité par Byron; I, 400 et 401.
Modanino, sculpteur; III, 339.
Modena (M.), acteur; I, 177.
MODÈNE, ville; II, 180 et suiv.
Moggiani, sculpteur; II, 216.
Moglia (M.), sculpteur, auteur des ornemens de la Porte du Simplon de Milan; I, 188.
Moines actuels à réformer pour la défense du catholicisme; III, 419 et 420.
MOÏSE (S.-), église de Venise; I, 442.
Moitte, sculpteur, un des commissaires de la République chargés du choix des manuscrits de la Vaticane; IV, 30 note.
Mojon (M. Joseph), professeur à l'Université de Gênes; V, 60.
Mola, peintre de l'école bolonaise (XVII° s.); IV, 70.
Mola (Antoine), sculpteur de Mantoue; II, 259. 274.
Mola (Paul), sculpteur de Mantoue; II, 259. 274.
MOLE (Vieux) de Gênes. Inscription de sa porte; V, 45.
Molina, peintre; I, 121.
Molinari (Jean), peintre piémontais (XVIII° s.); V, 109.
Molza (la dame Tarquinia), dame d'honneur de la belle Marfise d'Este, poète et amie du Tasse; II, 95 et 96. 98. III, 151.
Molza (François), poète; IV, 246.
Mombelli (Luc) de Brescia, peintre de l'école vénitienne (XVI° s.); I, 258.
Mona ou *Monna*, ou *Monio* (Dominique), peintre de l'école ferraraise (XVI° s.); II, 64, 67 et 68.
Monaldi (M.) de Pérouse. Sa galerie; IV, 330.
Moncalvo (Guillaume Caccia, dit le), peintre piémontais (XVI° s.); I, 91. 112. 116. 118. 128. 214. V, 86. 108. 110. 111.
Mondeni (M.), professeur à l'Université de Bologne; II, 113.
MONDRAGONE (villa) à Frascati; IV, 233.
Monge, ou moine des îles d'Or. Son manuscrit des *Vies et poésies des poètes provençaux*; IV, 33 et 34.

TABLE ANALYTIQUE. 245

Monge, un des commissaires de la République chargés du choix des manuscrits de la Vaticane ; IV, 3o note.

Monsignori (le frère Jérôme), dominicain, peintre de l'école de Mantoue (xv⁵ s.); II, 252. 265. 277.

Monsignori (François) de Vérone, peintre de l'école de Mantoue (xv⁵ s.); I, 292. 295. 298.

Montagna (Barthélemi) de Vicence, peintre de l'école vénitienne (xvi⁵ s.); I, 203. 332. 335. 336. 338. II, 37.

Montagna (Benoît) de Vicence, peintre de l'école vénitienne (xvi⁵ s.); I, 335. 339.

Montagna (Léonard), savant véronais. Son épitaphe ; I, 291.

Montagnana (Jacques) de Padoue, peintre de l'école vénitienne (xv⁵ s.) ; II, 12. 15.

Montaigne ; II, 69. — Trouvait que Milan ressemblait assez à Paris, 101. 466. II, 63. 94 et 95. III, 2. — Son portrait de Bianca Capello, 3 note. 8. 143. 231. 280. 282. IV, 122 note. 172. — Censuré avec indulgence à Rome, 192. — Son jugement sur Sienne, 285. V, 88.

Montalti (M. l'abbé César), professeur ; III, 267.

Montalto (Jean-Étienne Danedi, dit), peintre de l'école milanaise (xvii⁵ s.); I, 117. 129. 131. 132. 199. 203.

Montani (M. Joseph), littérateur; III, 61.

Montbar ; I, 3.

Mont-Cassin, monastère; III, 409 et suiv.

Mont-Cenis ; V, 118 et 119.

Monte (Jean da), peintre de l'école vénitienne (xvi⁵ s.); I, 114. 116.

Monte-Aperti. Bataille perdue par les Florentins contre les Siennois ; III, 157 note.

Monte-Baldo, montagne surnommée le *Jardin des Alpes* ; I, 265.

Montebello, village. Victoire. Nouveau nom historique; I, 331.

Monte-Catini, bains; V, 19.

Montecavallo (palais) à Rome ; IV, 155.

Montecircello ; III, 430 et 431.

Montecitorio (palais) à Rome ; IV, 150.

Montecorona (couvent de). Piété de ses religieux ; IV, 334.

Montefiascone, ville ; IV, 256 et 257.

Monte-Luco, près Spolette ; IV, 308 et suiv.

Monte-Lupo (Raphaël da), sculpteur (xvi° s.); III, 87. 278. IV, 102. V, 19. 22.

Montemurlo, colonne en souvenir de cette victoire de Côme Ier; III, 122. — Position militaire défavorable ; V, 4.

MONTENERO, près Livourne ; III, 234.

MONTE-NUOVO, près Naples ; III, 370.

MONTE-OLIVETO, église de Naples ; III, 338 et 339.

MONTE-PINCIO, promenade de Rome ; IV, 166.

MONTEPULCIANO, ville ; IV, 263 et 264.

Montesanto (M.), médecin, académicien de Padoue ; II, 8.

Montesquieu. Son opinion sur les inquisiteurs d'état de Venise ; I, 377. — Son observation sur l'emploi des courtisanes vénitiennes pour entretenir l'industrie, 467. III, 136. — Admet à tort l'authenticité du sénatus-consulte inscrit à Savignano, 259. 391. 424. V, 41 note. 43.

Montfaucon. Sa *Bibliotheca bibliothecarum*; I, 380. II, 119 et note. — Meilleur juge d'érudition grecque et latine que de littérature italienne, 183 et 184. III, 349. — Ses Lettres au Mont-Cassin, 418. IV, 30 note. 179. 267 note. 296. 298 note.

Montholon (le général). Ses *Mémoires pour servir à l'Histoire de France sous Napoléon*; I, 327.

Monti. Visité par l'auteur ; I, 169 et 170. II, 230 note. III, 175 et 176. 269. 358 note. — Prix que sa traduction de l'*Iliade* lui fut payé. IV, 94 note. 144 note.

Monti (François), peintre de l'école bolonaise (xviii° s.); II, 137.

Monti (M.) de Ravenne, sculpteur ; I, 167. 188.

Monti de Milan (M.), sculpteur ; I, 188.

Monticelli (M. le chevalier) de Naples ; III, 298.

MONTICI, près Florence. Demeure de Guichardin ; III, 176 et 177.

Monticini (M.), danseur et compositeur de ballets ; V, 106.

Montmorin (Pauline de). Son tombeau ; IV, 122.

Montorfano (Jean Donat), peintre de l'école milanaise (xv° s.); I, 258.

Montorsoli (le frère), sculpteur toscan (xv° s.); III, 87. 343. IV. 301. V. 55. 67.

Monumens primitifs, imités, renouvelés comme certains ouvrages littéraires aux époques de goût ; I, 472.

MONZA, près Milan ; I, 196 et suiv.

Morandi (Jean-Marie), peintre de l'école romaine (xviie s.); IV, 127.

Morazone (Jacques), peintre de l'école milanaise (xve s.); I, 109.

Morazzone (Pierre-François Mazzucchelli, dit le), peintre de l'école milanaise (xviie s.); I, 116. V, 111.

Morcelli, savant. Cénotaphe qui lui est consacré par les habitans du village dont il était prévôt; I, 167. II, 217.

Morelli, bibliothécaire de S.-Marc; I, 380. 384. 385. 387. 388. — Son tombeau; 469.

Moreni (M. le chanoine), de Florence; III, 13 note. 84 note.

Moretti (M.), professeur de l'Université de Pavie; I, 206.

Moretti (Christophe), dit aussi *Rivello*, peintre de l'école de Crémone (xvie s.); II, 286.

Moretto (Alexandre Bonvicino, dit le), de Brescia, peintre de l'école vénitienne (xvie s.); I, 114. 232. 247. 252. 253. 254. 256. 257. 258. 259. 300. III, 31.

Morgagni. Son buste; II, 5. — Son tombeau, à Padoue; 34. — Son exclamation religieuse au milieu d'une dissection; *ibid.*

Morgan (lady); I, 152. 322. 474. III, 402. V, 63.

Morghen (feu Raphaël), graveur de Florence; III, 160.

Morichini (M.), médecin de Rome, professeur à la Sapience; IV, 189.

Morigia (le P. Antoine), architecte, prédicateur, évêque et cardinal; I, 112.

Mormandi (François), architecte napolitain (xvie s.); III, 355.

Moro (Baptiste Dognolo del), peintre (xvie s.); I, 292. 298. 451. II, 257.

Moro (François Tordibo, dit le), de Vérone; peintre de l'école vénitienne (xve s.); I, 287. 295.

Moro (Jules dal), de Vérone, sculpteur; I, 372. 440. 445. 457.

Morolli jeune (M. Philippe), artiste de Rimini; III, 261 note.

Morone (François), peintre de l'école vénitienne (xve s.); I, 292. 299.

Moroni (Jean-Baptiste), peintre de l'école vénitienne (xvie s.); I, 231. 233. III, 30.

Morosini (François), doge et capitaine vénitien. Son tombeau ; I, 444.

Morosini (François), dit le *Montepulciano* (xviie s.), peintre de l'école florentine ; III, 113.

Mort (confrérie de la), à Chiusi ; IV, 340.

MORT (église de la), à Viterbe ; IV, 251.

MOSAÏQUE (atelier de), à Rome ; IV, 50.

Mosca, contrebandier. Consulté sur les chemins par Bonaparte lors de la bataille de Rivoli. Rencontré par l'auteur ; I, 318 et 319.

Mosca (François), peintre (xvie s.) ; II, 252.

Mosca (François), sculpteur toscan (xvie s.) ; IV, 260.

Mosca (Jean-Marie), sculpteur de Padoue ; I, 438. 444.

Mosca (Simon), sculpteur toscan (xvie s.) ; IV, 260.

Mosca (M.), ingénieur ; V, 113.

Moscatiello (Charles), peintre de l'école napolitaine (xviie s.) ; III, 326.

Moschini (l'abbé), de Venise ; I, 302.

Moya (M.), peintre ; I, 166.

Mozzi (villa), près Florence ; III, 179 et 180.

Munch (M. Ernest), allemand. Sa biographie du roi Enzius ; II, 154 note.

Mura (François de), peintre de l'école napolitaine (xviiie s.) ; III, 337.

Muranesi (Jean et Antoine), peintres (xve s.) ; I, 421.

MURANO (île), près Venise ; I, 468 et suiv. — Ses manufactures de glaces, cristaux et perles ; 471.

Muratori, colosse d'érudition et bon curé ; II, 181. 184. — Son tombeau, 188 et 189. 217. 293 et 294. — Ses lettres au Mont-Cassin, 418. IV, 264. 298 note.

Muratori (Dominique-Marie), peintre de l'école romaine (xviie s.); IV, 104.

Muratori-Moneta (Thérèse), peintre de l'école bolonaise (xviie s.) ; II, 134.

MURAZZI, remparts de Venise ; I, 475 et 476.

Muret (Marc-Antoine) ; II, 106. — Ses livres et manuscrits au Collége romain et à la Vaticane ; IV, 77.

MURI DI BRACCIO, substructions, à Pérouse ; IV, 326.

Murillo, peintre espagnol (xviie s.) ; I, 405. III, 297. 308. IV, 181. V, 89.

TABLE ANALYTIQUE.   249

Musée de l'Ambrosienne, à Milan ; I, 149.
Musée des Antiques de Bologne ; II, 117.
Musée Bourbon (*Studj*), à Naples ; III, 299 et suiv.
Musée de Brera, à Milan ; I, 163 et 164.
Musée du Capitole ; IV, 63 et suiv.
Musée de Genève ; I, 13.
Musée des Statues de Mantoue ; II, 252 et 253.
Musée de la Bibliothèque S.-Marc, à Venise ; I, 389 et 390.
Musée lapidaire de Parme ; II, 200 et 201.
Musée lapidaire de Ravenne ; III, 246.
Musée des Antiques de Turin ; V, 98 et 99.
Musée égyptien de Turin ; V, 101 et suiv.
Musée lapidaire de Vérone ; I, 305.
Musée du Vatican ; IV, 36 et suiv.
Muséum de Physique et d'Histoire naturelle, à Florence ; III, 165 et 166.
Musique (la) ; I, 258. — Musique à Naples ; III, 316 et 317. — Musique de la chapelle Sixtine ; IV, 18. — La musique française antérieure à la musique italienne ; 147 et 148.
Musso, château sur le lac de Côme. Retraite de Jean-Jacques Médicis ; I, 224.
Mustoxidi (le chevalier). Son opinion sur les chevaux de Venise ; I, 366 note.
Musurus (Marc), de l'Académie Aldine ; I, 410 note.
Muziani (Jérôme), peintre de l'école romaine (xvi° s.) ; IV, 12. 13. 79. 81. 110. 225. 258 et 259.
Mytens (Daniel), peintre de l'école flamande (xvii° s.) ; V, 89.

N.

Nacerino (Michel-Ange), sculpteur ; III, 154.
Naldini (Baptiste), peintre de l'école florentine (xvi° s.) ; III, 115. IV, 300. V, 10.
Nanni di Antonio di Banco, sculpteur (xv° s.). Sa *Mandorla* ; III, 67.
Nanni di Baccio Bigio, sculpteur ; IV, 127.
Naples ; III, 291 et suiv.
Napolitains ; III, 290. 352 et suiv. 363. 399 note. 401.

Nardi (don Basile), de Casentino, abbé de S.-Félix, général florentin; III, 128 et 129.
Nardi (M. Louis), chanoine de Rimini. Son ouvrage *de' Compiti e dell' antico Compito Savignanese*; III, 262 note.
Nardini, célèbre joueur de violon. Son tombeau voisin de celui de Machiavel; III, 107.
Narni, ville; IV, 306.
Nasini (Joseph), peintre de l'école de Sienne (xviie s.); IV, 104. 278. 280. 281.
Nastasi (maison des), à Sienne; IV, 289.
Natali (François), peintre de l'école de Crémone (xviie s.); II, 219.
Navagero (André), de l'Académie Aldine; I, 410 note.
Navarre (Pierre), célèbre général de génie. Tombeau qui lui fut généreusement élevé à Naples par le duc de Sessa; III, 340 et 341.
Navicella, ou Sta.-Maria-in-Dominica, église de Rome; IV, 86.
Naviso. Cru l'ancien lac de Vadimon; IV, 255 et 256.
Navone (place), à Rome; IV, 169 et suiv.
Nazaire et S.-Celse (S.-), église de Brescia; I, 256.
Nazaire (S.-), église de Crémone; II, 287.
Nazaire (S.-), église de Milan; I, 114.
Nazaire et S.-Celse (S.-), église de Vérone; I, 297 et 298.
Negro (M. le marquis Jean-Charles *di*), de Gênes; V, 54.
Negroni (palais), à Gênes; V, 54.
Neipperg (le général), surnommé par Mme de Staël le Bayard des troupes allemandes; II, 233.
Nelli, sénateur florentin. Son opinion sur la rue où l'action de la *Mandragore* s'est passée; III, 159 note.
Nelli (J.-B. Clément *de'*). Sa *Vita e Commercio letterario di Galileo Galilei*; III, 175 note.
Nelli (M. Vincent), manufacturier romain. Ses diverses spéculations; IV, 143 note.
Nelli (villa), près Rome; IV, 216.
Nenci (M. François), peintre, élève de l'Académie des beaux-arts de Florence; III, 175.
Nepi, ville; IV, 305.
Nérée et Achille (Saints-), église de Rome; IV, 129.
Nervi, ville; V, 39.

Nesso, sur le lac de Côme. Son origine grecque; I, 220.
Nesti (M.), de Florence, sculpteur; I, 167.
Nesti (M.), professeur honoraire de l'Université de Pise; III, 225.
Nibby (M. A.), antiquaire, professeur à la Sapience; IV, 174. 190.
Niccoli (Nicolas), florentin. Sa bibliothèque mise à la disposition du public par Côme de Médicis; III, 94. 126.
Niccolini (M.), président de la société *Borbonica* de Naples; III, 370.
Niccolini (M. Jean-Baptiste), orateur et poète distingué de Florence; III, 16 note. 61. 83 note. 115 note. 135. 160 et 161.
Niccolini (M. Joseph), poète de Brescia. Sa *Méditation* sur la fête des Morts; I, 264.
Niccolini (palais), à Rome; IV, 169.
Nice; V, 80 et 81.
Nichesola, évêque de Bellune. Son mausolée; I, 288.
Nicolas V, grand et savant pape, précédemment Thomas de Sarzane. Donne le premier modèle de catalogue suivi pour le classement de plusieurs bibliothèques d'Italie; III, 94. — Sa correspondance avec Mahomet II; III, 417. IV, 27. 50. 163. V, 35.
Nicolas (messer), orfévre de Mantoue; II, 262.
Nicolas d'Arezzo, dit aussi *Nicolas Selli*, sculpteur et architecte (XIV° s.). Son *S. Marc;* III, 70.
Nicolas de Pesaro, peintre de l'école romaine (XVII° s.); III, 271. IV, 81.
Nicolas de Pise, grand architecte et sculpteur (XIII° s.); I, 435. II, 13. 143. — Ses bas-reliefs du tombeau de S. Dominique à Bologne; 144. III, 122. — Sa chaire du baptistère de Pise; 209. 216. 218. 219 et 220. 294. 295. — Sa chaire de la cathédrale de Sienne; IV, 272. 299. 337. V, 20.
Nicolas di Sozzo, peintre miniateur (XIV° s.); IV, 287.
Nicolas (S.-) et S.-Félix, église de Bologne; II, 140 et 141.
Nicolas (S.-), église de Florence; III, 132 et 133.
Nicolas (S.-), église de Pise; III, 219.
Nicolas (S.-), belle église gothique de Trévise; I, 353.
Nicolas (S.-), église de Vérone; I, 293.
Nicolas (porte S.-), à Florence; III, 169.

Nicole; IV, 105.

Niebuhr. Découvre les Commentaires des *Institutes* de Gaius; I, 302. — De ses systèmes sur l'histoire romaine; IV, 198 et 199.

Nievo (M. Alexandre), de Mantoue. Sa galerie; II, 270.

Ninus de Pise, fils d'André, sculpteur (xive s.); III, 219. — Ses statues de *Madones* à l'église de *la Spina;* 223. V, 8.

Niobé (scène de); III, 24.

Nisida, île; III, 377.

Nobili (M.), de Modène, physicien; III, 166.

Noces Aldobrandines, peinture antique; IV, 21.

Nodier (M. Charles). Sur sa description du Lido; I, 472. III, 60 note.

Nofelli, peintre florentin (xvie s.); IV, 346.

Nogarola, famille ancienne et distinguée par les talens de l'esprit; I, 319 et 320 note.

Noli, ville; V, 76.

Norchia (vallée de), près Viterbe; IV, 254.

Noris (cardinal). Son volume manuscrit à la bibliothéque Angelica de Rome; IV, 124.

Nota (M.), auteur dramatique. Examen de son théâtre; I, 178 et suiv. V, 105.

Notre-Dame de Lorette, église; III, 277 et suiv.

Notre-Dame de Monte-Allegro, sanctuaire près de Rapallo; V, 38.

Notre-Dame-de-San-Celso, église de Milan; I, 113 et suiv.

Notre-Dame de Saronno, église près Milan; I, 192.

Notre-Dame des Carmes, église de Venise; I, 432 et 433.

Notre-Dame-du-Mont, église près Vicence; I, 338 et 339.

Nottolini (M. Laurent), architecte lucquois; V, 28. 31.

Novare, ville; I, 91.

Novi, ville; V, 83.

Nunez (palais), à Rome; IV, 145 et 146.

Nuvolone (Pamphile), peintre de l'école de Crémone (xviie s.); I, 110. 114. 116. 233. II, 299.

Nuvolone (Charles-François), peintre de l'école milanaise (xviie s.); I, 127.

O.

Obélisque de la place de S.-Jean-de-Latran; IV, 88.
Obélisque de la place de la Minerve; IV, 116 et 117.
Obélisque de la place de Monte-Citorio; IV, 150.
Obélisque de la place du Peuple; IV, 72.
Obélisque de la place de Ste.-Marie-Majeure; IV, 99.
Obélisque de S.-Pierre; IV, 2.
Obélisque de la place de la Trinité-du-Mont; IV, 113.
OBSERVANTINS DEL PARADISO, église de Viterbe; IV, 252.
OBSERVATOIRE DE CAPO-DI-MONTE, à Naples; III, 362.
OBSERVATOIRE DE FLORENCE; III, 166.
OBSERVATOIRE DE PADOUE, ancienne prison; II, 5.
Occhiali (Gabriel Ferrantini, dit Gabriel *dagli*), peintre de l'école bolonaise (xvi⁰ s.); II, 135.
Ocheda (Thomas de), ancien bibliothécaire, retiré à Florence; III, 62 et 63.
ODDI (ancien musée), de Pérouse; IV, 330.
Oderico, chanoine de Sienne, peintre miniateur (xiii⁰ s.); IV, 297.
Odescalchi (le cardinal); IV, 135 et 136.
ODESCALCHI (villa), sur le lac de Côme; I, 226. — A la même place que le *Suburbanum* de Caninius Rufus; 227 et 228.
Office grec célébré à l'église S.-George de Venise; I, 422.
Oggiono (Marc d'), peintre; I, 113.
Ognabene (André-Jacques), orfévre de Pistoie; V, 6.
OGNI-SANTI, église de Florence; III, 121.
OGNI-SANTI, église de Padoue; II, 32.
Olivero (César), auteur dramatique piémontais; V, 105.
Olivieri (Dominique), peintre piémontais (xviii⁰ s.); V, 109.
Olivieri (Horace), ingénieur hydraulique (xvi⁰ s.); IV, 225. 232.
Olivieri (Pierre-Paul), sculpteur et architecte romain (xviii⁰ s.); IV, 84. 92. 128.
OLMO, village près d'Arezzo; IV, 341.
Oltrocchi (le docteur Balthazar). Son livre sur Les PREMIÈRES AMOURS *de Pierre Bembo;* I, 143 et 144 note.
Omodei, cardinal et architecte; IV, 74.
ONEILLE, ville; V, 77 et 78.

Onofri (Antoine), zélé citoyen de S.-Marin ; III, 266. 267.
ONUPHRE (S.-), église et couvent de Rome ; IV, 138 et suiv.
OPÉRA à Bologne ; II, 166 et suiv. — Représentations de 1828, *ibid.*
OPÉRA (salle de l') de Turin ; V, 105 et 106.
OPÉRA-BUFFA naturel et vrai en Italie ; I, 174.
Opera (Jean *dall'*), sculpteur florentin (XVIe s.); III, 70. 72. 101. 118. 206.
Opicello (Jacob-Philippe). Ses *Monumenta bibliothecæ Ambrosianæ;* I, 147 note.
Orbesan (Arminius), baron de la Bastide, jeune Français enterré à Padoue. Son épitaphe en vers latins et français ; II, 18.
Orbetto (Alexandre Turchi, dit l'), de Vérone, peintre de l'école vénitienne (XVIIe s.); I, 235. 290. 293. 295. 297. 299. 301.
— Sa *Mère de Douleur; ibid.* II, 41.
Orfévrerie florentine des XVe et XVIe siècles, art ; III, 170.
Orgagna et non *Orcagna* (André da Cione, dit), peintre, sculpteur, architecte et poète florentin (XIVe s.). Sa *Loggia de' Lanzi;* III, 16 et 17. 65. 99. — Son tabernacle d'*Or-San-Michele;* 112. 117. 193. 194. 211 et 212.
Orgagna (Bernard), frère aîné d'André, peintre de l'école florentine (XIVe s.); III, 117. 212.
Orgagna (Jacques di Cione), frère d'André, sculpteur (XIVe s.); III, 69.
Orioli (Joseph), peintre de l'école de Mantoue ; II, 265.
Orioli (M.), ancien professeur à l'Université de Bologne ; II, 113. 114. 178 note. — Intérêt de ses leçons d'antiquités à Paris ; IV, 255.
Oriuoli (Pierre *di Francesco degli*), peintre (XVe s.); IV, 286.
ORLANDINI DEL BECCUTO (palais) à Florence ; III, 145.
Orléans (Marguerite d'), grande-duchesse de Toscane ; III, 183.
OR-SAN-MICHELE, collégiale de Florence ; III, 112.
Orsi (Benoît), peintre de l'école florentine (XVIe s.); V, 10.
Orsi (M. Vincent), florentin, propriétaire de Careggi ; III, 183 note.
Orso (Antoine d'), évêque de Florence, disperse à la tête du clergé et du peuple l'ennemi qui l'assiégeait. Son tombeau à la cathédrale ; III, 69.

Ortolano (Jean-Baptiste Benvenuto ou), peintre de l'école ferraraise (xvi° s.); II, 58. 64. — Son tombeau; 69.

ORVIETTO, ville; IV, 257 et suiv.

Oscuri, ancienne Académie de Lucques, aujourd'hui Académie royale; V, 30.

Ossat (cardinal). Son tombeau; IV, 121 et 122.

OSTIE, ville; IV, 236 et suiv.

OTRICOLI, bourg; IV, 306.

Ottale (Chérubin). Ruse de la vanité de ce confrère vénitien; I, 418.

Ottaviani (le colonel Mécènes), d'Arezzo; IV, 343 note.

Ottino (Pascal), de Vérone, peintre de l'école vénitienne (xvii° s.); I, 299. 301.

Ovide; III, 284 et 285. — Sa statue à Sulmone; *ibid.* — Son portrait à la chapelle de la Madone de San-Brixio du dôme d'Orvietto; 259.

P.

Pacchiarotto (Jacques), peintre de l'école de Sienne (xv° s.); IV, 278. 281. 282.

Pacetti (M.), sculpteur distingué; I, 126. 167. 188. IV, 113.

Paciaudi (le P.) a commencé la bibliothèque de Parme; II, 195. 196. 200. — Nudité de sa sépulture; 215 et 216. 218.

Pacilli, sculpteur romain (xviii° s.); IV, 74.

Pacini (M.), compositeur; IV, 192.

PADOUE, ville; II, 1 et suiv.

Padovani (M.), professeur à l'Université de Pavie; I, 206.

Padovanino ou *le Padouan* (Alexandre Varotari, dit le), peintre de l'école vénitienne (xvii° s.); I, 232. 236. 405. — Ses *Noces de Cana;* 415. 424. 427. 431. 433. 434. 435. 451. II, 11. 20. 24. 27. 34. 41. 47.

Paësiello. Ses autographes à la bibliothéque du Conservatoire de Naples; III, 317.

Pagani (Grégoire), peintre de l'école florentine (xvi° s.); V, 6. 15.

Paganisme de mœurs des lettrés de la renaissance; IV, 118. — Restauration poétique du paganisme, 259.

Paggi (Jean-Baptiste), peintre de l'école génoise (xvi° s.); III, 91. 95. 119. 221.

Pagni (Benoît), peintre de l'école de Mantoue (xvie s.); II, 265.

Paladini (Arcangiola), poète, peintre, cantatrice, improvisatrice. Son tombeau et son épitaphe; III, 130.

Pala-d'Oro, mosaïque de l'église S.-Marc; I, 363 et 364.

Palagi (M.), peintre bolonais; I, 150. 159. 165. 261. IV, 152.

PALAIS ARCHIÉPISCOPAL de Milan; I, 103.
PALAIS BROLETTO de Brescia; I, 240 et 241.
PALAIS CIVIQUE DELLA PODESTADURA de Bergame; I, 238.
PALAIS COMMUNAL à Viterbe; IV, 249 et 250.
PALAIS DEL CAPITANIO de Padoue; II, 39 et 40.
PALAIS COLLOREDO à Mantoue; II, 270.
PALAIS DE LA COMMUNE à Cesène; III, 259.
PALAIS DEL COMUNE de Forli; III, 257.
PALAIS DEL COMUNE de Parme; II, 229.
PALAIS DELLA COMMUNITA de Pistoie; V, 16.
PALAIS DELLA CONTABILITA de Milan; I, 103.
PALAIS DI CORTE IMPERIALE à Mantoue; II, 249 et suiv.
PALAIS DE DONN'ANNA, dit de la reine Jeanne; III, 361.
PALAIS DEL GOVERNO de Milan; I, 103 et 104.
PALAIS DE JUSTICE (*palazzo della Ragione*) de Padoue. Son salon; II, 41 et suiv.
PALAIS DE LA LOGGIA de Brescia; I, 245 et suiv. — Incendie politique de l'ancien palais; 246.
PALAIS DEL MAGISTRATO à Ferrare; II, 57 et suiv.
PALAIS DE PIERRE DE TOLÈDE à Pouzzole; III, 369 et 370.
PALAIS DEL PUBBLICO à Bologne; II, 155 et 156.
PALAIS DEL PUBBLICO à Sienne; IV, 284 et 285.
PALAIS DEL PUBBLICO de Volterre; IV, 301.
PALAIS DES CÉSARS; IV, 58 et 59.
PALAIS DU DIABLE à Mantoue; II, 269.
PALAIS DU GOUVERNEUR à Lorette; III, 279.
PALAIS DUCAL de Gênes; V, 46 et suiv.
PALAIS DUCAL à Lucques; V, 27 et suiv.
PALAIS DUCAL (ancien) de Parme, *palazzo di Giardino*; II, 228.
PALAIS DUCAL de Parme; II, 226 et 227.
PALAIS DUCAL de Pise; III, 225 et 226.
PALAIS DUCAL de Venise; I, 369 et suiv.
PALAIS DU PODESTAT à Bologne; II, 154.

PALAIS DU ROI à Naples; III, 291 et 292.
PALAIS ÉPISCOPAL de Padoue; II, 12 et 13.
PALAIS PRETORIO de Cortone; IV, 335 et 336.
PALAIS PRETORIO de Lucques; V, 29.
PALAIS PRETORIO de Pistoie; V, 16.
PALAIS PRETORIO de Prato; V, 3.
PALAIS PUBLIC d'Arezzo; IV, 349.
PALAIS PUBLIC de Crémone; II, 289.
PALAIS PUBLIC de Pérouse; IV, 326.
PALAIS PUBLIC de Plaisance; II, 294.
PALAIS-ROYAL de Venise, anciennes *Procuratie nuove;* I, 392 et suiv.
PALAIS VIEUX de Florence; III, 10 et suiv.
PALAIS VIEUX DELLA RAGIONE de Bergame; I, 236.
PALATIN (le mont); IV, 58 et 59.
PALAZZINA, hôpital des fous à Rome; IV, 138. 150.
PALESTRINE, ancienne Præneste; IV, 227 et 228. — Son temple; sa mosaïque; *ibid.*
Palimpsestes (manuscrits) de l'Ambrosienne; I, 141 et suiv. — De la bibliothèque du chapitre de Vérone; 302 et 303. — De Turin; V, 94.
PALIO (porte *del*) de San-Micheli; I, 283.
Palladio (André), grand architecte de Vicence (XVIe s.); I, 305. — Sa basilique de Vicence; 331. 332. 333. — Sa maison; 334. — Son palais Trissino; 335. 337. 393. 423. 425. 429. — Son église du *Rédempteur;* 430. II, 130.
Pallavicini (cardinal). Ses manuscrits à la *Barberiana,* IV, 161.
PALLAVICINI (palais), à Gênes; V, 54 et 55.
PALLAVICINI (palais), dit des *Peschiere,* à Gênes; V, 57.
Pallière (Léon), peintre français, mort jeune; IV, 114.
Pallotta (le cardinal). Son distique sur le buste d'une jeune fille aimée par le sculpteur Gonnelli, et fait par celui-ci après sa cécité; III, 114 note.
Palma (Félix), sculpteur (XVIe s.); III, 222.
Palma (le jeune), peintre de l'école vénitienne (XVIe s.); I, 116. 231. 233. 255. 298. 374. 375. 377. 378. 379. 421. 422. 423. 424. 425. 428. 429. 430. 432. 433. 434. 435. 436. 439. 440. 442. 443 et 444. 450. — Son tombeau; 452. 454. 455. 470. II, 11. 20. 26. 30. 32. 41. 47. 180. 298. III, 221. 244. IV, 71. 79. 338.

Palma (le vieux), peintre de l'école vénitienne (xvi⁰ s.); I, 164. 233. 236. 336. 408. 433. 435. 440. — Sa *Ste. Barbe;* 447 et 448. 456. 470. II, 28. 68. 271. IV, 71. V, 25. 49. 51. 88.

PALMIERI (villa), dite la *villa del Boccaccio;* III, 177 et 178.

PAMFILI (palais), à Rome; IV, 171 et 172.

PAMFILI-DORIA (villa); IV, 212.

PAMMATONE, hôpital de Gênes; V, 70.

Pampaloni (M. Louis), sculpteur florentin; III, 67 note.

Pananti (M.), poète, captif à Alger; III, 62.

Pandectes de la bibliothéque Laurentienne, les plus anciennes connues; III, 38 et 39.

PANDOLFINI (le palais), à Florence; III, 139 et 140.

Panégyriques italiens, plus ornés, moins monotones que les panégyriques français; I, 136.

Panetti (Dominique), peintre de l'école ferraraise (xv⁰ s.); II, 68.

Panicale (Masolino da), peintre de l'école florentine (xv⁰ s.); III, 127.

Panicale (Pierre da), de Pérouse, peintre; IV, 338.

Panizza (M.), professeur à l'Université de Pavie; I, 206.

Panizzato (Mario), un des maîtres de l'Arioste; II, 91.

PANNILINI (palais), à Sienne; IV, 289.

Pannini (Jean-Paul), peintre de l'école romaine (xviii⁰ s.); III, 309. IV, 155.

Panormita (Antoine de Palerme, dit le). Son *Hermaphrodite;* III, 44. 324.

PANTALÉON (S.-), église de Venise; I, 433.

PANTHÉON; IV, 115 et 116.

Paoli (comte), de Pesaro, chimiste; III, 269.

PAOLINA (fontaine), à Rome; IV, 179.

Paolini (Pierre), de Lucques, peintre de l'école florentine (xvii⁰ s.); V, 23. 24. 26. 30.

PAOLINO (S.-), église de Florence; III, 120.

Paolozzi (M.), de Chiusi. Sa collection d'antiquités étrusques; IV, 339.

Papa (Simon), peintre de l'école napolitaine (xv⁰ s.); III, 310. 340.

Papacello, peintre de Cortone (xvi⁰ s.); IV, 338.

TABLE ANALYTIQUE. 259

Papes. Puissans au-dehors dans le moyen âge, faibles à Rome ; I, 286 et 287. — Collection de portraits des Papes ; V, 115.
Papi (M. Lazare), bibliothécaire de Lucques ; V, 30.
Papier. Époque de son invention ; IV, 298.
Papigno, village, près Terni, célèbre par ses pêches ; IV, 307.
Papyri d'Herculanum. Leur déchiffrement ; III, 302 et 303.
Papyrus de Monza. Célèbre ; I, 198.
Papyrus de Ravenne ; III, 246 et 247.
Paradisino (*Il*) ou les Celle, ermitage de Vallombreuse ; III, 189 et 190.
Parenti (M.), académicien de la Crusca ; III, 135.
Parentino (Bernard ou Laurent), de l'Istrie, peintre de l'école vénitienne (xve s.) ; II, 11.
Parigi, architecte florentin (xvie s.) ; III, 164.
Parini, poète milanais, se faisait conduire dans sa vieillesse devant le *Cénacle ;* voulait le décrire ; I, 129 et 130. — Son médaillon ; 169. II, 71.
Paris. Ses études vantées par Boccace ; III, 198 note.
Parlascio et Aringo, ancien lieu d'assemblée politique à Lucques ; V, 29. 30.
Parme, ville ; II, 195 et suiv.
Parmesan (François Mazzuola, dit le), peintre de l'école de Parme (xvie s.) ; I, 236. II, 127. 204. 213. 217. 221. 229. 270. III, 32. 308. 310.
Parodi (Dominique), peintre de l'école génoise (xviie s.) ; V, 48. 54.
Parodi (Philippe), sculpteur génois (xviie s.). Son extravagant mausolée du patriarche François Morosini ; I, 434. II, 30. V, 74.
Parolini (Jacques), le dernier des peintres de l'école ferraraise (xviiie s.) ; I, 296. II, 61. 70. 105.
Parrhasius (Aulus-Janus), professeur, de l'Académie Napolitaine ; III, 312. 324. 348 et 349.
Parseval-Grandmaison (M.) ; V, 72.
Pasinelli (Laurent), peintre de l'école bolonaise (xviie s.) ; II, 129. 156. 177.
Pasquali (Philippe), de Forli, peintre de l'école bolonaise (xviie s.) ; III, 242.
Pasqualini (Mme), actrice ; I, 177.
Pasquino, torse grec, à Rome ; IV, 171 note. 172 et 173.

Passaggieri Rolandino, bon écrivain, jurisconsulte, secrétaire, recteur, consul et *ancien* de la commune de Bologne au xiiie siècle. Son tombeau; II, 143 et note.

Passanti (Barthélemi), peintre de l'école napolitaine (xviie s.); III, 342.

Passerotti (Barthélemi), peintre de l'école bolonaise (xvie s.); II, 136. 137. 138.

Passerotti (Tiburce), fils du précédent, peintre bolonais; II, 136. 138.

Passignano (Dominique Cresti, dit le), peintre de l'école florentine (xvie s.); I, 457. III, 12. 67 note. 91. 125. 220. 221. 223. V, 6. 19. 21.

Passionei (cardinal); IV, 124.

Pasta (Mme); fait ses premiers essais au théâtre philodramatique de Milan; I, 183.

Pastorino di Giovanni Micheli, peintre de vitraux (xvie s.); IV, 267. 272.

Pastrengo (Guillaume). Son manuscrit du *De Viris illustribus*; I, 452 et 453.

Patellani (maison), demeure du peintre et architecte Pellegrini; I, 103.

Paterins, hérétiques florentins. Colonne en mémoire de leur défaite; III, 129 et 130.

Paternien (S.-), cathédrale de Fano; III, 273.

Patin (Charles), médecin français, fils de Guy Patin. Son tombeau à Padoue; II, 8.

Patin (M. Henri). Sa remarque sur un rapport de succession entre le théâtre ancien et le théâtre moderne; I, 238 note.
— Sur la prétendue simplicité d'Alfieri; II, 189 et 190 note.

Patriciat vénitien. Sa décadence; I, 397 et 398. — Plus ancien que les plus vieilles aristocraties; 399.

Paul, sculpteur romain (xive s.); IV, 134.

Paul de Sienne (Jean de), peintre (xve s.); IV, 294.

Paul Véronèse (Caliari, dit), grand peintre de l'école vénitienne (xvie s.). Son *Martyre de S. Afra*; I, 254. — Son *S.-George*; 300. 309. 336. 339. 353. — Son *Enlèvement d'Europe*; 373. 375. 376. 379. 394. 395. — Sa *Famille de Darius*; 401 et 402. 405. 407. 415. 423. 424. 428. 429. 430. 431. 432. 433. 434 et 435. 440. 442. 451. 455. 470.

II, 26. 29. 38. 122 note. III, 28. 30. 31. 32. 34. 148. 309.
IV, 48. 71. 152. 154 et 155. 168. — Sa *Madeleine;* V, 48.
50. 51. 53. 90.

Paul Véronèse (héritiers de), tableaux exécutés par eux après
sa mort; II, 29.

PAUL (ancien couvent de S.-) à Parme. Ses fresques du Corrége;
II, 223 et 224.

PAUL (S.-), église de Bologne; II, 142.

PAUL (S.-), église de Ferrare; II, 66.

PAUL (S.-), église de Milan; I, 115.

PAUL (S.-), église de Naples; III, 325.

PAUL (S.-), église de Pise; III, 222.

PAUL (S.-), église de Pistoie; V, 13.

PAUL-AUX-TROIS-FONTAINES (S.-), église, près Rome; IV, 131.

PAUL (S.-) hors des murs. De sa reconstruction; IV, 130 et 131.

PAUL (S.-), église de Sienne; IV, 275.

PAUL (S.-), église de Venise; I, 439.

PAULIN (S.-), église de Lucques; V, 22 et 23.

PAUSILYPE (le). Sa grotte; III, 359 et 360.

PAVIE, ville; I, 200 et suiv.

Paysan du Val d'Arno, III, 190 et 191.

PÊCHEURS (île des), voisine des îles Borromées; I, 76.

PEDROCCHI, café de Padoue; II, 2. 48 et 49.

PEGLI, village; V, 73.

Peintres; corps civil et fonctionnaires à Sienne; IV, 293.

Peinture des rues en Italie; I, 310. IV, 288. 311.

Peintures antiques du musée de Naples; III, 305 et 306.

Peiresc. Ses lettres autographes à la *Barberiana;* IV, 161.

PÉLAGIE (Ste.-), église de Crémone; II, 289 et 290.

PÉLAGIE (Ste.-), église de Turin; V, 110.

PELLEGRINI (chapelle), chef-d'œuvre de San-Micheli; I, 292
et 293.

Pelagonius, écrivain vétérinaire du IVe siècle. Son unique manuscrit à la bibliothéque Riccardi de Florence; III, 51.

Pellegrini (Louise), peintre à l'aiguille, dite la *Minerve lombarde;* I, 108.

Pellegrini (Pellegrino di Tibaldo *de'*), peintre et architecte
bolonais (XVIe s.); I, 103. 106. 108. 109. 117. 133. II,
115. 138. 162. III, 276.

Pellegrini (Antoine), de Padoue, peintre de l'école vénitienne (XVII s.); II, 18.

Pellegrino de Modène (Pellegrino Munari, dit aussi *Aretusi*, et plus souvent), peintre de l'école de Modène (XVI° s.); II, 180 et 181. IV, 20. 78.

Peloro (Jean-Baptiste *di Pasquino del*), architecte (XVI° s.); IV, 276.

Penetesi (Gherard), architecte lucquois (XVI° s.); V, 27.

Penna (Augustin), sculpteur romain (XVIII° s.); IV, 13.

Penna (M. le baron de la), de Pérouse. Sa galerie; IV, 330.

Pennachi (Pier-Marie), de Trévise, peintre de l'école vénitienne (XVI° s.); I, 470.

Pennachini (Jean). Son ouvrage in-4° intitulé *Nobiltà ed antichità de' Sartori cavata da molti autori approvati*; IV, 173 note.

Penni (Jean-François), dit aussi *il Fattore*, peintre de l'école romaine (XVI° s.); IV, 26. 48.

Pépin, roi d'Italie. Son prétendu tombeau; I, 285 et 286.

Pepoli (M. le comte Charles), poète; II, 98 et 99. 178 note. III, 236 note.

Peranda (Santo), peintre de l'école vénitienne (XVII° s.); I, 431. 434.

Percier et *Fontaine* (MM.), habiles architectes français. Achèvent le Louvre; I, 123 note. — Leur *Choix des plus célèbres Maisons de plaisance de Rome et de ses environs*; IV, 212 note.

Percier (M.). Son tombeau de la comtesse d'Albani; III, 107.

Perelli (Jérôme). Indique les noms de plus de 550 lettrés nés à Arezzo; IV, 343 note.

Perfetti, improvisateur siennois; IV, 295.

PERGOLA (théâtre de la), à Florence; III, 162.

Periccioli (Julien), dessinateur à la plume; IV, 287.

Pericolanti (*donne*); leurs couvens. Pensions singulièrement données à des *vedove pericolanti*; II, 70 et 71.

Peroni (don Joseph), peintre de l'école de Parme (XVIII° s.); I, 117. II, 214. 216. — Son tombeau; 219. 223.

PÉROUSE, ville; IV, 322 et suiv.

Persico (M. le comte), auteur estimé de la Description de Vérone et de sa province; I, 294. 308 note. 325.

Perticari. Sa *Difesa di Dante;* I, 170. — Sa veuve, fille de Monti; *ibid.* IV, 10. 144 note. 254 note.

Perucchini (M. J.-B.). Agrément de ses airs vénitiens; I, 465.

Pérugin (Pierre Vannucci, dit le), peintre, chef de l'école romaine (xve s.); I, 204. II, 127. 288. III, 84. 97. 98. 110. 127. 142. 309. 320. 355. IV, 17. 22. 32. 48. 69. 79. 103. 294. 323. 324. — Ses peintures à la salle *del Cambio* de Pérouse; 327. 330. 333. — Sa maison à la *Città della Pieve* démolie en 1828; *ibid.* 334. V, 27.

Peruzzi (Balthasar), dit aussi *Balthasar de Sienne*, peintre et architecte (xve s.); II, 130. IV, 2. 96. 127. 139. 169. — Son palais *Massimi;* 173. 181. 182. 201. 269. 272. 273 et 274. 276. 277. 278. 282. — Sa *Sibylle;* 283. 284. 286. 288. 289. 290.

Peruzzi (les), célèbre compagnie de commerce de Florence; III, 140 et 141.

Peruzzi (palais), à Florence; III, 140 et 141.

Peruzzini (cav. Jean), d'Ancône, peintre de l'école bolonaise (xviie s.); I, 117.

Pesaro, ville; III, 268 et suiv.

Pescara, forteresse; III, 283 et 284.

Pesaro (palais), à Venise; I, 403 et 404.

Pescaire. Son tombeau; III, 332.

Peschiera, forteresse; I, 274.

Pescia, ville; V, 19.

Peteau, conseiller au parlement de Paris. Sa collection de livres passée moitié à la bibliothèque de Genève, moitié à la Vaticane; I, 15.

Pétrarque (François). Son Virgile à l'Ambrosienne; I, 139 et 140. — Sa vie à Linterno; 189 et suiv. — Son *Traité des Remèdes contre l'une et l'autre fortune; ibid.* — Analogie de quelques unes des idées de ce Traité, au chapitre *De impudica uxore*, avec celles de Montaigne; *ibid.* — Aveu de ses licences peu platoniques pendant la durée de sa passion pour Laure; 212 et 213. — Accompagnait ses vers du luth; 281. — Son traité *du Devoir et des Qualités de ceux qui commandent;* 292. — Découvre les *Lettres familières* de Cicéron; 302. — Fondateur de la bibliothèque S.-Marc; 380 et 381. 401. II, 6. — Ses divers portraits tous différens; 12. — Le plus authentique; *ibid.* 18. 23. — Sa lettre sur son régime à son médecin; 35 et 36. — Injuste envers la médecine et les médecins; *ibid.* — Sa maison; sa chatte; son tombeau à Arquà; 50 et suiv. — Impression de ce tombeau; 54. 198. — Son cénotaphe à la cathédrale de Parme, dont il était chanoine et archidiacre; 209. — Sa maison à Parme; 234 et suiv. — Sa manière de bâtir; 236 et 237. — Ses séjours à Parme; 238 et 239. — Visite qu'il y reçoit d'un aveugle enthousiaste; 239. — Y compose la plus grande partie de son *Africa;* 240. — Sa retraite à *Selva-Piana;* 241 et suiv. 284. — Sa copie des *Lettres familières* et des *Lettres à Atticus,* de Cicéron, à la bibliothèque Laurentienne; III, 41. — Un de ses portraits à cette bibliothèque; 48. 118. 143. 259. 335. 341 et 342. — Récit du combat de gladiateurs dont il avait été témoin; 347. 359. — Son manuscrit autographe des *Rime* à la Vaticane; IV, 31 et 32. 34. 192. 208. 286. — Accident bizarre le jour de son triomphe; 295 et 296. 342 note. — Sa maison à Arezzo; 344 et 345. V, 39 note.

PETRAIA, palais près Florence; III, 186.

Petrazzi (Astolphe), peintre de l'école de Sienne (XVIIe s.); IV, 274. 275. 278. 279. 285.

PÉTRONE (S.-), église de Bologne; II, 128 et suiv. — Salles de la *Residenza della rev. fabbrica; ibid.* et suiv. — Projets divers de sa façade par les premiers architectes; 130. 131 et notes.

Petrucci, libraire de Rome; IV, 96.

Petrucci (marquis), de Pesaro, naturaliste; III, 269.

PETRUCCI (palais), à Sienne; IV, 287.

Peuple. De son habitation dans les monumens antiques; I, 280 et 281.

Peyron (M. l'abbé), professeur à l'Université de Turin; V, 92. 94.

Pezzana (M. A.), bibliothécaire de Parme; II, 195. 214. 216. 218. 294 note.

Pezzi (dom Hyacinthe), ancien moine du monastère de S.-Colomban de Bobbio. Possède quelques manuscrits de ce monastère; I, 141 et 142 note.

PEZZOLI (maison), de Milan; I, 104.

Philelphe (François). Manuscrit *De Jocis et Seriis;* I, 145. II, 250. III, 6 note. 44. 106 note. 113 note.

TABLE ANALYTIQUE.

Philippe de Neri (S.). Son logement; IV, 125 et 126.
PHILIPPE DE NERI (S.-), église de Forli; III, 258.
PHILIPPE DE NERI (S.-), église de Naples; III, 326.
PHILIPPE DE NERI (S.-), église de Pistoie; V, 11 et 12.
PHILIPPE DE NERI (S.-), église de Turin; V, 108.
Philippe da Settignano, sculpteur; IV, 269.
Philippe-le-Bel. Fragment du compte des dépenses de sa maison pendant les six derniers mois de 1308; I, 18 et 19. — Autre fragment du compte de sa dépense pendant l'année 1301; III, 22.
Philostrate; IV, 229.
Pianciani (le P.), jésuite; IV, 76.
Piazza (Caliste), de Lodi, peintre de l'école vénitienne (XVIe s.); I, 114. — Ses *Noces de Cana;* 128. 254. 261.
Piazzetta (Jean-Baptiste), peintre de l'école vénitienne (XVIIe s.); II, 41.
Piazzi (le P.), astronome; III, 362.
Pic de la Mirandole (le prince), prodige de science. Son tombeau à l'église S.-Marc de Florence; III, 91. 184. 185.
PICCOLOMINEO (palais), à Sienne; IV, 289.
PICCOLOMINI (loggia), à Sienne; IV, 289.
PICCOLOMINI (palais), à Sienne; IV, 288.
Piccolomini-Bellanti (M. le cav.), de Sienne. Ses raretés; IV, 288.
Pictet-Deodati (M.), bibliothécaire de Genève; I, 24.
Pie V. Son cercueil vide à l'abbaye *del Bosco;* V, 84.
Pie VI, bénédictin à la *Madone del Monte* de Césène; III, 259. — Son tombeau; IV, 7. 229. 262.
Pie VII. Élu pape à l'église S.-George de Venise; I, 426. III, 259. IV, 67. 157. 166. — Son appartement à Savone; V, 74 et 75.
Pier, orfévre florentin (XVe s.); V, 6.
PIER-D'ARENA (S.-), faubourg de Gênes; V, 71.
Pieri (M.), professeur à la Sapience; IV, 190.
Piermarini, architecte (XVIIIe s.). Habile construction de sa voûte du théâtre de la Scala; I, 172. — Le palais de Monza de ses meilleurs ouvrages; 200.
Pierre sur laquelle étaient autrefois assis et exposés les débiteurs insolvables dans les diverses villes d'Italie; II, 42. 43.

Pierre de Cortone (Pietro Berrettini, dit), peintre de l'école romaine (xvn[e] s.); III, 123. 148. 157. 285. 433. IV, 70. 71. 74. 78. 82. 113. 125. 140. 146. 159. 228. 337. 338. V, 8.

PIERRE (S.-), église de Fano; III, 273.
PIERRE (S.-), temple de Genève; I, 8 et 9.
Pierre Chrysologue (S.). Son tombeau; III, 235 et 236.
Pierre (S.), martyr. Sa chaire; I, 118 et 119. — Son tombeau; *ibid.*
PIERRE (S.-), couvent de Bénédictins à Pérouse; IV, 322 et 323.
PIERRE IN OLIVETO (S.-), église de Brescia; I, 253.
PIERRE AL PO (S.-), église de Crémone; II, 288.
PIERRE SOMALDI (S.-), église de Lucques; V, 25.
PIERRE CÉLESTIN (S.-), église de Milan; I, 110.
PIERRE IN GESSATO (S.-), église de Milan; I, 112.
PIERRE AD ARAM (S.-), église de Naples; III, 355.
PIERRE A MAJELLA (S.-), église à Naples; III, 335.
PIERRE (S.-), église à Palestrine; IV, 228.
PIERRE IN-CIEL-D'ORO (S.-), ancienne église de Pavie; I, 209 et 210.
PIERRE MARTYR (S.-), église de Pérouse; IV, 323.
PIERRE IN VINCOLI (S.-), église de Pise; III, 221.
PIERRE MAJEUR (S.-), église de Pistoie; V, 9.
PIERRE (S.-) de Rome; IV, 2 et suiv. — Tableau de l'intérieur; 4 et 5. — Dépense de la basilique; 6 note.
PIERRE IN MONTORIO (S.-), église de Rome; IV, 137 et 138.
PIERRE IN VINCOLI (S.-), église de Rome; IV, 100 et suiv.
PIERRE A OVILE (S.-), église de Sienne; IV, 281.
PIERRE IN CASTEL-VECCHIO (S.-), église de Sienne; IV, 276.
PIERRE (S.-), église de Sulmone; III, 285.
PIERRE (S.-), église de Venise; I, 423 et 424.
PIERRE ET PAUL (Saints-), église près Venise; I, 469 et 470.
PIERRE (S.-), église de Vicence; I, 336.
Pierre-Paul dalle Masegne, sculpteurs vénitiens (xive s.); I, 363.
Pierres dures (manufacture de), à Florence; III, 161.
PIETA DE' TURCHINI, église de Naples; III, 328.
PIETATELLA, église de Naples; III, 349.
Piétistes, sectaires; I, 61.

Pietola. Donné pour l'ancien Andès, patrie de Virgile; II, 284 et 285.

Pietra-Mala. Sa source dite *Acqua buja;* son petit volcan dit *Fuoco del legno;* III, 2.

Pietra-Santa, bourg; V, 32 et 33.

Pietro (*Gilio di*), peintre de l'école de Sienne (XIII° s.); IV, 293.

Pieve, église d'Arezzo; IV, 343.

Pieve (*Città della*), ville près Pérouse; IV, 333.

Pieve, église de Castiglione; IV, 340 et 341.

Pieve, près Cento; II, 110.

Pigazzano, près Plaisance. Maison villageoise avec inscription par M. Giordani; II, 301.

Pigna (Jean-Baptiste), historien des princes d'Este, favori d'Alphonse, loué peu noblement par le Tasse, dont il était l'ennemi et le rival d'amour; II, 64 et 65.

Pignerol, ville; V, 115 et 116.

Pignone (Simon), peintre de l'école florentine (XVII° s.); III, 132.

Pignotti d'Arezzo, poète, physicien, naturaliste, antiquaire. Son mausolée au *Campo-Santo* de Pise; III, 217. IV, 343 note.

Pinacoteca, de Vérone; I, 309.

Pinali (M.), architecte et antiquaire distingué de Vérone; I, 282. 308.

Pindemonte (Hippolyte), poète; I, 170. — Son monument à Lorenzi; 290. 317. 408. 416. — Académicien de Padoue; II, 8. III, 158.

Pineta, de Ravenne; I, 62. — Description; III, 253 et suiv.

Pino (général). Sa collection de tableaux; I, 185. 226.

Pintelli (Baccio), architecte florentin (XV° s.); IV, 72. — Sa coupole de l'église S.-Augustin; 123. 137.

Pinturicchio (Bernardin), peintre de l'école romaine (XV° s.); IV, 70. 73. 80 et 81. 95 et 96. 139. 270. 273. 313.

Pio (Ange), sculpteur bolonais (XVII° s.); II, 115.

Piola (Dominique), peintre de l'école génoise (XVIII° s.); V, 44. 66. 69.

Piola (Jérôme), peintre de l'école génoise (XVII° s.); V, 50. 66.

Piola (Pellegro), peintre de l'école génoise (XVII° s.); V, 51.

Pio luogo della Congrega, établissement de charité de Brescia; I, 260 et 261.

Piranesi (Jean-Baptiste), graveur et architecte (xviii⁰ s.); IV, 131.

Piron. La maison où il est né, à Dijon, non recherchée par l'auteur, et pourquoi; I, 2.

Pironi (Jérôme), de Vicence, sculpteur et peintre (xvᵉ s.); II, 13.

Pisanello (Victor), véronais, peintre de l'école vénitienne (xvᵉ s.); I, 289. 294. 295. IV, 325.

PISANI-A-S.-PAUL (palais), de Venise; I, 401.

Pisaroni (Mᵐᵉ), cantatrice; III, 162.

Piscine admirable; III, 375 et 376.

PISE, ville; III, 204 et suiv.

PISSEVACHE, cascade; I, 49. 223.

PISTOIE, ville; V, 5 et suiv. — Réputation de ses orgues; 9.

Pitentino (Albert), architecte hydraulique de Mantoue (xiiᵉ s.); II, 267.

Pitti (Jacques), un des *députés* chargés de l'examen du *Décaméron;* III, 59 note.

PITTI (le palais), à Florence; III, 145 et suiv.

Pittoni (Jean-Baptiste), peintre de l'école vénitienne (xviiiᵉ s.); II, 218.

Pittoresque des individus; I, 41 et 42. 69. III, 402.

Pizzi (M.), sculpteur; I, 188.

PIZZIGHETTONE, forteresse; II, 292.

Pizzoli (Joachim), peintre de l'école bolonaise (xviiᵉ s.); II, 136.

PLACE DE VIRGILE (*Virgiliana*), à Mantoue; II, 273 et 274.

PLACE D'ESPAGNE, à Rome; IV, 163 et 164.

PLACE DU GRAND-DUC, à Florence; III, 16 et suiv.

PLACE DU PEUPLE, à Rome; IV, 72.

Placidie (*Galla-Placidia-Augusta*). Son mausolée; III, 241. 242 et 243.

Plana (M.), astronome, professeur à l'Université de Turin; V, 89. 92.

PLAISANCE, ville; II, 292 et suiv.

Plata (Pierre *della*) ou *Prata*, sculpteur espagnol (xviᵉ s.); III, 348. 356.

Platina, bibliothécaire de la Vaticane; IV, 28 note. — Son tombeau; 99.

Plautia (mausolée de la famille), sur la route de Tivoli; IV, 219.

Pline l'ancien. Contradiction entre lui et son neveu au sujet du flux périodique de la *Pliniana;* I, 221 note. — Son plus ancien manuscrit à la bibliothéque Riccardi de Florence; III, 50 et 51. IV, 202.

Pline le jeune. Ses Lettres; I, 222. — Analogie entre lui et son traducteur français De Sacy; 223. 227. 228. — Sa villa de Laurente; IV, 240 et 241. 312.

PLINIANA, sur le lac de Côme. N'est point la maison de Pline; I, 221 et 222. — Explication du flux et reflux de la fontaine; *ibid.* note.

PLOMBS (les), prison de Venise; I, 359. 390 et 391.

Plutarque, cité à l'appui de l'interprétation du buste dit l'*Alexandre mourant;* III, 25. 331. 409. IV, 80. V, 36.

Pô. Son aspect à Brescello et à Borgoforte; II, 245. V, 90 et 91.

Poccetti (Bernardin Barbatelli), peintre de l'école florentine (XVIe s.); III, 26. 85. 92. 99. 119. 128. 132. 194. V, 10.

Pocoke. Sa prétendue découverte de la vallée de Chamouny; I, 45. 47.

Poètes. Les premiers poètes de l'Italie ancienne et moderne et de la France, nés au nord; I, 264 et 265. — Variations des poètes; II, 225.

POESTUM. Ses temples; III, 398 et suiv.

POGGIO DI CAJANO, villa près Florence; III, 181 et suiv.

POGGIO IMPERIALE, palais près Florence. Son avenue; III, 173 et suiv.

Poggio Bracciolini, dit *le Pogge;* III, 44. — Ses lettres inédites à la bibliothéque Riccardi de Florence; III, 53 et 54. — Sa statue prise pour celle d'un apôtre; 70. 107. IV, 236 note.

Polcastro (Jérôme), académicien de Padoue; II, 8.

Poleni (marquis), commentateur de Vitruve; II, 45.

Polenta (famille des), de Ravenne. Sa sépulture; III, 245.

Politien. Son *Orphée* représenté à la cour des Gonzague, à Mantoue, et non à Ferrare, comme on l'a prétendu; II, 89 note. — Ses corrections aux *Pandectes* de la Laurentienne; III, 38. — Ses autres notes sur les divers manuscrits de cette bibliothéque; 42. 51. — Son épitaphe de Giotto; 68. 73. — Son tombeau à l'église S.-Marc de Florence; 92. 178. —

Ses vers de la villa Mozzi; 179. 181 et 182. 184. 271. IV, 263. 300. 310 et 311.

Pollaiolo (Antoine), orfévre, peintre et sculpteur florentin (xvᵉ s.); III, 80. 95. IV, 10.

Pollaiolo (Pierre), orfévre et sculpteur florentin (xvᵉ s.); IV, 274.

POLLINI (palais), à Sienne; IV, 288.

POLLION. Ruines de sa villa; III, 361.

Polo (Ma.), sculpteur bolonais (xvıᵉ s.); II, 134.

Polvaro-Carolotta (Mᵐᵉ), actrice; I, 177. V, 61.

Pomarancio (Nicolas Circignani, dit le), peintre de l'école florentine (xvıᵉ s.); II, 180. III, 278. 280. IV, 86. 110. 258. 300.

POMPEÏ. Son cicérone; I, 44. — Description; III, 384 et suiv.

Pompei (le comte Alexandre), bon architecte; I, 309. 329 et 330.

POMPEI DELLA VITTORIA (palais), de Vérone; I, 307.

Pomponace (Pierre), accusé à tort d'athéisme. Son tombeau; II, 261.

Pona (François), médecin. Son tombeau; I, 294.

PONALE, cascade; I, 268.

Pons, astronome français; III, 166. 224.

Pontano (Joviano), président de l'Académie Napolitaine. Son épitaphe; III, 324 et 325. IV, 31.

PONT DE' MULINI, à Mantoue; II, 267.

PONT DE LA PORTE S.-GEORGE, à Mantoue. Vue; II, 267.

PONT DE PAVIE; I, 215.

PONT DE RIMINI; III, 260 et 261.

PONT NOUVEAU sur le Taro, près Parme; II, 241.

PONT NOUVEAU sur la Doire, à Turin; V, 113.

PONT VIEUX, à Florence; III, 170.

Ponte (Antoine *da*), sculpteur; I, 373.

Ponte (Jeu *del*), à Pise; III, 227.

PONTE DI LAGOSCURO, limite de l'État romain; II, 55.

PONTE-MOLLE, près Rome. Vue; IV, 243 et 244.

PONTE-NUOVO, de Ravenne; III, 252.

PONTE-ROTTO, à Rome; IV, 209.

PONTI-ROSSI, ancien aquéduc à Naples; III, 365.

Pontormo (Jacques Carrucci, dit le), peintre de l'école florentine (xvıᵉ s.); III, 35. 95. 99. 111. 131. 183.

Ponzio (Flaminio), architecte (xvie s.); IV, 151. 156. 233.
Pope (Alexandre), poète anglais; II, 289.
Popoli, ville; III, 284.
Poppi (François Marandini, dit le), peintre de l'école florentine (xvie s.); V, 11. 12. 15.
Porbus (Pierre), peintre hollandais (xvie s.); III, 26.
Pordenone (Jean-Antoine Licino, dit le), peintre de l'école vénitienne (xvie s.); I, 235. 405. — Son *S. Laurent Giustiniani*; 415. 437. 440. 470. II, 225. 269. 287. 300. III, 30. 31.
Porrata (Jacques), de Côme, sculpteur (xiiie s.); II, 286.
Porsenna. Son prétendu labyrinthe et mausolée; IV, 338 et 339.
Porta (André), peintre de l'école milanaise (xviie s.); I, 110.
Porta (Ferdinand), peintre de l'école milanaise (xviiie s.); I, 115.
Porta (Guillaume *della*), sculpteur milanais (xvie s.); III, 278. 301. — Son mausolée de Paul III; 8. V, 63.
Porta (Jacques *della*), architecte (xvie s.); IV, 79. 118. 131. 146. 175. 188. 232. V, 62 et 63.
Porta Pia, à Rome; IV, 111. 175.
Porte du Peuple, à Rome; IV, 72.
Porte Majeure, à Rome; IV, 96.
Portici; III, 378 et 379.
Portinari (Pigello), commis de Côme de Médicis, fonde une chapelle; I, 119.
Portique d'Octavie à Rome; IV, 200.
Porto (Luigi *da*). Sa nouvelle de Roméo et Juliette; I, 279 note.
Porto-Barbaran (palais), à Vicence; I, 335.
Portraits des peintres faits par eux (collection de), à la galerie de Florence; III, 28 et suiv.
Pori (Paul), de Sienne, architecte (xviiie s.); IV, 73.
Possagno, village, patrie de Canova. Son temple; I, 349 et suiv.
Possenti (Jean-Pierre), peintre de l'école bolonaise (xviie s.); II, 20.
Possidenti, peintre de l'école bolonaise (xviie s.); II, 257.
Postierla, place de Sienne; IV, 288.
Potter (Paul), peintre de l'école hollandaise (xviie s.); V, 89.

Poussin (Guaspre). Ses paysages à fresque de l'église S.-Martin; IV, 100. 151. 152. 180.

Poussin (Nicolas), peintre français (xvii° s.); III, 32. 247. 388. IV, 48. 68. 70. — Son mausolée; 74 et 75. 100. 114. 152. 155. 159 et 160. 175. 176 et 177. 312. V, 17. 28.

Pouzzole, ville; III, 369 et suiv.

Poveda (M. Joseph *de*). Son examen historique *Del Sepolcro di mess. Giovanni Boccaccio e di varie sue Memorie*; III, 203 note.

Pozzi (le P. André), de Trente, peintre et architecte, corrupteur du goût (xvii° s.); I, 296. IV, 75. 79. 349. V, 8.

Pozzo (l'abbé Augustin *dal*), auteur des *Memorie istoriche de' Sette Comuni vicentini* commandés par les habitants des Sept Communes; I, 340.

Pradier (M.). Sa statue de Jean-Jacques; I, 7.

Prato (François *dal*), peintre de l'école florentine (xvi° s.); I, 256.

Prato, ville; V, 1 et suiv.

Prato della Valle, place et promenade de Padoue; II, 44 et 45. — Moyen employé pour y placer, contre l'usage, la statue de Canova de son vivant; *ibid.* note.

Prato (porte *al*), à Florence; III, 171.

Pratolino, ancienne villa; III, 2 et suiv.

Praxède (Ste.-), église de Rome; IV, 99 et 100.

Prédication protestante; I, 9 et 10. — Prédication italienne; 136 et suiv. IV, 53.

Prefettizio (palais), de Vicence. Sa *loggia*; I, 332.

Présentation de la Vierge, église de Bologne; II, 151.

Pretoni, oratoire de Florence; III, 99.

Previtali (André), de Bergame, peintre de l'école vénitienne (xvi° s.); I, 230. 233. 234.

Primatice (François), peintre de l'école bolonaise (xvi° s.); II, 250. 256. 272. 276.

Prina, de Novare, ministre des finances du royaume d'Italie. Massacré; I, 91.

Prina (M.), professeur à l'Université de Pavie; I, 206.

Prise d'habit; III, 356 et suiv.

Prisons (des) en Italie; I, 88 et 89. — Elles participent des diverses civilisations; 392.

Procaccini (André), peintre de l'école romaine (xviii. s.); IV, 91.

Procaccini (Antoine), peintre de l'école bolonaise (xvii⁰ s.); I, 119.

Procaccini (Camille), peintre de l'école bolonaise (xvii⁰ s.); I, 110. 112. 116. 118. 119. 122. 128. 130. 131. 192. 202. 203. 214. 217. II, 140. — Son *Jugement dernier;* 194. 295 et 296. 298. 300. V, 73.

Procaccini (Hercule), le vieux et le jeune, peintres de l'école bolonaise (xvi⁰ s.); I, 110. 121. 127. 128. 131. 132. 231. II, 136.

Procaccini (Jules-César), peintre de l'école bolonaise; I, 108. 109. 110. — Aussi sculpteur (xvii⁰ s.); 114. 116. 119. 130. 132. 199. 203. 214. 254 et 255. II, 208. 288. 297.

PROCIDA. Costumes grecs des filles de cette île; III, 377.

Procope. Malgré son autorité, l'armée de Bélisaire n'a pu jeter à la tête des Goths les statues antiques du mausolée d'Adrien; IV, 187.

PROCUL (S.-), église de Bologne; II, 142.

PROCUL (S.-), église de Florence; III, 111.

Prony (M. de). Son ouvrage *des Marais Pontins;* III, 430 note.

Properce; III, 374. IV, 35. — Son tombeau; 313. 315.

PROSPER (S.-), église de Reggio; II, 194.

Prosper de Brescia, sculpteur en terre cuite (xvii⁰ s.). Son ridicule *Moïse* de la fontaine *de' Termini;* IV, 156.

PROTOMOTECA DU CAPITOLE; IV, 67 et 68.

Puccinelli, peintre de Lucques (xiv⁰ s.); V, 26.

Puget, sculpteur français, architecte et peintre (xvii⁰ s.); V, 64 et 65. 66. — Son *Assomption;* 69 et 70.

PUITS D'ORVIETTO; IV, 261.

PUITS DE TOFANO, à Arezzo; IV, 345.

PURGA-DI-BOLCA, montagne dans le Véronais. Ses coquillages et ses poissons fossiles; I, 330.

PUITS (les), prison de Venise, hors d'usage depuis long-temps à la chute de la république; I, 391 et 392.

PUZZELLE (hôtellerie *delle tre*), demeure du docteur Lami; III, 179.

Pyrgotèles, sculpteur vénitien qui avait pris le nom d'un artiste grec (xv⁰ s.); I, 448. II, 15.

Q.

Quadri (Jérôme), architecte ; I, 128.

Quadri (M.). Ses tableaux statistiques des provinces vénitiennes ; I, 418. 459.

Quadri (M. le professeur), de Naples, habile oculiste ; III, 313.

Quaini (Louis), peintre de l'école bolonaise (xviie s.) ; 1, 122. II, 295.

Quatremère de Quincy (M.). Principale autorité de l'auteur pour l'architecture ; I, j. 293. 337. 472. II, 115 note. 275 note. III, 10 note. 66 note. 115 note. 157 note. IV, 111. 190 note.

QUATTRO-CAPI (pont dit des), à Rome ; IV, 178.

Querci (Luc), peintre de Pistoie (xviiie s.) ; V, 14.

QUERCIA (couvent de la), près Viterbe ; IV, 253.

Quercia (Jacques *della*), sculpteur toscan (xve s.) ; II, 128. IV, 266. 269. 271. 274. 277. 284. 288. V, 20 et 21. 25.

Querini (cardinal), fondateur de la bibliothèque de Brescia ; I, 250 et 251.

QUIETE (couvent *della*), près Florence ; III, 185 et 186.

QUIRICO ET STE.-JULIETTE (S.-), église de Sienne ; IV, 275.

QUIRINI (S.-), près Sulmone. Ses restes d'un temple ; III, 286.

Rabelais. Son trait sur le naturaliste Pierre Gilles ; IV, 78. 121 et 122 note.

Rabula, calligraphe syrien, copiste de l'*Evangéliaire* de la bibliothèque Laurentienne ; III, 47 et 48.

Racchetti (M.), professeur à l'Université de Padoue ; II, 3.

RADICOFANI, bourg ; IV, 263.

Raffaellino da Reggio (Raphaël Motta, dit), peintre de l'école romaine (xvie s.) ; IV, 246 et 247.

Raggi (Antoine), dit le *Lombard*, sculpteur (xviie s.) ; I, 120. IV, 170. 268.

Rainaldi (Jérôme), architecte romain (xviie s.) ; II, 130. 229. IV, 118. 171. 232.

Rainaldi (Mlle), danseuse ; V, 106.

Rainaldo, architecte italien, collaborateur et successeur de Buschetto à la cathédrale de Pise (xie s.) ; III, 205.

RAMAGLIANTI (tour *de'*), à Florence ; III, 145.

TABLE ANALYTIQUE. 275

Rambaldi (Charles), peintre de l'école bolonaise (xviiie s.); II, 149.

Ramberti (Benoît), de l'Académie Aldine ; I, 410 note.

Ramelli (Félix), abbé de Latran, peintre de miniature (xviie s.); II, 6.

Ramignani (le P.), jésuite architecte (xviie s.); V, 8. 9.

Ramirez de Montalvo (Éléonore), femme poète, fondatrice du couvent *della Quiete*; III, 185.

Ranuccio (Jacques), architecte bolonais (xvie s.); II, 130.

RAPALLO, golfe; V, 38.

RAPHAEL (S.-), église de Milan ; I, 109.

Raphaël, le prince de l'école romaine (xvie s.); I, 113. — Son carton de l'*École d'Athènes*; 149. — Son *Sposalizio*; 164. 235. 261. 403. 414. 418. — Sa *Ste. Cécile*; II, 126 et 127. 205. 250. 280 note. III, 19. 24. 26. 28. — Les deux *Stes. Familles*, le *S. Jean* de la Tribune de Florence ; 34. 78. 127. 139. 143. — La *Madone della Seggiola*; 149. — La *Vision d'Ezéchiel*; ibid. 160. 292. 309. 310. — Raphaël architecte ; IV, 2 et 3. 15. 16 et 17. — Ses *Loges*; 19 et suiv. — Ses *Chambres*; 21 et suiv. 44 et 45. — La *Transfiguration*; 46 et 47. 48. — La *Vierge au donataire*; 48 et 49. 59. 73. 82. 86. — Son *Isaïe*; 123. — Ses *Sibylles*; 126 et 127. 131. 151. 152. 168. — Sa maison à Rome, 169. 174. 180. 181. — Sa *Galatée*; 182. 195 et 196. 213. 216. 236 et 237 note. 270. 273. 323. 330. V, 28. 55. 67.

Raphaël da Settignano, sculpteur florentin ; IV, 269.

Rasori (M. le professeur), parmesan ; un des premiers médecins de l'Italie; II, 231.

RAVENNE ; III, 238 et suiv.

Raynouard (M.). Son *Choix des Poésies originales des Troubadours* ; II, 183 note. III, 44.

RE (théâtre), à Milan ; I, 177.

RECCO, bourg ; V, 39.

RÉDEMPTEUR, belle église de Venise ; I, 430 et 431.

Redi (François), médecin réformateur et poète, III, 164. 174. 354. IV, 104. 263. 342 note. — Son tombeau ; 348 et 349. V, 19.

REFORMAGIONI (archives *delle*), à Sienne ; IV, 287.

REGGIO, ville ; II, 193 et suiv.

Reggio (Luc Ferrari, dit *Luca da*), peintre de l'école vénitienne (xviie s.); II, 13. 15. 25. 26. 32. — Son tombeau; 33. 34.

Reina (M.), chanteur; III, 162.

Reinaud (M.), conservateur des manuscrits orientaux de la Bibliothéque royale. Son interprétation des titres de Mahomet II; III, 416 et 417 note.

Rembrandt (Paul, dit *Van Ryn*), peintre de l'école hollandaise (xviie s.); I, 405. III, 149. 307. IV, 186. V, 89.

Remigio (frère), *fiorentino*, traducteur des Épîtres d'Ovide; III, 285.

Remondini (frères), imprimeurs de Bassano; I, 347.

Renaissance. Popularité de ses hommes de lettres; I, 190. — Erreur sur la véritable époque de la renaissance de l'art; IV, 317.

Renaud de Villefranche, grammairien, correspondant de Pétrarque. Son tombeau; I, 292.

Renée, duchesse de Ferrare. Calvinisme de sa petite cour; II, 58 et suiv. 63.

Renier (S.-), église de Pise; III, 221.

Renieri (Nicolas), peintre flamand, établi à Venise (xvie s.); II, 21.

Reno, rivière; II, 178.

Renouard (M.). Ses *Annales de l'Imprimerie des Alde*; I, 347 note. 384 note. 385 note. 410 note. II, 83. 186. 198. III, 313 note. IV, 119 note.

Renouard (M. Ch.). Son rapport sur la peine de mort; I, 169 note.

Reti (Luc), sculpteur; II, 216.

Retz (Gondi, cardinal de). Son génie factieux et florentin; III, 145. — Récit comique de sa conférence avec le pape Alexandre VII; IV, 147. V, 45.

Rezzi (M.), bibliothécaire de la *Barberiana*; IV, 162.

Rhamnusio, ami de Fracastor. Son tombeau; I, 292.

Rhodiginus (Cœlius), auteur des *Antiquæ lectiones*. Son tombeau; II, 54 et 55.

Rialto (pont de), à Venise; I, 403.

Ricasoli (villa), ancien couvent de S.-Jérôme; III, 180.

Ricca (le P.), un des directeurs du collége Tolomei de Sienne, professeur de physique à l'Université; IV, 276. 292.

TABLE ANALYTIQUE. 377

RICCARDI (palais), à Florence ; III, 133 et 134.

Riccardi-Vernaccia (M. le marquis), de Florence, fait publier la *Galleria Riccardiana*; III, 134 et 135 note.

Riccati (Jourdain), académicien de Padoue ; II, 8.

Ricchini (François), architecte ; I, 103. 130. 132.

Ricchino (François), de Brescia, peintre de l'école vénitienne (xvi° s.); I, 253.

Ricci (M. le cav. A. M.), poète ; III, 368. — Son poëme épique sur S. Benoît ; 413

Ricci (Sébastien), peintre ; II, 231.

Ricci (M. Étienne), sculpteur florentin ; III, 103. 107. 108. 217.

Ricci (Scipion), évêque de Pistoie. Contraste de son palais et de ses doctrines ; V, 14.

Ricciardi (M.), ancien ministre à Naples ; III, 368.

Ricciarelli (Léonard), neveu de Daniel de Volterre ; IV, 299.

Riccio (André Briosco, dit), de Padoue, sculpteur (xv° s.). Ses bas-reliefs du mausolée *Turriani;* I, 293 et 294. 416. Son candélabre ; II, 15 et 16. 25. 26. — Son tombeau, 33.

Riccio (Barthélemi Neroni, ou le), sculpteur et peintre de l'école de Sienne (xvi, s.); IV, 269. 274. 282 et 283. 294.

RICOVERO, dépôt de mendicité et hôpital de Vérone ; I, 301.

Ricovrati, ancienne académie de Padoue. Recevait les femmes; II, 8.

Ridolfi (Charles), de Vicence, peintre et écrivain (xvii° s.); I, 287.

Ridolfi (Claude), de Vérone, peintre de l'école vénitienne (xvi° s.); II, 30.

RIDOLFI (palais), de Vérone ; I, 307.

Ridolfi (M. le marquis Cav. Côme), de Florence ; III, 7.

Rienzi, tué près d'un des deux lions du Capitole; IV, 60. 156 note. 160. — Sa prétendue maison ; IV, 208 et 209. 221.

Rigaud (Hyacinthe), peintre de l'école française (xvii° s.); V, 50. 52.

Riminaldi (Horace), peintre de l'école florentine (xvii° s.); III, 208. 221.

RIMINI, ville; III, 260 et suiv.

Rinaldo, de Mantoue, peintre (xvi° s.); II, 261 et 262.

Rinaldo Rinaldi (M.), de Padoue, sculpteur ; I, 407. II, 10. 105. IV, 78.

Rinieri (Daniel), de l'Académie Aldine; I, 410 note.
Ripa (Dom Mathieu), fondateur du collége Chinois de Capo-di-Monte; III, 362.
RIPAILLE, ancien château; I, 67 et 68.
Ripalta (Antoine de), réduit en esclavage, et vendu à l'encan après la prise de Plaisance, mis en liberté comme auteur des Annales de la ville; II, 292 et 293.
RIPETTA (port de), à Rome; IV, 167.
RIVA, à l'extrémité du lac Garda; I, 272.
Rivola (Joseph), peintre de l'école milanaise (XVIIIe s.); I, 121.
RIVOLI. Vue. Bataille; I, 318.
Rizzo (Antoine), de Vérone, sculpteur (xve s.); I, 371.
Robbia (les frères Luc *della*), sculpteurs en terre cuite (xve s.); III, 72. 74. 109. 111. 133. 145. 160. 192. IV, 253. 324. V, 2. 5. 11. 13.
Robert (le roi), de Naples Livré à l'astrologie judiciaire; II, 239 note. 240. — Son tombeau; 335 et 336.
Robolini (M.), de Pavie. Ses *Notizie appartenenti alla storia della sua patria;* I, 210 note. 211. 212 note.
Robusti (Marietta), fille du Tintoret, peintre, musicienne et cantatrice (xvie s.); I, 456. — Son portrait par elle-même; III, 29.
ROCH (S.-), église de Bergame; I, 233.
ROCH (S.-), église de Bologne; II, 140.
ROCH (S.-), église de Vicence; I, 336.
ROCH (S.-), église et confrérie à Venise; I, 437 et suiv.
ROCHE TARPÉIENNE; IV, 62.
Rœdan, chien d'André Doria. Son mausolée; V, 56.
Rohan (Henri de). Son mausolée rétabli dans le temple de S.-Pierre, à Genève; I, 8 et 9.
Roland. Sa prétendue lance à la cathédrale de Pavie; I, 215. — Sa tour; III, 426. — Son phallus; IV, 313.
Romagnoli (Mme), actrice; I, 177.
Romagnols; III, 235.
ROMAIN (S.-), église de Lucques; V, 22.
Romanelli (Jean-François), peintre de l'école romaine (xviie s.); III, 220. IV, 70. 71. 250. V, 14.
Romanelli (Urbain) son fils, peintre de l'école romaine (xviie s.); IV, 250.

Romanino (Jérôme), de Brescia, peintre de l'école vénitienne (xvi° s.); I, 253. 256. 257. 258. 259. 300.

Rome; IV, 1 et suiv. — Effet de sa contemplation; 62. — Plan de Rome antique au Capitole; 64. — Moralité de ses monumens; 81 et 82. — Présente toute l'histoire; 88. — Société; 153.

Romuald (S.-), église de Ravenne; III, 244.

Romulus (ermitage S.-). Ses palmiers; V, 78.

Ronca, vallée dans le Véronais. Célèbre par ses coquillages et ses poissons fossiles; I, 330.

Rondani (François-Marie), peintre de l'école de Parme (xvi° s.); II, 205. 214.

Rondinelli (Jean), un des deux premiers bibliothécaires de la Laurentienne; III, 37.

Rondinelli (Nicolas), peintre de l'école bolonaise (xv° s.); III, 241 et 242.

Rondinosi (Zacharie), peintre de l'école florentine (xvii° s.). Restaurateur des peintures du *Campo-Santo* de Pise; III, 215. 216.

Rosa (Aniella), peintre napolitaine (xvii° s.); III, 328.

Rosa (Christophe), de Brescia, peintre de l'école vénitienne (xvi° s.); I, 393.

Rosa (Étienne), de Brescia, peintre de l'école vénitienne (xvi° s.); I, 393.

Rosa (François), dit aussi *Pacicco* ou *Pacecco*, peintre de l'école napolitaine (xvii° s.); III, 331.

Rosa (Pierre), de Brescia, peintre de l'école vénitienne (xvi° s.); I, 252. 257.

Rosa (Salvator), peintre de l'école napolitaine (xvii° s.); III, 128. 148. 208. IV, 16. — Son tombeau; 110. 141. 146. 152. 251. V, 53.

Rosaire (église du), à Cento, dite *la Galerie*; II, 110.

Rosato (Constantin *di*), peintre; IV, 323

Roscoe. Sa *Vie et Pontificat de Léon X*; II, 14. 73. 77. 260 note. 280 note. — Sa *Vie de Laurent de Médicis*; III, 92. 184. 185 note. 237 note. 274.

Rose (Ste.-), couvent de Viterbe; IV, 252.

Roselli (Antoine), *le monarque de la science*, d'Arezzo; IV, 342 note.

Roselli (Nicolas), peintre de l'école ferraraise (xvi⁰ s.); II, 105.

Rosellini (M. Hippolyte), professeur à l'Université de Pise; III, 224.

Rosemberg (Mme la comtesse de), femme littéraire du dernier siècle. Son tombeau; II, 27.

Rosi (M. le professeur). Son collège à Spello; IV, 313.

Rosini (M. le professeur), poète. Son *Saggio sulle azioni e sulle opere di F. Guicciardini*; III, 176 note. 216. 224. IV, 311.

Rositi (Jean-Baptiste), peintre de l'école bolonaise (xv⁰ s.); III, 432.

Rosmini (M.). Sa *Vita di Filelfo*, citée; I, 145. — Son opinion sur l'antiquité de l'église S.-Michel de Pavie contredite par M. Sanquintino; 213 et 214 note.

Rospigliosi (palais), à Rome; IV, 156.

Rosselli (Côme), peintre de l'école florentine (xv⁰ s.); III, 82. 95 et 96. 110. IV, 17. V, 21.

Rosselli (Mathieu), peintre de l'école florentine (xvi⁰ s.); III, 99. 113. 121. 123. 175. 208. 222. IV, 299. V, 10. 14. 15. 26.

Rossellini (Antoine), sculpteur florentin (xv⁰ s.). Son mausolée du cardinal de Portugal; III, 192. 338.

Rossellini (Bernard), sculpteur florentin (xv⁰ s.); III, 106. 117. V, 6. 13 et 14.

Rossermini (Dominique), peintre de Pistoie (xvi⁰ s.); V, 10.

Rossi (M.), auteur du *Traité de Droit pénal*; I, 33.

Rossi (Ange), peintre de l'école génoise (xviii⁰ s.); I, 431. V, 49.

Rossi (Ange), sculpteur romain (xviii⁰ s.); IV, 91.

Rossi (Mme Angélique Battione). Sa continuation de la *Flore* du Piémont; V, 97.

Rossi (Antoine), peintre de l'école bolonaise (xviii⁰ s.); I, 117.

Rossi (Bertrand). Son tombeau à Parme; II, 221 et 222.

Rossi (Charles-Antoine), peintre de l'école milanaise (xvii⁰ s.); I, 215.

Rossi (François), antiquaire, d'Arezzo; IV, 343 note.

Rossi (Jérôme), de Brescia, peintre de l'école vénitienne (xvii⁰ s.); I, 255.

Rossi (Pierre). Son curieux mausolée; II, 214.

Rossi (le professeur Jean-Bernard *de'*). Sa collection de manu-

scrits orientaux passée à la bibliothéque de Parme; II, 196. 231.
Rossi (Properzia *de'*), peintre, sculpteur, musicienne, morte d'un amour dédaigné (xvi⁰ s.); II, 129 et 130 et note. 149. 158 et 159.
Rossini (M.). Sa maison à Bologne; II, 164 et 165. III, 269. 316.
Rosso (*del*), peintre de l'école florentine (xvi⁰ s.); III, 82. 95. 150. IV, 300.
Rosso (feu *del*), architecte florentin; IV, 348.
Rosso (M. *del*), professeur à l'Université de Pise; III, 224.
Rostrum à l'arsenal de Gênes; V, 45 et 46.
Rota (Bernardino), poète. Son tombeau; III, 329.
Rotari (Pierre), de Vérone, peintre de l'école vénitienne (xviii⁰ s.); I, 289. 296.
Rotateur (le), statue de la galerie de Florence; III, 33.
Rouard (M.), bibliothécaire de la ville d'Aix; III, 395.
Rouge antique. Le plus gros bloc connu de ce marbre; IV, 99.
Rousseau, père de J.-J. Sa lettre autographe à Mme de Warens au sujet de son fils; I, 27.
Rousseau (J.-J.). Son Discours sur les effets du rétablissement des sciences et des arts; I, 3. — Maison où, disait-on, il était né; 6 et 7. — Ses Lettres au moment de la condamnation de l'*Émile*; 12 et 13. — Deux de ses Lettres autographes; 27 et 28. 466. II, 95 note. — Loue Côme de Médicis; III, 83. note. 316. IV, 147. — Effet du catholicisme sur son talent; V, 110.
Roveredo, ville; I, 272.
Roverella (cardinal). Son tombeau; IV, 87.
Rovezzano (Benoît *da*), sculpteur florentin (xvi⁰ s.); III, 70. 123. 127 et 128.
Rovigo, ville; II, 54 et 55. — Sa bibliothèque remarquable; *ibid*.
Rozan (M. l'abbé de). Sa Lettre sur la bibliothèque de la Cava; III, 396 note. IV, 174 note.
Rubaconte ou alle Grazie, pont à Florence; III, 169.
Rubens, chef de l'école flamande (xvi⁰ s.); I, 236. 405. III, 25. 26. 149. 247. 307. IV, 69. 71. 125. 152. 168. 180. 186. V, 49. 50. 51. 53. 66.
Rubicon, ruisseau; III, 256. 259 et 260.

Rubini (M.), chanteur; I, 172.
Rubini (Pierre), médecin. Son tombeau; II, 241.
Ruccelaï (Jean-Bernard). Époque de la représentation de la *Rosmunda*; I, 334. III, 141. 142.
Ruccellai-della-Vigna (palais), à Florence; III, 142.
Rufin (S.-), église d'Assise; IV, 315.
Rufinella (la), villa, près Frascati; IV, 233.
Ruggieri (Antoine-Marie), peintre de l'école milanaise (xviiie s.); I, 118.
Ruinart (dom). Ses lettres au Mont-Cassin; III, 418.
Ruines. Impressions diverses qu'elles produisent; IV, 52.
Rusconi (Camille), sculpteur milanais (xviiie s.); IV, 11 et 12. 79 et 80.
Ruspoli (palais), à Rome; IV, 144 et 145.
Rustichino (François Rustici, dit le), peintre de l'école de Sienne (xviie s.); IV, 275. 276. 278. 280. 282. 284.
Rustici (François), sculpteur florentin (xvie s.); III, 79.
Ruta, village; V, 39.

S.

Sabatelli (M.), peintre; IV, 348.
Sabbattini (Laurent), peintre de l'école bolonaise (xvie s.); II, 125. 162. 171.
Sabeus, bibliothécaire de la Vaticane; IV, 28.
Sabine (Ste.-), couvent de Rome; IV, 131 et 132.
Sacchi (André), peintre de l'école romaine (xviie s.); IV, 48. 89. — Son tombeau; 92. 113. 140.
Sacchi (Bramante), sculpteur de Crémone (xive s.); II, 287.
Sacchi, famille de mosaïstes établie pendant trois siècles à la Chartreuse de Pavie; I, 202.
Sacchi (Charles), de Pavie, peintre de l'école milanaise (xviie s.); I, 215.
Sachetti (Franco); II, 22. III, 71 note. 117. 137. IV, 319.
Sacré (Mont), à Rome; IV, 198.
Sacré-Cœur (Dames du), à Rome; IV, 166.
Sacrement (S.-), église de Pesaro; III, 271.
Sacrement (S.-), église de Pistoïe; V, 8.
Sacro-Catino (le); V, 63 et 64.

Sacro-Speco, monastère, près Subiaco; IV, 230 et 231.
Sade (l'abbé de). Ses *Mémoires pour la Vie de Pétrarque*. Attribue onze enfans à la belle Laure; I, 53. II, 209 note.
Sadolet (cardinal). Son tombeau; IV, 140.
Saint-Cergues. Description et beauté de la vue; I, 4.
Saint-Gingolph, village, banni de la *Nouvelle Héloïse* à cause de la rudesse de son nom; I, 68.
Saint-Maurice, bourg. Son ermite; I, 48 et 49.
Saint-Pierre (Bernardin de); cité à l'appui de l'interprétation du buste dit l'*Alexandre mourant*; III, 25. 83 note. 431.
Saint-Simon (le duc) justifie Villeroy de la surprise de Crémone; II, 290 et 291 note.
Sainte-Croix (M. de). Son *Examen critique des anciens historiens d'Alexandre*, cité; I, 140.
Sainte-Marie-delle-Stelle, près Vérone. Son souterrain; I, 330.
Salaria (porte), à Rome; IV, 157.
Salario (pont), près Rome; IV, 198.
Salerne, ville; III, 397 et 398. V, 38.
Salève, montagne, près Genève; I, 39.
Salimbeni (Archange), peintre de l'école de Sienne (XVIᵉ s.); IV, 274. 275. 282.
Salimbeni (Simondio di Ventura), peintre de l'école de Sienne (XVIIᵉ s.); IV, 281.
Salimbeni (Ventura), peintre de l'école de Sienne (XVIᵉ s.); III, 208. 219. 221. IV, 277 et 278. 281. 282. 285. 312.
Salles de spectacle d'Italie, d'une commode et agréable distribution; I, 182. — La musique s'y entend de toutes les places; IV, 191.
Salluste. Ses jardins; IV, 199.
Salmegia (Enée), dit le Talpino, peintre de l'école vénitienne (XVIᵉ s.); I, 111. 115. 128. 131. 132. 231. 233. 234. 238.
Saltarello (Luc), peintre de l'école génoise (XVIIᵉ s.); V, 67.
Salterello, danse romaine; IV, 175.
Salutati (Lino Colluccio ou Coluccio), poète et érudit. Son inscription au portrait du Dante; III, 71 et 72. 107. 201 et 202.
Salutations des chanteurs italiens au public; I, 173.
Salute, église de Venise; I, 427 et 428.
Saluzzi (palais), dit Paradiso, à Gênes; V, 58.

Saluzzo (M. le chevalier César); V, 100.
SALVATORE (S.), église de Bologne; II, 141.
Salvi (Antoine), orfévre florentin (xv* s.); III, 80.
Salvi (M.), de Rome, bibliographe instruit. Son recueil d'autographes; III, 152.
Salvi (Nicolas), architecte romain (xviii* s.); IV, 163.
SALVI (monastère de S.-), près Florence; IV, 350.
Salviati (François), peintre de l'école florentine (xvi* s.); 1, 408. III, 13 et 14. IV, 73.
Salviati (Joseph Porta, dit *del*), peintre de l'école romaine (xvi* s.); I, 470. II, 20. IV, 15. 185.
Samacchini (Horace), peintre de l'école bolonaise (xvi* s.); II, 125. 138. 162. 171. 205. 208.
SAMOGIA, torrent, voisin de l'île des Triumvirs, près Modène; II, 179 note.
SAMPIERI (palais), à Bologne; II, 163.
SAN-CASCIANO, près Florence. Séjour, villa de Machiavel; III, 195 et suiv.
Sandalio (Barthélemi-Fabius de), peintre miniateur (xv* s.); III, 418.
Sandrini (Thomas), de Brescia, peintre de l'école vénitienne (xvii* s.); I, 258.
SAN-FIORENZO, église de Pérouse; IV, 324.
SAN-GALLO, porte, à Florence; III, 168.
San-Gallo (Antoine), architecte florentin (xvi* s.); IV, 2. 15.
— Sa restauration de l'église Ste.-Marie-de-Lorette de Rome; 102. 140. 184. 261. 264. 322. V, 3. 74.
San-Gallo (François), sculpteur (xvi* s.); III, 88, 97 et 98. 112.
San-Gallo (Julien), sculpteur et architecte (xv* s.); III, 110. 182. 194. 412. IV, 2. 103. 127. 161. V, 3.
SAN-GERMANO, au pied du Mont-Cassin; III, 420.
San-Giovanni (Jean de), peintre de l'école florentine (xvii* s.); III, 120. 121. 128. 146 et 147. 160. 178 et 179. 187. IV, 299. V, 17.
San-Martino (Joseph), sculpteur napolitain (xviii* s.); III, 327.
San-Micheli, architecte véronais (xv* s.); I, 282 et 283. 290. 291. — Sa chapelle Pellegrini; 292 et 293. 296. 297.

298. 300. 306. 307. 353. 402. — Son fort de *S.-André;* 472. II, 16. 203. IV, 256. 260.

San-Miniato-al-Monte, basilique près Florence ; III, 192.

San-Remo, ville ; V, 78 et 79.

Sancta Sanctorum. De son mystère; IV, 90.

Sannazar, poète latin. Ses vers sur Venise ; I, 401. III, 324.
— Son tombeau; 343 et 344. — Ses vers sur la *Mergellina;* 360.

Sanquintino (M.), contredit l'opinion de d'Agincourt, de M. Malaspina et de Rosmini, sur l'antiquité de l'église S.-Michel de Pavie ; I, 213 et 214.

Sanquirico (M.), peintre des décorations de la Scala; I, 78. 174.

San-Rossore (ferme de); III, 229 et 230.

San-Spirito, porte de Rome ; IV, 140.

Sansovino (F.), sculpteur ; I, 373.

Sansovino (Jacques), sculpteur et architecte toscan (xv° s.); I, 288. 300. 362 et 363. 367. 371. 375. — Son ancienne bibliothèque de Venise ; 393. 395. 402. 408. 422. 423. — Son mausolée ; 428. 431. 432. 435. 436. 440. 441. 443. 454. 462. II, 3. 13. 14. 16. 105. III, 125. IV, 169.

Santa-Croce (Jérôme), peintre de l'école vénitienne (xvi° s.); I, 423. 424. 440. II, 20.

Santa-Croce (Jérôme), sculpteur napolitain (xvi° s.); III, 323. 328. 338. 343. 348. 355. V, 69.

Santa Fede (Fabrice), peintre de l'école napolitaine (xvi° s.); III, 340.

Santagelo (M. l'avocat), de Naples. Sa collection de vases, son médailler, et sa petite esquisse en grisaille, à l'huile, du *Jugement dernier,* de Michel-Ange; III, 298.

Santarelli (M.), sculpteur ; III, 107.

Santini (M.), professeur à l'Université de Padoue ; II, 3.

Santissimo Bambino. Sa procession à l'église d'Aracœli de Rome; IV, 81.

Santo (*il*), église de Padoue; II, 13 et suiv. — Son trésor; 17. — Cloître; 18.

Santo-Cattaneo, peintre ; I, 254.

Sanuto (Marino), de l'Académie Aldine; I, 410 note.

San-Vitale (palais), à Parme; II, 229.

Sapience, Université de Rome; IV, 188 et suiv.

SARACINI (palais), à Sienne; IV, 288.
Saraina Torello, antiquaire véronais. Nombre de spectateurs qu'il donne à l'amphithéâtre; I, 280 note. — Son tombeau; 294.
Sarchiani (M. Joseph), dernier professeur des chaires *dantesques* en Italie; III, 113.
Sarpi (Pierre, dit *Fra-Paolo*). Manuscrit de son *Histoire du Concile de Trente*; 1, 387 et 388. — Ses consultations autographes; 458 et 459. — Son corps retrouvé; 468. — Son nouveau tombeau; *ibid*. — Anatomiste et architecte; II, 5.
Sarti (M.), professeur à la Sapience; IV, 190.
Sarto (André Vannucchi, dit André *del*), peintre de l'école florentine (XVIe s.); II, 180. 205. III, 25. 28. 34. — Ses fresques de la *Compagnia dello Scalzo*; 90. 95. 96. — Sa Madone *del Sacco*; 99. 127. 148 et 149. 160. 182. 186. 190. 207. 310. IV, 152. 155. 159. 168. 350. V, 53.
Sarzane (Dominique Fiasella, dit le), peintre de l'école génoise (XVIIe s.); V, 35. 60. 65. 69.
SARZANE, ville; V, 35.
SARZANELLO, château; V, 36.
Sasso Ferrato (Tarquinio Salvi *da*), peintre de l'école romaine (XVIIe s.); II, 11. III, 26. 309. — Son *Rosaire*; IV, 131. 152. V, 28.
SATYRE (S.-), église de Milan; I, 117.
SAULI (palais), à Gênes; V, 57.
SAUVEUR (S.-), église près Florence; III, 191 et 192.
SAUVEUR (S.-), église de Lucques; V, 23.
SAUVEUR (S.-), église de Venise; I, 440.
Savi (M. l'abbé), bibliothécaire de Vicence; I, 332.
Savi (M. Cajétan), professeur à l'Université de Pise; III, 224.
Savi (M. Étienne), professeur à l'Université de Pise; III, 224.
SAVIGNANO, bourg. Inscription du sénatus-consulte apocryphe; III, 259 et 260.
SAVIN (S.-), église de Plaisance; II, 299.
Savoldo (Jérôme), de Brescia, peintre amateur; I, 255.
Savonarole (Jérôme), originaire de Padoue; II, 45. III, 6. 11. — Ses notes autographes sur une Bible; 50. — Sa cellule au couvent de S.-Marc de Florence; 92 et suiv. 94 et 95. 185. IV, 77.
SAVONE, ville; V, 74 et 75.

Scacerni (M.), savant italien ; II, 93.
Scala (Barthélemi), chancelier de la République florentine ; III, 107. 136. — Sa maison ; 178.
SCALA (hôpital de la), de Sienne ; IV, 273.
SCALA (la), de Milan, salle. Représentations ; I, 172 et suiv.
SCALA SANTA ; IV, 89 et 90.
Scaliger. Livres annotés de sa main à la *Barberiana ;* IV, 162.
Scaligers. Leurs tombeaux à Vérone ; I, 277.
Scalza (Hippolyte), sculpteur d'Orvietto (xvi⁰ s.); IV, 260.
SCALZI, église près Bologne; II, 177.
SCALZI (carmes déchaussés), église de Venise ; I, 429.
SCALZO (*compagnia dello*). Ses fresques d'André del Sarto ; III, 90.
Scamozzi (Vincent), de Vicence, architecte (xvi⁰ s.); I, 238. 335. 373. — Ses *Procuratie nuove ;* 392 et 393. 424. 434. II, 20. IV, 240.
Scaramuccia (Louis), peintre de l'école romaine, artiste, écrivain (xvii⁰ s.); I, 118. 131. 132. II, 156.
Scarpa, ancien professeur de l'Université de Pavie ; I, 206.
Scarpa (le P.), prédicateur pathétique ; I, 137 et 138.
Scarpagnino (A.), architecte (xvi⁰ s.); I, 440.
Scarpellini (M. l'abbé), astronome, professeur à la Sapience ; I, 302. IV, 61 et 62. 190.
Scarcellino (Hippolyte Scaramuccia, dit le), peintre de l'école ferraraise (xvi⁰ s.); II, 64. 65. 66. 70. 105.
Scassi (M.), médecin génois ; V, 71.
Schiaffino (François), sculpteur génois (xvii⁰ s.); V, 68.
Schiassi (l'abbé Philippe), de Bologne; I, 302. — Professeur à l'Université; II, 113. 117. 178.
Schiavone (André), peintre de l'école vénitienne (xvi⁰ s.); I, 233. 394. 437.
Schiavone (Grégoire), peintre de l'école vénitienne (xv⁰ s.); II, 13.
Schidone ou *Schedone* (Barthélemi), de Modène, peintre de l'école de Parme (xvii⁰ s.); II, 205 et 206. III, 33. 292. 307 et 308. 309.
Schifardini (le frère), chartreux, architecte ; IV, 280.
Schnetz (M.), peintre français; I, 210 note. IV, 53. 114. 207.
SCHOLASTIQUE (monastère de Ste.-), à Subiaco ; IV, 229 et 230.

Scholastique (Ste.), sœur de S. Benoît. Sa statue; son tombeau; III, 411 et 412.

Sciamanno, morceau d'étoffe jaune porté par les Juifs dans l'État romain; IV, 177 note.

SCIARRA (palais), à Rome; IV, 151.

Scipions. Leur tombeau; IV, 38 et 39. 204.

SCOGLIETTO (*lo*), villa à Gênes; V, 57.

Scolastique, utile aux progrès des lumières; III, 335.

Scorticone (Dominique), architecte; V, 65.

Scotti (don Angelo), bibliothécaire des *Studj*; III, 298. 312.

SCROFFA (palais) de Ferrare; II, 103 et 104.

Sculpture (la). Employait autrefois le bois, le marbre, l'argile, le bronze et les divers métaux; I, 439.

SCUOLE (bâtiment des écoles), à Bologne; II, 170 et 171.

Scutellari (feu Marietta), de Ferrare; II, 106 et 107.

Seau de Modène; II, 187.

Sebastiani (Lazare), peintre de l'école vénitienne (xv° s.); I, 470.

SÉBASTIEN (S.-), église de Gênes; V, 67.

SÉBASTIEN (S.-), église de Mantoue; II, 264.

SÉBASTIEN (S.-), église de Milan; I, 117.

SÉBASTIEN (S.-), basilique de Rome; IV, 129 et 130.

SÉBASTIEN (S.-), église de Sienne; IV, 282.

SÉBASTIEN (S.-), église de Venise; I, 432.

SÉBASTIEN (S.-), église de Vérone; I, 296.

Sébastien del Piombo (fra Bastiano Luciano, dit), peintre de l'école vénitienne (xvi° s.); I, 185. 405. 440. III, 31. 150. 308. 309. IV, 73. 137. 182. 186. 252.

Segala (François), de Padoue, sculpteur (xvi° s.); I, 362.

Segna di Buonventura, peintre de l'école de Sienne (xiv° s.); IV, 293 et 294.

Segna di Buonventura (Nicolas), son fils, peintre de l'école de Sienne; IV, 294.

Segneri (le P.), jésuite, réformateur de la chaire italienne; I, 137.

Selva (M.), architecte vénitien; I, 349.

SELVA PIANA, près Parme, ancien séjour de Pétrarque; II, 241 et suiv.

Selvaggi (M. Gaspard), de Naples, helléniste; III, 298.

SÉMINAIRE (palais du), de Milan; I, 104.
Senebier. Son Catalogue des Manuscrits de la bibliothéque de Genève; 1, 15.
Senèque. Sa description du Pausilype; III, 359. 374. — Son portrait à la chapelle de la Madone de *San-Brixio* du dôme d'Orvietto; IV, 259.
Senese (Michel-Ange), sculpteur; IV, 127.
SENIGALLIA. Sa foire; III, 274.
Sepolte vive, religieuses de Rome; IV, 107 et 108.
SÉPULCRE (S.-), église de Florence; III, 121 et 122.
SÉPULCRE (S.-), église de Milan; I, 121 et 122.
SÉPULCRE (S.-), église de Parme; II, 214 et 215.
SÉPULCRE (S.-), église de Pise; III, 221.
SÉRAIL, ou ALBERGO REALE, à Naples; III, 363.
Serano, poète espagnol. Ses vers latins sur l'encrier de l'Arioste; II, 76.
Séraphin dell'Aquila, poète et improvisateur. Ses manuscrits à la bibliothéque de Pesaro; III, 271.
Sérapis. Son temple; son culte; III, 370.
Serassi. Sa *Vie du Tasse*; II, 95. 99. 102 note. 280 note. III, 151. IV, 162.
SERBELLONI (maison), à Milan; I, 104.
Serego-Alighieri (Mme la comtesse), descendante du Dante; I, 295. 313.
Sermino di Simone, peintre; IV, 286.
SERMIONE, presqu'île sur le lac Garda; I, 265 et suiv.
Sermonetta (Jérôme Siciolante, dit de sa patrie le), peintre de l'école romaine (XVIe s.); IV, 81. 127.
Serpent d'airain de l'église S.-Ambroise de Milan. Pris par le peuple pour celui que Moïse éleva dans le désert; I, 124.
Serra (M. Jérôme). Illustre l'inscription et la table de bronze du palais des Pères du Commun de Gênes; V, 44.
SERRA (palais), à Gênes. Son salon; V, 52.
SERRAGLIO DE MANTOUE. Description; son aspect virgilien; II, 245 et suiv.
Serre (M. de), au Mont-Cassin; III, 418.
Servet (Michel), adversaire de Calvin, brûlé; I, 11 note.
SERVI, église de Bologne; II, 150.
SERVI DE STE.-MARIE, église de Padoue; II, 25.

SERVITES (ancien couvent des) et des Dominicains, à Parme; II, 232 et 233.
Sestini (M. l'abbé), de Florence, numismatiste; III, 61. 225.
SESTRI DI LEVANTE, ville; V, 37 et 38.
SESTRI DI PONENTE, bourg; V, 72 et 73.
Settala (Manfred), surnommé l'*Archimède milanais*. Son tombeau; I, 116.
SETTE COMUNI. De leur origine cimbrique. Visitées par l'auteur; I, 339 et suiv. — Leur dialecte; 342 et 343.
SEVER (S.-), couvent de Pérouse; IV, 324.
SEVERIN (S.-), église de Naples; III, 355 et 356.
Sévigné (Mme de). Ce qu'elle dit de la princesse Marguerite d'Orléans; III, 183 note.
Seyssel. Ses manuscrits à la bibliothèque de l'Université de Turin; V, 95 et 96. — Son style; *ibid.* — Son tombeau; 107.
Seyter (Daniel), peintre de l'école vénitienne (xviie s.); V, 111.
Sforze (Hippolyte), mariée à Alphonse, depuis roi de Naples. Son érudition. Le premier livre grec imprimé en Italie composé pour elle; I, 322 et 323. — Sa copie du *De Senectute* de Cicéron; IV, 96.
Sforze (Catherine), fille naturelle de Jean Galéaz. Son action sur les murs de Forli; III, 257.
Sgricci (M.), improvisateur; III, 9.
Shakspeare; I, 278. 279. 324.
SIENNE, ville; IV, 265 et suiv.
SIGISMOND (S.-), église près Crémone; II, 291 et 292.
Signoraccio (frère *Paolino del*), peintre de Pistoie (xvie s.); V, 9. 10. 13. 14.
Signorelli (Luc), peintre de l'école florentine; III, 20. IV, 17. 259. 300. 336 et 337.
Sigonio, célèbre érudit de Modène. Son tombeau; II, 188.
Silius Italicus; II, 284.
Silvio de Fiesole, sculpteur (xve s.); III, 118. IV, 301.
Simon (maître), peintre de l'école napolitaine (xive s.); III, 326.
Simon, frère de Donatello, sculpteur (xve s.); IV, 4. 91. V, 2.
Simon de Fiesole, sculpteur toscan (xve s.); III, 15 note.
Simon di Martino, peintre de l'école de Sienne (xive s.); IV, 286. 294.

Simon (S.-), église de Florence ; III, 110.
Simon de Pesaro (Simon Cantarini, dit), peintre de l'école bolonaise (xvII^e s.) ; II, 125.
Simond (M.), auteur du *Voyage en Italie*, met plusieurs bas-reliefs de l'arc du Simplon au-dessus de ceux du Parthénon ; I, 188. 370. II, 247.
Simone (François *di*), sculpteur florentin (xvI^e s.); II, 146.
Simonetta (maison), près Milan. Son écho ; I, 193.
Simonetta (Charles), sculpteur lombard (xvII^e s.) ; I, 122.
Simplicien (S.-), église de Milan ; I, 131.
Simplon (route du); I, 71 et 72. — Porte du Simplon de Milan, devenue arc de la paix; 188. — Le plus grand arc de triomphe moderne ; *ibid*.
Sirani (Élisabeth), fille du suivant, peintre de l'école bolonaise (xvII^e s.); II, 122 note. 126. 134. — Son tombeau ; 146. 150. 177. V, 15.
Sirani (Jean-André), peintre de l'école bolonaise (xvII^e s.); II, 134.
Sismondi (M. de), auteur de l'*Histoire des Républiques italiennes du moyen âge*; I, 33. 199. 241. 275. 459. II, 154. 158. 292. III, 83 note. 100 note. 191 note. 274. 368 et 369 note. V, 64 note.
Sixte (S.-), église de Pise ; III, 220 et 221.
Sixte (S.-), église de Plaisance ; II, 298.
Sixte (frère), architecte florentin (xIII^e s.); III, 115.
Sixte III (S.), ami de S. Augustin. Mosaïques de son temps, et commandées par lui ; IV, 98 et 99.
Sixte-Quint; IV, 26. 28. — Voulait établir une filature dans le Colysée et y mettre des boutiques; 51 et 52. 82. 88. 89. 98. — Son tombeau ; *ibid*. 99. 156. 197. 205. 226. V, 78 et 79.
Skotnicki (le comte Joseph), polonais. Son tombeau à l'église Ste.-Croix de Florence ; III, 107.
Slavino di Marco (*Lo*), montagne donnée pour la ruine mentionnée par le Dante ; I, 272 et 273.
Smith (docteur), son erreur sur la fondation du jardin botanique de Padoue ; II, 7 note.
Smollett, historien et romancier satirique anglais. Son tombeau à Livourne ; III, 234.
Soavi (Joseph), d'Ascoli, peintre miniateur (xvII^e s.); III, 418.

Société à Venise; I, 409. — Société italienne; II, 106 et 107. III, 137 et suiv. — Société à Rome; IV, 153.

Socin (Faust). Son chêne-vert à Scopetto, près Sienne, abattu; I, 40. — Ses Lettres autographes. IV, 296 et 297.

Soderini (Pierre), le seul gonfalonier perpétuel qu'ait eu la république de Florence. Michel-Ange lui jette de la poussière de marbre aux yeux. Quatrain de Machiavel sur sa mort; III, 15. — Son cénotaphe vide; 127 et 128.

Sodome (Jean-Antoine Razzi, dit le), peintre de l'école de Sienne (XVIe s.); III, 25. 207. 223. 307. IV, 275. 278. 280 281. 282. 285. 286. 288. 289. 294.

Soggi (Nicolas), peintre de l'école florentine (XVIe s.); V, 3.

Sogliani (Jean-Antoine), peintre de l'école florentine (XVIe s.); III, 82. 111. 207.

Sografi (l'avocat). Sa comédie des *Donne avvocate*; I, 464.

Sojaro (Bernard ou Bernardin Gatti, dit le), peintre de l'école de Parme (XVIe s.); II, 208. 221. 287. 291. 300.

Sole (Jean-Joseph *del*), peintre de l'école bolonaise (XVIe s.); I, 119. II, 134.

Solfatare de Naples (la). Son *Cicerone*; I, 43. III, 368 et 369. — Solfatare de Tivoli; IV, 218.

Solimène (François), peintre de l'école napolitaine (XVIIe s.); III, 323. 325. 326. 331. 337. 350. 351. IV, 320. V, 35. 108.

Somma, montagne; IV, 308.

Sommariva (villa), sur le lac de Côme; I, 225 et 226.

Sons ou *Soens* (Jean), peintre flamand (XVIIe s.); II, 222.

Sophie (Ste.-), église de Padoue; II, 31 et 32.

Soracte (mont), près Rome; IV, 248.

Soranzo (palais) de Castel-Franco; I, 353.

Soria (Jean-Baptiste), architecte (XVIIe s.); IV, 84. 106. 109. 137.

Sorrente, ville; III, 400 et suiv.

Sorri (Pierre), peintre de l'école de Sienne (XVIe s.); III, 208. 274. 275. 282. 294.

Sozomène, chanoine de Pistoie, érudit. Ses manuscrits à la bibliothèque du collège Forteguerri; V, 16 et 17.

Spada (Leonello), peintre de l'école bolonaise (XVIe s.); II, 144. 163. 180. — Son tombeau; 210. 215. 218. 222. 232.

Spada (palais), à Rome; IV, 185 et 186.

Spagna (le), peintre de l'école romaine (xvi° s.); IV, 306. 311.

Spagnuoli (Baptiste), dit le Mantouan. Son tombeau à la cathédrale; II, 257 et 258.

SPELLO, ville; IV, 312 et 313.

Sperandio, sculpteur et fondeur mantouan (xvi° s.); II, 260.

Speranza (Vincent) de Vicence, peintre de l'école vénitienne; I, 332.

Sperone-Speroni. Son tombeau à Padoue. Son étrange épitaphe faite par lui; II, 9 et 10. 42.

SPEZIA (golfe de la); V, 37. — Sa fontaine sous-marine; *ibid*.

Spinazzi (Innocent), sculpteur romain (xviii° s.); III, 78. 101 et 102.

Spinelli (André), sculpteur de Parme; II, 222.

Spinello d'Arezzo, peintre de l'école florentine (xiv° s.); III, 192. 213. IV, 342 note. 346. 348.

SPINOLA (palais Ferdinand), à Gênes; V, 52.

SPINOLA (le palais Jean-Baptiste), à Gênes; V, 55.

SPINOLA (palais Maximilien), à Gênes; V, 54.

SPINOLA (villa), à Sestri; V, 72.

SPIRITO (S.-), église de Sienne; IV, 278.

SPIRITO DEL MORONE (S.-), ancien couvent de Célestins près Sulmone; III, 286.

SPOLETTE, ville; IV, 310 et suiv.

Squarcione (François), fondateur d'une célèbre école de peinture à Padoue (xv° s.); II, 26 et 27. 47.

Stace; III, 402. IV, 222. 223. — Son portrait à la chapelle de la Madone de *San-Brixio* du dôme d'Orvietto; 259.

Staël (M°°° de); I, 5, 33. 278. II, 94. 117. 233. 273. III, 106. 291. IV, 41 et 42. 164. V, 41.

Staël (M. le baron Auguste de); I, 38.

STAFFA (palais), à Pérouse; IV, 330.

Stagi de Pietra-Santa, sculpteur (xvi° s); III, 206. IV, 301.

STAMPASONCINO (maison) de Milan; I, 104.

Stanzioni (cavalier Massimo), peintre de l'école napolitaine (xvii° s.); III, 320. 325. 328. 340. 345. 346. 368.

Statistique, ancienne et née à Venise; I, 459.

Statue de la Victoire antique, de bronze, trouvée à Brescia; I, 240.

STECCATA (la), église de Parme; II, 220 et suiv.
Stefani (Thomas *de'*), fondateur de la peinture napolitaine (XIIIe s.); III, 319. 328.
Stellini (le P. Jacques), somasque, religieux d'un savoir immense. Son tombeau; II, 28.
Stelluti, académicien des *Lyncei*. Son opinion sur l'époque de l'invention du papier; IV, 298 note.
STINCHE, prisons de Florence. Manuscrits copiés par les détenus; III, 53. 167.
Stoldi (Laurent), sculpteur toscan (XVIe s.); I, 113. 114. III, 101. 154.
Storer (Christophe) de Constance, peintre (XVIIe s.); I, 14. 119.
STRACCIAIUOLI (marchands de draps), ancien palais de cette communauté à Bologne; II, 163.
Stradan (Jean), flamand, peintre de l'école florentine (XVIe s.); III, 98. 99. 112. 125.
Stratico (Simon), académicien de Padoue; II, 8. 21.
Stringa (François), peintre de l'école de Modène (XVIIe s.); II, 232.
Strocchi (M. le chevalier Dionigi), poète et helléniste distingué; III, 237 et 238.
Stroifi (Hermann), moine philippin, peintre de l'école vénitienne (XVIIe s.); II, 32.
Strozzi (Hercule), fils de Titus Vespasien, poète latin, mort assassiné. Son tombeau; II, 68 et 69.
STROZZI (palais), à Florence. Son entablement; III, 144.
Strozzi (Jean-Baptiste), poète; III, 86.
Strozzi (Pierre). Son tombeau; II, 260.
Strozzi (Philippe). Son testament; III, 55. — Sa chambre à Montemurlo; V, 4. — Son autre vainqueur avec Vitelli; *ibid.*
Strozzi (Titus Vespasien), poète latin et administrateur détesté. Son tombeau; II, 168.
STROZZI-RIDOLFI (palais), à Florence; III, 141 et 142.
STUPINITZ (palais), près Turin; V, 113.
SUAIRE (S.-), église de Turin; V, 107 et 108.
SUBIACO, ville; IV, 228 et suiv.
Subleyras (Pierre), languedocien, peintre de l'école romaine (XVIIIe s.); IV, 110 et 111.
SUBLICIUS (pont), à Rome; IV, 206 et 207.

TABLE ANALYTIQUE.

Suffolk (Richard de). Son ancien tombeau à St.-Pierre *in-Ciel-d'oro* de Pavie; I, 211 et 212.
Suicide (le), regardé par Benoît XIV comme un acte de folie, n'exclut point à Rome de la sépulture sacrée; II, 178.
SULMONE, ville; III, 284 et suiv.
SUPERGA (temple de la), près Turin; V, 114 et 115.
Susani (M. Gaetan), de Mantoue. Sa galerie; II, 270.
SUSE, ville; V, 118.
SUTRI, ville; IV, 245.
Suvée, directeur de l'Académie de France à Rome; IV, 68.
Sylvestre II (Gherbert), pape, doit être ajouté aux illustres Auvergnats cités par M. de Chateaubriand; I, 210 et 211 note.
SYLVESTRE (S.-), église de Gênes; V, 68.
SYLVESTRE (S.-), église de Pise; III, 220.
SYLVESTRE (S.-), église de Rome; IV, 105.
SYLVESTRE (S.-), église de Venise; I, 440.
SYR (S.-), église de Gênes; V, 64 et 65.

T.

Tabarin, le *docteur*, personnage comique de Bologne; II, 168 et 169.
Table iliaque, au Capitole; IV, 64.
Tables d'Héraclée, au musée de Naples; III, 304.
TABULARIUM (substructions du) au Forum romain; IV, 54 et 55.
Tacca (Ferdinand), sculpteur; V, 34 note.
Tacca (Pierre), sculpteur (XVIe s.); III, 88. 95. 113 et 114. 154. 206. Ses *Quatre esclaves enchaînés*; 233. V, 2.
Tacite. Anciens manuscrits de Tacite, à la Laurentienne; III, 39. 374. 375 et note. IV, 229. 306. V, 79.
Tadda (Baptiste *del*), de Fiesole, stucateur (XVIe s.); III, 122.
Taddei (M.), professeur à l'Université de Pise; III, 224.
Tafi (André), peintre de l'école florentine (XIIIe s.); III, 80.
Tagliafico, architecte génois; V, 49.
Tagliasacchi (Jean-Baptiste), peintre de l'école de Parme (XVIIe s.); II, 296.
Taglioni (Melle), danseuse, à Milan; I, 174.
Talenti (frère) da Nippozzano, architecte (XIIIe s.); III, 115. 118.

Tambroni (Clotilde), professeur de grec à Bologne ; II, 116.
Tamburini, ancien professeur de l'Université de Pavie; I, 206.
Tamburini (M.), chanteur ; I, 172.
TANARA (palais), à Bologne.; II, 157.
Tanzi (Rodolphe), guerrier fondateur d'hospice. Son tombeau ; II, 218.
Tarcagnota (Michel Marullo), poète bysantin, rival préféré de Politien ; III, 178. IV, 265 et 266 note. 302 et 303.
Targioni-Tozzetti (M.), professeur à l'Université de Pise ; III, 224. IV, 270 note.
Tarlati (Guido), seigneur et évêque d'Arezzo ; IV, 342 note. — Son tombeau ; 347.
TARTARI (lac *de'*), sur la route de Tivoli ; IV, 218.
TARTARUGHE (fontaine *delle*), à Rome ; IV, 174 et 175.
Tasse (le). Son parallèle de l'Italie et de la France ; I, 101. — Madrigaux et sonnets autographes; 154. — Sa statue à Bergame ; 236. II, 70. — Ses manuscrits à la bibliothéque de Ferrare ; 76 et suiv. et notes. — Sa prétendue prison ; 93 et suiv. — Malade récalcitrant ; 97 et 98. — Aveu sur sa première communion ; 100 et 101 note. — Contredit l'allusion de ses amours à l'épisode d'Olinde et de Sophronie ; 101 note. — Ses manuscrits à la bibliothéque de Modène ; 185. 266 note. 281. III, 2. 3 note. — Ses manuscrits à la bibliothéque du palais Pitti ; 151. 270. — Ses manuscrits à la bibliothéque de Pesaro ; 271. 272. 274. — Son pélerinage à Lorette ; 281. — Ses autographes à la bibliothéque de Naples ; 312. 339. 358 note. — Emplacement de sa maison à Sorrente ; 401 et 402. — Sa dévotion à S. Benoît, et sa visite au Mont-Cassin ; 412 et 413 ; IV, 2. — Son ébauche autographe des premiers chants de la *Jérusalem* et autres manuscrits à la Vaticane ; IV, 34 et 35. 88. 98. — Sa sépulture à S.-Onuphre ; 138 et suiv. — Esquisses de ses sonnets à la bibliothéque Ghigi ; 148. 156. — Livres annotés de sa main, à la *Barberiana* ; 162. 319. V, 29. 41.
Tasso (Bernardo) de Bergame ; I, 237. — Nudité de sa sépulture à l'église *Sant' Egidio* de Mantoue ; II, 266. — Son casin ; III, 270. 272. — Ses notes sur un Platon de la *Barberiana ;* IV, 162.
Tasso (Louis), grand-oncle du Tasse, assassiné ; I, 237.

TABLE ANALYTIQUE. 297

Tassoni, auteur de la *Secchia rapita*; I, 345. II, 50. 56.
— Sur la *Secchia;* 187 et 188. 189. 195. 233. III, 288 et 289.

Taureau Farnèse, groupe au musée de Naples ; III, 301.

Taurigni (Richard), de Rouen, sculpteur en bois (xvie s.); II, 30 et 31.

Tavarone (Lazare), peintre de l'école génoise (xvie s.); V, 58. 62.

TAVERNA (villa), à Frascati ; IV, 232.

TE (palais du), à Mantoue ; II, 275 et suiv.

Télégraphes supprimés dans le royaume Lombard-Vénitien ; I, 219.

Temperello (Christophe Caselli, dit le), peintre de l'école de Parme (xve s.); II, 219. 224.

Tempesta (Antoine), peintre de l'école florentine (xviie s.); IV, 247.

Tempesta (le cav.), peintre (xviie s.); I, 75 et 76. — Son tombeau ; 113.

Tempi (le marquis Louis). Ses manuscrits inédits ; V, 4 note.

TEMPLE ANTIQUE découvert à Brescia ; I, 239.

TEMPLE D'ANTONIN ET FAUSTINE ; IV, 57.

TEMPLE DE LA FORTUNE DES FEMMES, à Rome ; IV, 193.

TEMPLE DE LA FORTUNE VIRILE ; IV, 208.

TEMPLE DE NERVA, à Rome ; IV, 196 et 197.

TEMPLE DE LA SIBYLLE, à Tivoli ; IV, 222.

TEMPLE DE LA TOUX, à Tivoli ; IV, 224.

TEMPLE DE VESTA ; IV, 208.

Tenerani (M. Pierre), sculpteur romain. Sa *Psyché;* III, 137.

Teniers, peintre flamand (xviie s.); IV, 152. 186.

Tenore (M.), directeur du jardin botanique, à Naples ; III, 364.

Tenture des églises d'Italie les jours de fête. Ses inconvéniens ; I, 133 et 134.

Térence de la Vaticane ; IV, 31.

TERMINI, dépôt de mendicité, à Rome ; IV, 157.

TERMINI (fontaine *de'*), à Rome ; IV, 156.

TERNI, ville. Sa cascade ; IV, 306 et suiv.

TERRACINE ; III, 429 et 430.

Terribilia ou *Trebilia* (François), architecte bolonais (XVIe s.); II, 131. 144. 151. 156. 170.

Terzi (François), de Bergame, peintre de l'école vénitienne (XVIe s.); I, 131.

Tesi (Maur), peintre de l'école bolonaise, ami d'Algarotti; II, 136. 140. III, 217. V, 8.

Testa (M. François), de Vicence, bibliographe instruit; I, 315.

Testa (Jean-François), architecte et sculpteur sur bois (XVIe s.); II, 213.

Testa (Pascal), architecte et sculpteur sur bois (XVIe s.); II, 213.

Testaccio (mont), à Rome; IV, 176 et 177. 193.

Teulié (général). A commencé le collége militaire de Milan; I, 162.

Thadée (Jean), peintre (XIVe s.); IV, 317.

Théatins, église de Ferrare; II, 70.

Théatre du Corso, à Bologne; II, 168.

Théatre de Côme; I, 218.

Théatre de Fano; III, 273.

Théatre Farnèse; II, 227 et 228.

Théatre des Florentins, de Naples; III, 317.

Théatre d'Imola; III, 236.

Théatre de Mantoue; II, 272 et 273.

Théatre de Marcellus, à Rome; IV, 200 et 201.

Théatre de Modène; II, 189.

Théatre Olympique de Vicence; I, 333.

Théatre nouveau de Parme; II, 230.

Théatre Tullio, à Arpino; III, 422.

Théatre de Vérone; I, 305 et 306.

Théâtre italien. La diversité des dialectes, obstacle à son perfectionnement; I, 177.

Théatre philodramatique de Milan; II, 182 et 183. — Théatre de société ancien, preuve du repos des vanités en Italie; *ibid*.

Théodelinde, grande reine des Lombards. Sa couronne d'or volée à Paris; I, 196 et 197. — Son reliquaire; *ibid*. — Son aventure avec le muletier de la Nouvelle de Boccace; *ibid*. III, 74.

Théodin (cardinal). Son tombeau; I, 290.

TABLE ANALYTIQUE.   299

Théodon (Jean-François), sculpteur français (xvii. s.); IV, 79.
THÉODORE (S.-), église de Ravenne; III, 242.
THÉODORE (S.-), église de Rome; IV, 83 et 84.
Théodore (S.), évêque de Vérone. Mis dans le tombeau antique de Jules Apollonius et de sa femme; I, 288.
Théodoric; III, 243. — Son tombeau; 252. — Ruines de son palais à Terracine; 429 et 430.
THÉRÈSE (Ste.-), église de Parme; II, 219.
THÉRÈSE (Ste.-), église de Turin; V, 108.
THERMES D'AGRIPPA; IV, 116. — Autres sur la route de Tivoli; 218.
THERMES DE CARACALLA; IV, 203 et 204.
THERMES DE DIOCLÉTIEN; IV, 110.
THERMES DE TITUS; IV, 194 et suiv.
THERMES DE VOLTERRE; IV, 302.
Thévenin (M.), peintre français; IV, 114.
Thomas d'Aquin (S.). Un de ses traités autographes à la Bibliothèque de Naples; III, 312. — Sa famille éteinte les derniers jours du xviiie siècle; 331. — Sa cellule, sa classe, un débris de sa chaire au couvent de S.-Dominique de Naples; 333. — Ses principes populaires; 334. — Sa classe à Fondi; 428.
Thomas, de Pise, sculpteur (xive s.); V, 8.
Thomas da S.-Friano, peintre; IV, 300.
THOMAS IN-TERRA-AMARA (S.-), église de Milan; I, 130.
THOMAS (S.-), église de Padoue; II, 32.
THOMAS (S.-), église de Parme; II, 217.
THOMAS (S.-), église de Pise; III, 221.
THOMAS CANTUARIENSE (S.-), église de Vérone; I, 296.
THONON, ville; I, 67.
Thorwaldsen (M.), sculpteur danois, établi à Rome; I, 226. 261. III, 98. 217. IV, 9. 78. 155. — Son atelier; 163. — Son *Christ et ses Apôtres; ibid.*
Tiarini (Alexandre), peintre de l'école bolonaise (xvie s.); I, 214. II, 125. 129. 134. 135. 137. 141. — Son *Enfant ressuscité;* 144. 150. 220. III, 150. 219.
Tibaldi (Dominique), architecte bolonais (xvie s.); II, 130. 157.
TIBRE. Ses débordemens; IV, 167. — Sa décadence; 178 et 179. — Son embouchure; 239.

Tibulle; II, 253.

TIENE (palais), à Vicence; I, 334.

Tiepolo (Jean-Baptiste), peintre de l'école vénitienne (XVIII° s.); I, 126. 232. 259. 374. 409. 425. II, 15. 34.

Tiepolo (Boémond), tué par une vieille; I, 365.

Tiepolo (M. Dom.). Ses *Discorsi sulla Storia Veneta;* I, 376 et 377 note. 420 note.

Tinelli (le cav. Tibère), peintre de l'école vénitienne (XVI° s.); III, 31.

Tinet, un des commissaires de la République chargés du choix des manuscrits de la Vaticane; IV, 30 note.

Tinti (Jean-Baptiste), peintre de l'école de Parme (XVI° s.); II, 208. 215. 217.

Tintoret (Jacques Robusti, dit le), grand peintre de l'école vénitienne (XVI° s.); I, 255. 300. 372. 373. 374. 375. 377. 378. 393 et 394. 401. 402. — Son *Esclave délivré;* 415. 421. 424. 425. 428. 430. 431. 432. 433. 434. 435. 437. 438. 440. 442. 444. 445. 451. 454. 455. 456. 457. 470. II, 47. 122 note. 140. III, 247. IV, 70. 159. V, 21. 73.

Tintoret (Dominique Robusti, dit *Dominique*), peintre, fils du Tintoret; I, 378. 379. 432. 451. II, 27. III, 29. 30 et 31. 33. 308.

Tipografia Virgiliana, à Mantoue; II, 255 et 256.

Tiraboschi; II, 79 note. 89 note. 163. 181. 183. 184 note. — Sa correspondance manuscrite à la Bibliothèque de Modène; 185. 188 note. 199. 209 note. 227. III, 193. — Ses Lettres au Mont-Cassin; 418. — IV, 174 note. V, 61. 64 note.

Tirali (André), architecte vénitien (XVII° s.); I, 434.

Tite-Live. Son prétendu cercueil, à Padoue; II, 42. IV, 105 note. — Son exactitude topographique; 198 et 199. 202. 206 et 207. 234. 235. 305. 333. 341. V, 45 note.

Titien (Tiziano Vecellio, dit le), grand peintre de l'école vénitienne (XVI° s.); I, 164, 185. 235. 238. — Ouvrages de lui perdus; 245 et 246. 250. — Sa *Femme adultère;* 254. 256. 287. 353. 372. 375. 393. 395. 402. 404. 407. — Son *Assomption de la Vierge;* 414. 415. 427. 432. — Sa sépulture, projet de son mausolée; 435 et 436. 437 et 438. 440. 441. 444. — Son *Martyre de S. Pierre Dominicain;* 451 et 452. 454. 457. II, 6. 11. 16. 19. 20. 28. 69. 122 note. 159. 206. III, 20. — Caricature; 21. 28. 30. 31. — Ses deux *Vénus;*

33 et 34. 148. 279. 292. 308 et 309. — Son *Philippe II;* *ibid.* IV, 47. 70. 71. 151. 152. 154. 159. 168. 180. 182. 185. 186. V, 49. 50. 53. 68.

Tito (*di*) ou *Santi-Titi*, peintre de l'école florentine (xvie s.); III, 91. 109. 110. 113. 221. IV, 300. V, 17.

Tivoli, ville; IV, 221 et suiv.

Toccoli, mausolée remarquable de cette maison, à Parme; II, 216.

Todi, ville; IV, 334 et 335.

Tolède (rue de), à Naples; III, 299.

Tolentini, église de Venise; I, 434.

Tolomei (maison), à Pistoie; V, 18.

Tommaseo (M.), littérateur; III, 61.

Tommasi (Jean-Baptiste), dernier grand-maître de Malte. Son tombeau; IV, 337.

Tommasini (M.), ancien professeur à l'Université de Bologne; II, 113 et 114. 230 et 231.

Tonani (le P.), bénédictin de Parme. Son inscription du pont sur la Trebbia; II, 301 note.

Tonghi ou *del Tonchio* (François), sculpteur (xive s.); IV, 268.

Tonelli ou *Torelli*, peintre de l'école de Parme (xvie s.); II, 213.

Tonelli (M. l'avocat Thomas), traducteur de la *Vie de Poggio*, de Shepherd; III, 53. IV, 236 note.

Topaia (la), villa, près Florence; III, 187.

Torcello, île, près de Venise; I, 471 et 472. — Son dôme; *ibid.*

Torelli de Fano, architecte; III, 273.

Torlonia (M.), duc de Bracciano, banquier. Son palais; ses bals; IV, 152 et 153. 160. 205.

Tornaquinci (Jean), vieillard septuagénaire, tué à la bataille de Monteaperti, après avoir défendu son *Carroccio;* IV, 271 et 272.

Tornioli (Nicolas), peintre de l'école de Sienne (xviie s.); IV, 285.

Torno, sur le lac de Côme. Son couvent-manufacture; I, 221.

Torpè (S.-), église de Pise; III, 220.

Torre (della), anciens chefs du peuple milanais; I, 132.

Torre (Napoléon della), chef du peuple milanais ; mis dans une cage de fer ; I, 218.

Torre (Pagano della), podestat de Milan. Son tombeau ; I, 195.

TORRE-DELLA-NUNZIATA, près Naples. Sa poudrière ; III, 345.

TORRE-NUOVA, près Palestrine ; IV, 226.

TORRE PIGNATARA, sur la route de Palestrine ; IV, 226.

Torregiani (Barthélemi), peintre de l'école romaine (XVIIe s.) ; IV, 152.

TORRI (palais delle), à Turin ; V, 91.

Torse du musée du Vatican ; IV, 39.

Tortelli (Jean) d'Arezzo, bibliothécaire de la Vaticane ; IV, 342 note.

TORTONE, ville ; V, 83.

TOSCANE. Impression qu'elle produit à la sortie de l'État romain ; IV, 263.

Toschi (M. P.), célèbre graveur, à Parme ; II, 201.

Toselli (Octave), sculpteur bolonais, mort à l'hôpital ; II, 135.

Tosi (M. le comte Paul), de Brescia. Sa galerie ; I, 261.

Tosi (Mme), cantatrice ; III, 316.

TOUR DE CRÉMONE ; II, 286.

TOUR DELLA GABBIA, à Mantoue ; II, 268.

TOUR DELLO ZUCCARO, à Mantoue ; II, 269.

Tournon (M. de). Ses *Études statistiques sur Rome* ; IV, 14 note.

Touron (M. le pasteur). Son sermon pour le jeûne de septembre à Genève ; I, 9 et 10.

Tozzi (le P. dom Bruno), recteur de l'ermitage des *Celle* de Vallombreuse, artiste et botaniste ; III, 189.

Traducteurs de cabinet. Leurs erreurs ; I, 228. II, 247 et 248.

Traini (François), peintre de l'école florentine (XIVe s.) ; III, 219.

Trajan. Retiré de l'enfer par S. Grégoire, pour la beauté de son forum ; I, 246.

Transteverins ; IV, 135 et 136.

Trasmondi (M.), chirurgien de Rome, professeur à la Sapience ; IV, 189.

Travaux publics du moyen âge. Rapidité de leur exécution ; III, 208 et 209. IV, 31. 46.

TREMEZZINE, sur le lac de Côme ; I, 225.

TRENTO-PAPPA-FAVA (maison), à Padoue; II, 45 et 46.
Trésor de S.-Marc; I, 367 et 368.
TREVI, bourg; IV, 312.
TREVI (fontaine), à Rome; IV, 163.
Trevilio (Bernardin), peintre de l'école milanaise (xv° s.);
I, 112. 131.
TREVISAN (palais), de Venise; I, 399.
Trevisani (Ange), peintre de l'école vénitienne (xviii° s.);
I, 253. V, 108.
TRÉVISE, ville; I, 353.
Triachini (Barthélemi), architecte bolonais (xvi° s.); II, 115.
Tribolo (Nicolas), sculpteur florentin (xvi° s.); II, 128. III,
153. 186. 206. 278. IV, 127.
Tribune de la Galerie de Florence; III, 33 et 34.
TRINITÉ (la), église de Bologne; II, 149.
TRINITÉ (la), église de Florence; III, 122.
TRINITÉ (la), église de Lucques; V, 26.
TRINITÉ DES PÉLERINS, dite DES ROSSI, église de Parme; II,
225 et 226.
TRINITÉ VIEILLE, église de Parme; II, 224 et 225.
TRINITÉ DU MONT, église à Rome; IV, 113 et 114.
TRINITÉ DES PÉLERINS, église de Rome; IV, 140.
TRINITÉ (la), église de Sienne; IV, 277 et 278.
TRINITÉ, église de Turin; V, 111.
TRINITÉ (monastère de la), à la Cava; III, 395 et suiv.
TRINITÉ (pont de la), à Florence; III, 170 et 171.
Trissino. Épitaphe qu'il compose pour son maître Démétrius
Chalcondyle; I, 111. — Sa *Sophonisbe;* 334. 336 et 337.
— Sa villa; 338.
TRISSINO (palais), à Vicence; I, 335.
TRISSINO-DAL-VELLO-D'ORO (palais), à Vicence; I, 335.
TRITON (fontaine du), à Rome; IV, 159.
Trivulce (Jean-Jacques). Son bâton de maréchal de France; I,
104. — Son mausolée et celui de sa famille; 115.
TRIVULZIO (maison), à Milan; I, 104.
Trivulzio (feu le marquis Jacques). Sa famille; I, 104. — Choix
de sa bibliothèque; 151. — Un des hommes de l'Italie qui ont
le plus encouragé les lettres; 154. — Contribue à reconnaître
et à fixer la vraie position de Linterno; 189.

Trivulce (Théodore), introduit la culture du riz dans le Véronais ; I, 284.

Trognon (M. Auguste). Mérite de ses notes jointes à la traduction en vers de la *Jérusalem* de M. Baour-Lormian ; II, 101 note.

Tronchi (M.), de Pistoie, habile facteur d'orgues ; V, 9.

Tronchin, procureur général, instigateur de la condamnation de l'*Émile* ; I, 12 et 13.

Trône de Neptune, bas-reliefs antiques de la basilique S.-Vital de Ravenne ; III, 240 et 241.

Trophées dits de Marius au Capitole ; IV, 60 et 61. 194.

TURBIE (la). Sa tour ; V, 79.

Turco (Flaminio de), architecte ; IV, 280.

TURIN ; V, 87 et suiv. — Son accroissement ; *ibid*.

Turini (Balthazar), exécuteur testamentaire de Raphaël, commande les portraits des maîtresses de celui-ci, et la villa Lante à Jules Romain ; IV, 182 et 183. — Son tombeau ; V, 19.

Turini (François), peintre ; III, 147.

Turpin de Crissé (M. le comte). Ses *Souvenirs du golfe du Naples* ; III, 289 et 290 note.

Turriani, médecins de Vérone. Leur mausolée ; I, 293 et 294.

Turrita (Jacques *da*), mosaïste de l'école florentine (XIIIe s.) ; III, 80. IV, 92. 98.

TURSI-DORIA (palais), à Gênes ; V, 52.

TUSCULUM. Ses ruines ; IV, 233 et 234.

U.

Uberti (Fazio *degli*), poète. Son *Dittamondo* ; IV, 254.

Ubertini (Guillaume *degli*), d'Arezzo ; IV, 342 note.

Uccelli (M.), professeur à l'Université de Pise ; III, 224.

Uccello (Paul), peintre de l'école florentine (XVe s.) ; III, 71. 118.

Udine (Dominique), peintre ; III, 120.

Udine (Jean d'), peintre de l'école romaine (XVIe s.) ; I, 405. III, 37. IV, 19. 21. 213.

Uffizi de Florence ; III, 20 et suiv.

Ugaruggieri (Ciampolo de Meo des), siennois du XIIIe siècle, traducteur de l'*Énéide* ; IV, 296.

TABLE ANALYTIQUE. 305

Ugolin de Sienne, peintre (xiiiᵉ s.); III, 112.
Ugolin (le comte). Sa fille; III, 136 et 137. — Sa tour à Pise; 227.
Ugoni (Camille), traducteur des *Essais sur Pétrarque*, de Foscolo; I, 143 note. — Son ouvrage *della Letteratura italiana nella seconda metà del secolo XVIII;* II, 254 note.
Uguccioni (palais), à Florence; III, 19.
Uldaric (S.-), église de Parme; II, 215.
Ulivelli (Côme), peintre de l'école florentine (xviiᵉ s.); III, 128.
Universalité de la langue française, ancienne; III, 51 et 52.
Université de Bologne; II, 112 et suiv.
Université de Gênes; V, 59 et 60.
Université de Padoue; II, 2 et suiv.
Université de Parme; II, 231.
Université de Pavie; I, 205 et suiv. — Ses professeurs largement rétribués; 208.
Université de Pérouse; IV, 328 et 329.
Université de Pise; III, 223 et suiv.
Université de Sienne; IV, 292.
Université de Turin; V, 91 et suiv.
Urbain V (Grimoard), grand pape français; III, 410. — Retrouve les chefs de S. Pierre et de S. Paul, placés à S.-Jean-de-Latran; IV, 91 et 92.
Urbain VIII; IV, 161 et 162. — Son distique moral sur Apollon et Daphné; 215.
Urbain de Cortone, sculpteur; IV, 269.
Urfé, français. Manuscrit de son *Herbier;* II, 185.
Urbini (Charles), peintre de l'école vénitienne (xviᵉ s.); I, 110. 112. 114. 119.
Urne, dite d'Agrippa; IV, 91.

V.

Vacances éternelles et jours nombreux de clôture des bibliothèques en Italie; II, 147 et 148.
Vacani (M.). Son *Histoire des Campagnes et des Siéges faits par les Italiens en Espagne, de 1808 à 1813;* I, 159.
Vacca (André), chirurgien. Son mausolée au *Campo-Santo* de Pise; III, 217.

Vacca (Flaminius), sculpteur de Crémone (xvie s.); III, 19.
Vaccaro (Laurent), sculpteur napolitain (xviie s.); III, 333. 424.
Vado, fort; V, 76.
Vaga (Perino *del*), peintre de l'école florentine (xvie s.); IV, 21. 78. 86. 152. 267. V, 56.
Val de Chiana, en Toscane; IV, 340.
Valais; I, 69 et suiv. 84 et 85.
Valentin (le), château près Turin; V, 90 et 91.
Valentin (Moïse), peintre de l'école française (xviie s.); IV, 48. 70. 151.
Valère-Maxime; IV, 206.
Valeriani (M.), professeur à l'Université de Bologne; II, 113.
Valeriani (M.), de Florence, érudit; III, 61.
Valeriano. Son ouvrage *De Litteratorum Infelicitate*; IV, 30 note.
Valerio de Vicence, graveur et fondeur (xvie s.). Son coffret en cristal représentant la *Passion*; III, 31 et 32.
Valets de place. Comment Alfieri les appelait; I, 43.
Valla (Laurent). Voulait faire brûler l'*Hermaphrodite* et le Panormita, son auteur; III, 44. 324.
Valle (théâtre), à Rome; IV, 191 et 192.
Vallée de l'Adige; I, 273.
Valletta (Nicolas). Son inscription pour un cabaret du Pausilype; III, 354. — Son ouvrage sur la *Jettatura*; ibid. note.
Vallombreuse (abbaye de); III, 187 et suiv.
Valmarano (palais), à Vicence; I, 335.
Valori (Baccio), le sénateur, un des deux premiers bibliothécaires de la Laurentienne; III, 37. — Un des *députés* chargés de l'examen du *Décaméron*; III, 59 note. 140.
Vandyck (Antoine), peintre de l'école flamande (xviie s.); I, 235. II, 204. III, 26. — Son *Charles-Quint après son abdication*; 34. 149. 307. IV, 138. 152. V, 48. 50. 51. 52. 54 et 55. 89.
Vanloo (Carle), peintre (xviiie s.); V, 89.
Vanni (André de), peintre de l'école de Sienne (xive s.); IV, 282. 294. 300. 337.
Vanni (François), peintre de l'école de Sienne (xvie s.); III, 219. 220. 221. 275. 277. 278. — Son tombeau; *ibid.* et 279. 280. 281. 282. 287. V, 12. 22.

Vanni (Jean-Baptiste), peintre de l'école florentine (xviiᵉ s.); III, 110.
Vanni (Raphaël), peintre de l'école de Sienne (xviiᵉ s.); IV, 277. 279. 287.
Vanni (Turino *di*), peintre de l'école florentine (xivᵉ s.); III, 222.
Vannini (Octave), peintre de l'école florentine (xviiᵉ s.); III, 123. 147. 220.
Van-Obstal (Gérard), belge, sculpteur en ivoire. Son groupe d'*Abraham*, le plus gros de ce genre; I, 262 et 263.
Van-Orlay, peintre flamand (xviᵉ s.); IV, 288.
Vanpraët (M.). Exactitude de son *Catalogue des livres imprimés sur vélin de la Bibliothèque du Roi*; I, 140.
Vansanzio (Jean), dit *le Flamand*, architecte (xviiᵉ s.); IV, 214.
Vantini (M. le professeur Rodolphe), architecte; I, 263.
Vanvitelli (Louis), architecte (xviiiᵉ s.); III, 355. — Son palais de Caserte et l'aqueduc; 408 et 409. IV, 123. 275.
Vaprio, sur la route de Bergame. Sa *Vierge* à fresque colossale; I, 229.
Varchi (Benoît), poète et historien; III, 6 note. 44. 93 note. 104. 167. 187.
Varcollier (M.), traducteur du choix des *Poésies de Michel-Ange*; III, 103 note.
Varène, sur le lac de Côme. Douceur extraordinaire de son climat; I, 223.
Varèse, ville; I, 216.
Varignana (Dominique Aimo, dit le), sculpteur et architecte bolonais (xviᵉ s.); II, 130.
Varotari (Darius), de Vérone, peintre de l'école vénitienne (xviᵉ s.); I, 433. II, 5. 27. 40.
Vasari; I, 107. 297. 299. II, 45. 46. 127. 130 note. 142. 202. 209 note. 260 note. 268. III, 10. 11. 13. 14 note. 16. 17. 29. 36. 70. 71. 76. 80. 87. 98. 100. 111. 118. 123. 125. 144. 154. 158. 170. 182. 186. 192. 213. 218. 241. 262 note. IV, 13. 49. 81. 102. 183. 185. 213. 258. 260. 281. 286. 287. 288. 323. 337. 341. 342. 343. — Ses *Loggie* d'Arezzo; 344. 346. — Sa maison à Arezzo; 349. 350. V, 6. 10. 12. 17. 23. 27. 73. 84.
Vase Médicis, à la galerie de Florence; III, 30.

Vases en terre cuite de la galerie de Florence; III, 23.
Vases du Musée de Naples; III, 304 et 305.
VATICAN; IV, 14 et suiv.
Vatout (M.); I, 7 note.
Vaudois; V, 116 et 117.
Vecchietta (Laurent di *Pietro del*), sculpteur (xve s.); IV, 269. 274. 284.
VECCHIETTI (palais), à Florence; III, 143.
Vecellio (Marc), peintre, neveu du Titien; I, 374. 376. 451. 471.
VEIES; III, 433 note. — Son emplacement; IV, 244.
VEJA (pont naturel de), dans le Véronais. Sa description; I, 323 et 324.
VELABRUM; IV, 201.
Velasquez (don Diego Rodriguez de Silvay), peintre espagnol (xvie s.); III, 26. 310. IV, 70.
Veli (Benoît), peintre de l'école florentine (xviie s.); III, 121. V, 6.
Vellano ou *Bellano*, de Padoue, fondeur (xve s.); II, 25. 26.
VELLETRI, ville; III, 432.
VENAFRE, ville; III, 286.
Vendramini (André), doge de Venise. Son mausolée; I, 449.
VENDRAMINI-CALERGI (palais), de Venise; I, 404.
Venerando Consorzio, congrégation ecclésiastique de Parme; II, 219.
VENEZZE (maison), à Padoue; II, 47.
VENISE; I, 355 et suiv. — Sa durée probable; 356. — De sa réunion à la terre-ferme; 357 et 358. — Une des villes le plus chantées et le mieux chantées; 400 et 401. — Son esprit de société; 409. — Sa population ecclésiastique; 418. — Ses pestes; 431 et 437. — Son carnaval; 465 et 466. — Retour à Venise par le clair de lune; 474 et 475. — Sa solitude, son origine et sa fin; 476 et 477.
VENISE (palais de), à Rome; IV, 153 et 154.
Vénitiens. Leur caractère; I, 364. 396. 409.
Vénitiennes. Sans influence à Venise, à l'exception des courtisanes; I, 375.
VENTIMILLE, ville; V, 79.
Venturi (J.-B.). Son *Essai sur les manuscrits physico-mathématiques de Léonard de Vinci;* I, 149 note. 283.

Venturi (le cav.). Sa *Storia dell' origine e de' primi progressi delle moderne artiglierie;* V, 46 note.
Vénus Callipyge, au musée de Naples; III, 301.
Vénus du Capitole; IV, 66.
Vénus de Capoue, au musée de Naples; III, 300.
Vénus de Médicis, à la galerie de Florence; III, 33.
Venusti (Marcel), peintre de l'école florentine (xvie s.); IV, 118. 251.
Veracini (Augustin), peintre de l'école florentine (xviiie s.); III, 82. 299. V, 10.
Verbano (le), bateau à vapeur du lac Majeur; I, 77.
Verceil, ville; I, 89 et 90.
Verdizzotti (Jean-Marie), peintre de paysage, élève du Titien. Sa Lettre au neveu de l'Arioste Horace donnée par lord Byron pour une lettre du Titien à l'Arioste; II, 80 et note.
Verger (M.), chanteur; I, 173.
Verini (Ugolin). Manuscrit de son poëme du *Paradisus* à la Laurentienne; III, 43 et 44. — Amitié de Laurent de Médicis pour cette famille; *ibid.*
Verita, mausolée; I, 291.
Vérité poétique (de la); I, 401 et 402.
Verme (Pierre *dal*). Son tombeau; I, 292.
Vermiglio (Joseph), peintre piémontais (xviie s.); I, 111.
Vermiglioli (M.), antiquaire de Pérouse, professeur à l'Université; IV, 326. 328. 329.
Vernet (M. Horace), peintre; IV, 165.
Vérone. Son aspect; I, 275 et suiv. — Réunit des monumens de l'antiquité, du moyen âge et de la renaissance; 312.
Verri (le comte Alexandre), milanais. Son médaillon; I, 169. II, 232. — Son tombeau; IV, 74.
Verrocchio (André *da*), florentin, peintre, sculpteur, architecte (xve s.). Histoire de la fonte du cheval et de la statue du monument *Colleoni;* I, 453 et 454. — Son mausolée de Jean et de Pierre de Médicis; III, 85. 106. 112. V, 6. 7.
Verza (Mme la baronne Silvia Curtoni), de Vérone, à la tête de la souscription du monument de Pindemonte; I, 170 note.
Verzelli (Tiburce), sculpteur (xvie s.); III, 277.
Vespucci (Améric). Emplacement de son ancien palais à Florence; III, 165.

Vestri, bon comédien ; I, 176. 180.

Vésuve. Son *Cicerone*; I, 43. III, 380 et suiv. — Ses prétendus ermites ; 380 et 381. — Ses diverses éruptions ; *ibid.*

Vettori (Pierre), orateur, critique, professeur, et bon citoyen de Florence. Son tombeau ; III, 126.

Vevey. Voyage qu'y fit Rousseau ; I, 54 et 55. — Ludlow et Broughton enterrés à la cathédrale ; 56.

Vezzosi, le médecin des femmes, d'Arezzo ; IV, 343 note.

Viani (Jean-Marie), peintre de l'école bolonaise (xviie s.); I, 234. II, 150.

Vianino (Antoine-Marie Viani, dit le), peintre de l'école de Mantoue (xvie s.); II, 252.

Vicence, ville; I, 331 et suiv. — Doit ses divers chefs-d'œuvre de peinture ou d'architecture à ses propres artistes ; 335.

Vicentini (Alexandre), sculpteur ; II, 66.

Vicentino (André-Micheli, dit le), peintre de l'école vénitienne (xvie s.); I, 373.

Vicentino (André), peintre de l'école vénitienne (xviie s.); I, 335.

Vico, sur le lac de Côme ; I, 226.

Vico (Jean-Baptiste), l'auteur de la *Scienza nuova*. Son tombeau ; III, 326.

Victor (S.-) *al Corpo*, église de Milan ; I, 128.

Victorin, de Feltre, créateur des écoles d'enfans et de l'enseignement élémentaire; II, 250.

Vida (Jérôme), poète latin ; II, 289 et 290.

Vidal (S.-), église de Venise ; I, 444.

Vidoni (palais), à Rome ; IV, 174.

Viene (S.-), porte à Sienne; IV, 289.

Vieri (Ugolin), orfévre siennois (xive s.). Son reliquaire du corporal de Bolsène; IV, 259 et 260.

Vieusseux (M.). Son cabinet scientifique et littéraire à Florence ; III, 60 et suiv.

Vigna Palatina, à Rome ; IV, 59.

Vignali (Jacques), peintre de l'école florentine (xviie s.); III, 110.

Vigne de la Reine, château près Turin ; V, 90.

Vignole (Jacques Barozzi, dit), du lieu de sa naissance, architecte célèbre (xvie s.); II, 130. 156. 229. 295. III, 131.

IV, 58. 79. 131. 183. 184. 213. 243. — Son château de Caprarola; 245 et suiv. 247. 248. 252. 253. 314.

Viguier (M.); I, 54 note.

VILLA. Leur caractère; IV, 211 et 212.

VILLA REALE, promenade à Naples; III, 295.

Villana delle Botti (la bienheureuse), traitée familièrement par Sacchetti. Son tombeau; III, 117.

Villani (Jean). Sa remarque sur l'influence intellectuelle de l'air d'Arezzo; IV, 341.

Villani (Philippe). Son portrait de Boccace; III, 202. 248 note.

Villani (les trois), historiens et écrivains florentins. Leur chapelle; III, 98. 141 note.

Villemain (M.). Sa traduction de la *République*, de Cicéron; I, 142. 384. II, 53. III, 42 note. IV, 33 et 34 note. 346 note.

Villeroy au siége de Dôle; I, 3. — De sa surprise à Crémone; II, 290 et 291.

Villetard, secrétaire de la légation française à Venise, auteur de tragédies, mort à Charenton; I, 459 et 460.

Vimercati (Charles), peintre de l'école milanaise (XVIIe s.); I, 121. 126.

VINCENT ET S.-ANASTASE (S.-), église de Lucques; V, 26 et 27.

VINCENT ET ANASTASE (Saints), église près Rome; IV, 131.

Vincenzi (Antoine), architecte bolonais (XIVe s.), un des *Riformatori*, et ambassadeur; II, 128.

Vinci (Gaudenzio), peintre, chef de l'école milanaise (XVIe s.); I, 79.

Vinci (Léonard de), grand peintre de l'école milanaise (XVe s.). Son *Cénacle*; I, 129. — Ses manuscrits physico-mathématiques à l'Ambrosienne; 148 et 149. — Son portrait au crayon par lui; *ibid.* 229. — Véritable inventeur des bastions angulaires; 283. 294. 418. III, 28. 34 et 35. 127. 150. 247. 308. IV, 139. — Son tableau de *la Modestie et la Vanité*; 151. 252. 285. V, 28. 51.

Vini (Sébastien), véronais, peintre de l'école florentine (XVIe s.); V, 9. 10 et 11.

Virgile; I, 217. 220. 264. II, 44. 245. 246. 247. 248. 251. 253. — Déclaré seigneur de Mantoue en 1227 par les vœux des habitants; 267. — Sa statue gothique; *ibid.* et 268 note. 273. 285. 286. 292. III, 5. — Le plus ancien manuscrit de

Virgile à la Laurentienne; 37 et 38. 248. 322. 346.—*Columbarium* appelé son tombeau; 359 et 360. 373. 398. — Manuscrit avec des vers achevés qui ne sont point imprimés; 416. — Virgile de la Vaticane; IV, 31. 54. 55. 207 et 208. 226. 239. 248. — Son portrait à la chapelle de la Madone de *San-Brixio* du dôme d'Orvietto; 259. 308. V, 42.

VIRGILIANA, ancien palais des ducs de Mantoue à Pietola; II, 284 et 285.

Visconti (Jean), archevêque et seigneur de Milan. Son tombeau; I, 107.

Visconti (Othon) le Grand, archevêque et seigneur de Milan. Son tombeau; I, 107.

Visconti (Étienne). Mausolée que lui élève son père Mathieu Visconti; I, 119.

Visconti (Hector *ou* Astor). Son cadavre debout, armé; I, 199 et 200.

Visconti (Jean Galeaz), duc de Milan, fondateur de la Chartreuse de Pavie. Ses ossemens perdus, et son tombeau resté vide; I, 202.

Visconti (Jean-Marie), duc de Milan, fait enterrer vif un curé qui avait refusé d'accorder la sépulture à un mort dont la famille ne pouvait en payer les frais; I, 130.

Visconti (Ennius), grand antiquaire; IV, 41. 42 note.

Vismara (Gaspard), sculpteur; I, 128.

Viso (M.), savant. Rejette la tradition sur Pietola; II, 284 note.

VITAL (S.-), église de Parme; II, 216.

VITAL (S.-) ET AGRICOLA, église de Bologne; II, 138.

VITAL (S.-), basilique à Ravenne; III, 240 et 241.

Vitale, peintre bolonais (XIVe s.); II, 175.

Vite (Timothée *della*), d'Urbin, peintre de l'école romaine (XVe s.); II, 127.

VITERBE, ville; IV, 248 et suiv.

Vitoni (Ventura), de Pistoie, habile architecte (XVIe s.); V, 12. 14.

Vittoria (Alexandre), sculpteur (XVIe s.); I, 252. 335. 371. 372. 373. 393. 422. 423. 424. 425. 429. 432. 436. 439. 440. 441. 442. 443. 445. 452. II, 16.

Vivarini (Louis), peintre de l'école vénitienne (xv⁰ s.); I, 450.

Vivarini (Barthélemi), peintre de l'école vénitienne (xv⁰ s.); I, 425. 434. 436. 440. 445. 450. 470.

Viviani (Vincent). Ses manuscrits à la bibliothèque du palais Pitti; III, 152. — Sa maison à Florence, rebâtie avec les bienfaits de Louis XIV, 159. 176 note.

Viviani (M.), professeur à l'Université de Gênes; V, 60.

Voghera (M.), architecte de Crémone; II, 290.

Voie Appienne, la plus ancienne, la plus belle des voies antiques; III. 425. IV, 204.

Voie Cassia; IV, 255.

Voie Émilienne; III, 235. 238.

Voie Sacrée au Forum; IV, 56 et 57.

Voie des Tombeaux à Pompéi; III, 385 et 386.

Voiturin. La meilleure manière de voyager en Italie; I, 65 et suiv.

Volpi, sculpteur milanais; I, 130.

Volta, ancien professeur de l'Université de Pavie; I, 206.

Voltaire. Instigateur de la condamnation de l'*Émile*; I, 12 et 13. — Une de ses lettres manuscrites, à Genève, chez M. Cherbuliez; 27 et 28. — Ses faux jugemens; 250 et 251. 305. 334. 400. II, 52 et 53. 79 et note. 84 et note. 170. 187 et 188. — Voltaire cardinal; 254. — Sa correspondance avec Bettinelli; *ibid.* et 255. 291 note. III, 322 et 323. 373. IV, 186. V, 47. 96.

Volterrano (Balthazar Franceschini, dit le), peintre de l'école florentine (xvii⁰ s.); III, 96. 98. 109. 120 et 121. 123 et 124. 132. 181. 186. 228.

Volterre, ville; IV, 299 et suiv.

Volterre (Daniel Ricciarelli, dit Daniel de), peintre de l'école romaine (xvi⁰ s.); IV, 16. 69. 78. 114. — Sa *Descente de Croix; ibid.* 123. 137 et 138. 173. 182.

Voltri, bourg; V, 73.

Volvino, orfèvre lombard, auteur du *Paliotto* de l'église S.-Ambroise; I, 125.

Vomero (le), près Naples; III, 367.

Vouet, peintre français (xvii⁰ s.); V, 66.

W.

Walter-Scott. Noms quelquefois très vulgaires de ses héros ; I, 52. IV, 149.
Wicar (M.), peintre ; IV, 323.
Winckelmann; IV, 39. 41. 42 note. 68. 216.
Windham. Sa prétendue découverte de la vallée de Chamouny ; I, 45. 47.
Witte (M. le professeur Charles), prussien, éditeur des *Lettres du Dante;* I, 386 note. III, 42 note.
Wren (Christophe), architecte anglais, imitateur de Palladio ; I, 337 note.

X.

Xavier (S. François). Sa lettre, manuscrit relique, exposée le jour de sa fête à l'église Ste.-Lucie de Bologne ; II, 148 et 149.

Y.

Young (M. le colonel), directeur du collége militaire de Milan ; I, 162.

Z.

Zabaglia (Nicolas), ouvrier mécanicien. Son tombeau ; IV, 141. 150. V, 112.
Zaccagni da Torchiera (Bernardin), dit aussi Ludedera, architecte parmesan ; II, 212.
Zacchia (Paul), le vieux, peintre de l'école florentine (XVI° s.) ; V, 23. 24. 25.
ZACHARIE (S.-), église de Venise ; I, 420. — Fête qui s'y célébrait ; *ibid.*
Zago (Santo-), peintre de l'école vénitienne (XVI° s.) ; I, 454 et 455.
ZAMBECCARI DA S.-PAOLO (palais), à Bologne ; II, 159.
Zanchi (Antoine) d'Este, peintre de l'école vénitienne (XVII° s.); II, 30.
Zandrini (M.), professeur à l'Université de Pavie ; I, 206.
Zannoni (François), de Cittadella, habile restaurateur de peinture (XVIII° s.); II, 42.
Zannoni (feu l'abbé), antiquaire de la Galerie de Florence ; I, 302. III, 61. 135. 304. IV, 330.

Zanotti (Jean-Pierre Cavazzoni), peintre de l'école bolonaise (XVIIᵉ s.); II, 139. 142.
Zappi (Jean-Baptiste). Son sonnet sur le *Moïse* de Michel-Ange; IV, 101.
Zecca (hôtel de la monnaie) de Venise; I, 395.
Zelotti (Baptiste), de Vérone, peintre de l'école vénitienne (XVIᵉ s.); I, 335. 336.
Zenon (S.-), église de Vérone; I, 284 et suiv.
Zenon (S.). Sa singulière statue; son tombeau; I, 285.
Zenzaliera, rideau de gaze, *Conopeum* vénitien; I, 397.
Zevio (Etienne da), ou de Vérone, peintre de l'école vénitienne (XVᵉ s.); I, 295.
Zingarelli (M.), directeur du Conservatoire de Naples; III, 317.
Zingaro (Antoine Solari, dit le), peintre de l'école napolitaine (XVᵉ s.). Devenu, par amour, de chaudronnier grand peintre; I, 215. III, 294. 310. 326. 330. 356.
Zoccolanti. Couvent de Narni; IV, 306.
Zoccolo (Louis). Son curieux passage sur la délicatesse de la musique française empruntée par les Italiens; IV, 148 note.
Zoega, antiquaire danois. Son tombeau; IV, 113.
Zoppo (Jean-Baptiste Discepoli, dit le), de Lugano, peintre de l'école milanaise; I, 128.
Zoppo (Paul), de Brescia, peintre de l'école vénitienne (XVIᵉ s.); I, 253.
Zucca (François), mosaïste; IV, 131.
Zuccari (Frédéric), peintre de l'école romaine (XVIᵉ s.); I, 379. III, 70. — Sa maison; 156. IV, 15. 225.
Zuccari (Thadée), peintre de l'école romaine (XVIᵉ s.); II, 298. IV, 15. 185. 213. 225. 246. 258.
Zuccato (Arminio), peintre et mosaïste; I, 424.
Zucchi (Marc-Antoine), architecte et sculpteur sur bois (XVIᵉ s.); II, 213.
Zucco (François), de Bergame, peintre de l'école vénitienne (XVIIᵉ s.); I, 234.
Zurla (M. le cardinal). Sa description de la mappemonde de Fra-Mauro; I, 389.

FIN DE LA TABLE ANALYTIQUE.

ERRATA.

Page 39, lig. 24, *et qui malgré; lisez :* qui malgré.
55, lig. 20, appelé par lui à Rome; *lisez :* de Rome.
112, lig. 8, *Madre di Do ; lisez : di Dio.*
149, lig. 22, Bibliothèque de Bologne; *lisez :* de l'Université de Bologne.
ibid., lig. 31, La Bibliothèque de l'Université de Pise doit être placée après la Bibliothèque de l'Université de Pavie.
170, lig. 20, Chancellerie (palais); *lisez :* (palais de la).
230, lig. 26, 270 et 271 ; *lisez :* I , 270 et 271.
ibid., lig. 29, *Mancini* (M.), ingénieur illustre; *lisez :* ingénieur; illustre l'arc d'Auguste à Fano.

www.ingramcontent.com/pod-product-compliance
Lightning Source LLC
Chambersburg PA
CBHW071334150426
43191CB00007B/723